RÉPERTOIRE GÉNÉRAL

DU

THÉATRE FRANÇAIS.

ÉDITION STÉRÉOTYPE

D'APRÈS LE PROCÉDÉ D'HERHAN.

PARIS,
H. NICOLLE, A LA LIBRAIRIE STÉRÉOTYPE,
rue de Seine, n.° 12.
M DCCC XVIII.

# RÉPERTOIRE GÉNÉRAL

DU

THÉATRE FRANÇAIS.

—

TOME 14.

DE L'IMPRIMERIE D'A. EGRON.

RÉPERTOIRE GÉNÉRAL
DU
THEATRE FRANÇAIS,

COMPOSÉ

DES TRAGEDIES, COMEDIES ET DRAMES

DES AUTEURS DU PREMIER ET DU SECOND ORDRE,

Restés au Théâtre Français;

AVEC UNE TABLE GÉNÉRALE.

THÉATRE DU PREMIER ORDR

VOLTAIRE. — TOME I.

PARIS,

H. NICOLLE, A LA LIBRAIRIE STÉRÉOTYPE,
rue de Seine, n.° 12.

M DCCC XVIII.

OEDIPE,

TRAGÉDIE,

AVEC DES CHOEURS,

Représentée, pour la première fois, le 18 novembre 1718.

PRÉFACE
DE L'ÉDITION DE 1729.

L'OEDIPE, dont on donne cette nouvelle édition, fut représenté pour la première fois à la fin de l'année 1718. Le public le reçut avec beaucoup d'indulgence. Depuis même, cette tragédie s'est toujours soutenue sur le théâtre, et on la revoit encore avec quelque plaisir, malgré ses défauts; ce que j'attribue en partie à l'avantage qu'elle a toujours eu d'être très bien représentée, et en partie à la pompe et au pathétique du spectacle même.

Le P. Folard, jésuite, et M. de la Motte, de l'académie française, ont depuis traité tous deux le même sujet, et tous deux ont évité les défauts dans lesquels je suis tombé. Il ne m'appartient pas de parler de leurs pièces; mes critiques, et même mes louanges, paraîtraient également suspectes [1].

Je suis encore plus éloigné de prétendre

---

[1] M. de la Motte donna deux OEdipes, en 1726, l'un en rimes, et l'autre en prose non rimée. L'OEdipe en rimes fut représenté quatre fois, l'autre n'a jamais été joué.

donner une poétique à l'occasion de cette tragédie : je suis persuadé que tous ces raisonnements délicats, tant rebattus depuis quelques années, ne valent pas une scène de génie, et qu'il y a bien plus à apprendre dans Polyeucte et dans Cinna, que dans tous les préceptes de l'abbé d'Aubignac : Sévère et Pauline sont les véritables maîtres de l'art. Tant de livres faits sur la peinture par des connaisseurs n'instruiront pas tant un élève que la seule vue d'une tête de Raphaël.

Les principes de tous les arts qui dépendent de l'imagination sont tous aisés et simples, tous puisés dans la nature et dans la raison. Les Pradon et les Boyer les ont connus aussi-bien que les Corneille et les Racine : la différence n'a été et ne sera jamais que dans l'application. Les auteurs d'Armide et d'Issé, et les plus mauvais compositeurs, ont eu les mêmes règles de musique. Le Poussin a travaillé sur les mêmes principes que Vignon. Il paraît donc aussi inutile de parler de règles à la tête d'une tragédie, qu'il le serait à un peintre de prévenir le public par des dissertations sur ses tableaux, ou à un musicien de vouloir démontrer que sa musique doit plaire.

Mais, puisque M. de la Motte veut établir

des règles toutes contraires à celles qui ont guidé nos grands maîtres, il est juste de défendre ces anciennes lois, non parce qu'elles sont anciennes, mais parce qu'elles sont bonnes et nécessaires, et qu'elles pourraient avoir dans un homme de son mérite un adversaire redoutable.

DES TROIS UNITÉS.

M. de la Motte veut d'abord proscrire l'unité d'action, de lieu, et de temps.

Les Français sont les premiers d'entre les nations modernes qui ont fait revivre ces sages règles du théâtre : les autres peuples ont été long-temps sans vouloir recevoir un joug qui paraissait si sévère ; mais comme ce joug était juste, et que la raison triomphe enfin de tout, ils s'y sont soumis avec le temps. Aujourd'hui même, en Angleterre, les auteurs affectent d'avertir au-devant de leurs pièces que la durée de l'action est égale à celle de la représentation ; et ils vont plus loin que nous, qui en cela avons été leurs maîtres. Toutes les nations commencent à regarder comme barbares les temps où cette pratique était ignorée des plus grands génies, tels que don Lopez de Vega et Shakespeare ; elles avouent même l'obligation qu'elles nous ont de les avoir retirées de cette barbarie : faut-il qu'un Français se serve aujourd'hui de tout son esprit pour nous y ramener ?

Quand je n'aurais autre chose à dire à M. de la Motte, sinon que MM. Corneille, Racine, Molière, Addisson, Congrève, Maffei, ont tous observé les lois du théâtre, c'en serait assez pour devoir arrêter quiconque voudrait les violer : mais M. de la Motte mérite qu'on le combatte par des raisons plus que par des autorités.

Qu'est-ce qu'une pièce de théâtre ? La représentation d'une action. Pourquoi d'une seule, et non de deux ou trois ? C'est que l'esprit humain ne peut embrasser plusieurs objets à la fois ; c'est que l'intérêt qui se partage s'anéantit bientôt ; c'est que nous sommes choqués de voir, même dans un tableau, deux évènements ; c'est qu'enfin la nature seule nous a indiqué ce précepte, qui doit être invariable comme elle.

Par la même raison l'unité de lieu est essentielle ; car une seule action ne peut se passer en plusieurs lieux à la fois. Si les personnages que je vois sont à Athènes au premier acte, comment peuvent-ils se trouver en Perse au second ? M. Le Brun a-t-il peint Alexandre à Arbelles et dans les Indes sur la même toile ? « Je ne serais « pas étonné, dit adroitement M. de la Motte,

« qu'une nation sensée, mais moins amie des
« règles, s'accommodât de voir Coriolan con-
« damné à Rome au premier acte, reçu chez les
« Volsques au troisième, et assiégeant Rome au
« quatrième, etc. » Premièrement, je ne conçois
point qu'un peuple sensé et éclairé ne fût pas
ami de règles toutes puisées dans le bon sens,
et toutes faites pour son plaisir; secondement,
qui ne sent que voilà trois tragédies, et qu'un
pareil projet, fût-il exécuté même en beaux
vers, ne serait jamais qu'une pièce de Jodelle
ou de Hardy, versifiée par un moderne habile?

L'unité de temps est jointe naturellement aux
deux premières. En voici, je crois, une preuve
bien sensible. J'assiste à une tragédie, c'est-à-
dire à la représentation d'une action; le sujet
est l'accomplissement de cette action unique.
On conspire contre Auguste dans Rome : je
veux savoir ce qui va arriver d'Auguste et des
conjurés. Si le poëte fait durer l'action quinze
jours, il doit me rendre compte de ce qui se
sera passé dans ces quinze jours; car je suis là
pour être informé de ce qui se passe, et rien
ne doit arriver d'inutile. Or, s'il met devant
mes yeux quinze jours d'évènements, voilà au
moins quinze actions différentes, quelque petites qu'elles puissent être. Ce n'est plus unique-

ment cet accomplissement de la conspiration auquel il fallait marcher rapidement, c'est une longue histoire, qui ne sera plus intéressante, parce qu'elle ne sera plus vive, parce que tout se sera écarté du moment de la décision, qui est le seul que j'attends. Je ne suis point venu à la comédie pour entendre l'histoire d'un héros, mais pour voir un seul évènement de sa vie. Il y a plus : le spectateur n'est que trois heures à la comédie ; il ne faut donc pas que l'action dure plus de trois heures. Cinna, Andromaque, Bajazet, OEdipe, soit celui du grand Corneille, soit celui de M. de la Motte, soit même le mien, si j'ose en parler, ne durent pas davantage. Si quelques autres pièces exigent plus de temps, c'est une licence qui n'est pardonnable qu'en faveur des beautés de l'ouvrage ; et plus cette licence est grande, plus elle est faute.

Nous étendons souvent l'unité de temps jusqu'à vingt-quatre heures, et l'unité de lieu à l'enceinte de tout un palais. Plus de sévérité rendrait quelquefois d'assez beaux sujets impraticables, et plus d'indulgence ouvrirait la carrière à de trop grands abus. Car s'il était une fois établi qu'une action théâtrale pût se passer en deux jours, bientôt quelque auteur y employerait deux semaines, et un autre deux années; et si l'on ne réduisait pas le lieu de la scène à un espace limité, nous verrions en peu de temps des pièces telles que l'ancien Jules-César des Anglais, où Cassius et Brutus sont à Rome au premier acte, et en Thessalie dans le cinquième.

Ces lois observées non seulement servent à écarter les défauts, mais elles amènent de vraies beautés; de même que les règles de la belle architecture exactement suivies composent nécessairement un bâtiment qui plaît à la vue. On voit qu'avec l'unité de temps, d'action et de lieu, il est bien difficile qu'une action ne soit pas simple : aussi voilà le mérite de toutes les pièces de M. Racine, et celui que demandait Aristote. M. de la Motte, en défendant une tragédie de sa composition, préfère à cette noble simplicité la multitude des évènements : il croit son sentiment autorisé par le peu de cas qu'on fait de Bérénice, par l'estime où est encore le Cid. Il est vrai que le Cid est plus touchant que Bérénice; mais Bérénice n'est condamnable que parce que c'est une élégie plutôt qu'une tragédie simple; et le Cid, dont l'action est véritablement tragique, ne doit point son succès à la multiplicité des évènements; mais il plaît malgré cette multiplicité, comme il touche malgré l'Infante, et non pas à cause de l'Infante.

M. de la Motte croit qu'on peut se mettre au-dessus de toutes ces règles, en s'en tenant à l'unité d'intérêt, qu'il dit avoir inventée et qu'il appelle un paradoxe : mais cette unité d'intérêt ne me paraît autre chose que celle de l'action. « Si plusieurs personnages, dit-il, sont diverse- « ment intéressés dans le même évènement, et « s'ils sont tous dignes que j'entre dans leurs « passions, il y a alors unité d'action et non pas « unité d'intérêt.[1] »

---

[1] Je soupçonne qu'il y a une erreur dans cette proposition, qui m'avait paru d'abord très plausible; je supplie M. de la Motte de l'examiner avec moi. N'y a-t-il pas dans Rodogune plusieurs personnages principaux diversement intéressés ? Cependant il n'y a réellement qu'un seul intérêt dans la pièce, qui est celui de l'amour de Rodogune et d'Antiochus. Dans Britannicus, Agrippine, Néron, Narcisse, Britannicus, Junie, n'ont ils pas tous des intérêts séparés ? ne méritent-ils pas tous mon attention ? Cependant ce n'est qu'à l'amour de Britannicus et de Junie que le public prend une part intéressante. Il est donc très ordinaire qu'un seul et unique intérêt résulte de diverses passions bien ménagées. C'est un centre où plusieurs lignes différentes aboutissent : c'est la principale figure du tableau, que les autres font paraître sans se dérober à la vue. Le défaut n'est pas d'amener sur la scène plusieurs

Depuis que j'ai pris la liberté de disputer contre M. de la Motte sur cette petite question, j'ai relu le discours du grand Corneille sur les trois unités : il vaut mieux consulter ce grand maître que moi. Voici comme il s'exprime : « Je « tiens donc, et je l'ai déja dit, que l'unité d'ac- « tion consiste en l'unité d'intrigue et en l'unité « de péril. » Que le lecteur lise cet endroit de Corneille, et il décidera bien vîte entre M. de

---

personnages avec des désirs et des desseins différents; le défaut est de ne savoir pas fixer notre intérêt sur un seul objet, lorsqu'on en présente plusieurs. C'est alors qu'il n'y a plus unité d'intérêt; et c'est alors aussi qu'il n'y a plus unité d'action.

La tragédie de Pompée en est un exemple : César vient en Égypte pour voir Cléopatre; Pompée, pour s'y réfugier; Cléopatre veut être aimée et régner; Cornélie veut se vénger sans savoir comment; Ptolomée songe à conserver sa couronne. Toutes ces parties désassemblées ne composent point un tout; aussi l'action est double et même triple, et le spectateur ne s'intéresse pour personne.

Si ce n'est point une témérité d'oser mêler mes défauts avec ceux du grand Corneille, j'ajouterai que mon OEdipe est encore une preuve que des intérêts très divers, et, si je puis user de ce mot, mal assortis, font nécessairement une duplicité d'action. L'amour de Philoctète n'est point lié à la situation d'OEdipe, et dès-là cette pièce est double.

Note tirée de l'édition de 1730.

la Motte et moi; et, quand je ne serais pas fort de l'autorité de ce grand homme, n'ai-je pas encore une raison plus convaincante? c'est l'expérience. Qu'on lise nos meilleures tragédies françaises, on trouvera toujours les personnages principaux diversement intéressés; mais ces intérêts divers se rapportent tous à celui du personnage principal, et alors il y a unité d'action. Si au contraire tous ces intérêts différents ne se rapportent pas au principal acteur, si ce ne sont pas des lignes qui aboutissent à un centre commun, l'intérêt est double; et ce qu'on appelle action au théâtre l'est aussi. Tenons-nous en donc, comme le grand Corneille, aux trois unités, dans lesquelles les autres règles, c'est-à-dire les autres beautés, se trouvent renfermées.

M. de la Motte les appelle des principes de fantaisie, et prétend qu'on peut fort bien s'en passer dans nos tragédies, parce qu'elles sont négligées dans nos opéra. C'est, ce me semble, vouloir réformer un gouvernement régulier sur l'exemple d'une anarchie.

DE L'OPÉRA.

L'opéra est un spectacle aussi bizarre que magnifique, où les yeux et les oreilles sont plus satisfaits que l'esprit, où l'asservissement à la musique rend nécessaires les fautes les plus ridicules, où il faut chanter des ariettes dans la destruction d'une ville, et danser autour d'un tombeau; où l'on voit le palais de Pluton et celui du Soleil; des dieux, des démons, des magiciens, des prestiges, des monstres, des palais formés et détruits en un clin-d'œil. On tolère ces extravagances, on les aime même, parcequ'on est là dans le pays des fées; et, pourvu qu'il y ait du spectacle, de belles danses, une belle musique, quelques scènes intéressantes, on est content. Il serait aussi ridicule d'exiger dans Alceste l'unité d'action, de lieu et de temps, que de vouloir introduire des danses et des démons dans Cinna et dans Rodogune.

Cependant quoique les opéra soient dispensés de ces trois règles, les meilleurs sont encore ceux où elles sont le moins violées : on les retrouve même, si je ne me trompe, dans plusieurs, tant elles sont nécessaires et naturelles, et tant elles servent à intéresser le spectateur. Comment donc M. de la Motte peut-il reprocher à notre nation la légèreté de condamner dans un spectacle les mêmes choses que nous approuvons dans un autre? Il n'y a personne qui ne pût répondre à M. de la Motte : « J'exige avec raison « beaucoup plus de perfection d'une tragédie

« que d'un opéra, parce qu'à une tragédie mon
« attention n'est point partagée, que ce n'est ni
« d'une sarabande, ni d'un pas de deux, que
« dépend mon plaisir, et que c'est à mon ame
« uniquement qu'il faut plaire. J'admire qu'un
« homme ait su amener et conduire dans un seul
« lieu et dans un seul jour un seul évènement
« que mon esprit conçoit sans fatigue, et où
« mon cœur s'intéresse par degrés. Plus je vois
« combien cette simplicité est difficile, plus elle
« me charme ; et si je veux ensuite me rendre
« raison de mon plaisir, je trouve que je suis de
« l'avis de M. Despréaux, qui dit :

« Qu'en un lieu, qu'en un jour, un seul fait accompli
« Tienne jusqu'à la fin le théâtre rempli.

« J'ai pour moi, pourra-t-il dire, l'autorité
« du grand Corneille : j'ai plus encore ; j'ai son
« exemple, et le plaisir que me font ses ouvrages
« à proportion qu'il a plus ou moins obéi à cette
« règle. ».

M. de la Motte ne s'est pas contenté de vouloir ôter du théâtre ses principales règles, il veut encore lui ôter la poésie, et nous donner des tragédies en prose.

DES TRAGÉDIES EN PROSE.

Cet auteur ingénieux et fécond, qui n'a fait que des vers en sa vie, ou des ouvrages de prose à l'occasion de ses vers, écrit contre son art même et le traite avec le même mépris qu'il a traité Homère, que pourtant il a traduit. Jamais Virgile, ni le Tasse, ni M. Despréaux, ni M. Racine, ni M. Pope, ne se sont avisés d'écrire contre l'harmonie des vers; ni M. de Lulli contre la musique, ni M. Newton contre les mathématiques. On a vu des hommes qui ont eu quelquefois la faiblesse de se croire supérieurs à leur profession, ce qui est le sûr moyen d'être au-dessous; mais on n'en avait point encore vu qui voulussent l'avilir. Il n'y a que trop de personnes qui méprisent la poésie, faute de la connaître. Paris est plein de gens de bon sens, nés avec des organes insensibles à toute harmonie, pour qui de la musique n'est que du bruit, et à qui la poésie ne paraît qu'une folie ingénieuse. Si ces personnes apprennent qu'un homme de mérite qui a fait cinq ou six volumes de vers est de leur avis, ne se croiront-elles pas en droit de regarder tous les autres poëtes comme des fous, et celui-là comme le seul à qui la raison est revenue? Il est donc nécessaire de lui répondre, pour l'honneur de l'art, et, j'ose dire, pour l'honneur d'un pays qui doit une partie de sa gloire chez les étrangers à la perfection de cet art même.

M. de la Motte avance que la rime est un usage barbare inventé depuis peu.

Cependant tous les peuples de la terre, excepté les anciens Romains et les Grecs, ont rimé et riment encore. Le retour des mêmes sons est si naturel à l'homme, qu'on a trouvé la rime établie chez les sauvages comme elle l'est à Rome, à Paris, à Londres et à Madrid. Il y a dans Montaigne une chanson en rimes américaines traduite en français; on trouve dans un des Spectateurs de M. Addisson une traduction d'une ode laponne rimée, qui est pleine de sentiment.

Les Grecs, *quibus dedit ore rotundo Musa loqui*, nés sous un ciel plus heureux, et favorisés par la nature d'organes plus délicats que les autres nations, formèrent une langue dont toutes les syllabes pouvaient, par leur longueur ou leur brièveté, exprimer les sentiments lents ou impétueux de l'ame. De cette variété de syllabes et d'intonations résultait dans leurs vers, et même aussi dans leur prose, une harmonie que les anciens Italiens sentirent, qu'ils imitèrent, et qu'aucune nation n'a pu saisir après eux. Mais soit rime, soit syllabes cadencées, la poésie, contre laquelle M. de la Motte se révolte, a été et sera toujours cultivée par tous les peuples.

Avant Hérodote, l'histoire même ne s'écrivait qu'en vers chez les Grecs, qui avaient pris cette coutume des anciens Égyptiens, le peuple le plus sage de la terre, le mieux policé et le plus savant. Cette coutume était très raisonnable; car le but de l'histoire était de conserver à la postérité la mémoire du petit nombre de grands hommes qui lui devaient servir d'exemple. On ne s'était point encore avisé de donner l'histoire d'un couvent, ou d'une petite ville, en plusieurs volumes in-folio; on n'écrivait que ce qui en était digne, que ce que les hommes devaient retenir par cœur. Voilà pourquoi on se servait de l'harmonie des vers pour aider la mémoire. C'est pour cette raison que les premiers philosophes, les législateurs, les fondateurs des religions, et les historiens étaient tous poëtes.

Il semble que la poésie dût manquer communément, dans de pareils sujets, ou de précision ou d'harmonie : mais, depuis que Virgile et Horace ont réuni ces deux grands mérites, qui paraissent si incompatibles, depuis que MM. Despréaux et Racine ont écrit comme Virgile et

Horace, un homme qui les a lus, et qui sait qu'ils sont traduits dans presque toutes les langues de l'Europe, peut-il avilir à ce point un talent qui lui a fait tant d'honneur à lui-même? Je placerai nos Despréaux et nos Racine à côté de Virgile pour le mérite de la versification; parce que si l'auteur de l'Énéide était né à Paris, il aurait rimé comme eux; et si ces deux Français avaient vécu du temps d'Auguste, ils auraient fait le même usage que Virgile de la mesure des vers latins. Quand donc M. de la Motte appelle la versification *un travail mécanique et ridicule,* c'est charger de ce ridicule, non seulement tous nos grands poëtes, mais tous ceux de l'antiquité.

Virgile et Horace se sont asservis à un travail aussi mécanique que nos auteurs: un arrangement heureux de spondées et de dactyles était aussi pénible que nos rimes et nos hémistiches. Il fallait que ce travail fût bien laborieux, puisque l'Énéide, après onze années, n'était pas encore dans sa perfection.

M. de la Motte prétend qu'au moins une scène de tragédie mise en prose ne perd rien de sa grâce ni de sa force. Pour le prouver, il tourne en prose la première scène de Mithridate, et personne ne peut la lire. Il ne songe pas que le grand mérite des vers est qu'ils soient aussi corrects que la prose ; c'est cette extrême difficulté surmontée qui charme les connaisseurs : réduisez les vers en prose, il n'y a plus ni mérite ni plaisir.

Mais, dit-il, *nos voisins ne riment point dans leurs tragédies.* Cela est vrai ; mais ces pièces sont en vers, parce qu'il faut de l'harmonie à tous les peuples de la terre. Il ne s'agit donc plus que de savoir si nos vers doivent être rimés ou non. MM. Corneille et Racine ont employé la rime ; craignons que si nous voulons ouvrir une autre carrière, ce ne soit plutôt par l'impuissance de marcher dans celle de ces grands hommes, que par le désir de la nouveauté. Les Italiens et les Anglais peuvent se passer de rimes, parce que leur langue a des inversions, et leur poésie mille libertés qui nous manquent. Chaque langue a son génie déterminé par la nature de la construction de ses phrases, par la fréquence de ses voyelles ou de ses consonnes, ses inversions, ses verbes auxiliaires, etc. Le génie de notre langue est la clarté et l'élégance ; nous ne permettons nulle licence à notre poésie, qui doit marcher, comme notre prose, dans l'ordre précis de nos idées. Nous avons donc un besoin essentiel du retour des mêmes sons pour que notre poésie ne soit pas confondue avec la prose. Tout le monde connaît ces vers :

> Où me cacher ? fuyons dans la nuit infernale.
> Mais que dis-je ? mon père y tient l'urne fatale :
> Le sort, dit-on, l'a mise en ses sévères mains ;
> Minos juge aux enfers tous les pâles humains.

Mettez à la place :

> Où me cacher ? fuyons dans la nuit infernale.
> Mais que dis-je ? mon père y tient l'urne funeste :
> Le sort, dit-on, l'a mise en ses sévères mains ;
> Minos juge aux enfers tous les pâles mortels.

Quelque poétique que soit ce morceau, fera-t-il le même plaisir, dépouillé de l'agrément de la rime ? Les Anglais et les Italiens diraient également, après les Grecs et les Romains, *Les pâles humains Minos aux enfers juge,* et enjamberaient avec grâce sur l'autre vers ; la manière même de réciter des vers en italien et en anglais fait sentir des syllabes longues et brèves, qui soutiennent encore l'harmonie sans besoin de rimes : nous, qui n'avons aucun de ces avantages, pourquoi voudrions-nous abandonner ceux que la nature de notre langue nous laisse ?

M. de la Motte compare nos poëtes, c'est-à-dire, nos Corneille, nos Racine, nos Despréaux, à des faiseurs d'acrostiches, et à un charlatan qui fait passer des grains de millet par le trou d'une aiguille; il ajoute que toutes ces puérilités n'ont d'autre mérite que celui de la difficulté surmontée. J'avoue que les mauvais vers sont à peu près dans ce cas; ils ne diffèrent de la mauvaise prose que par la rime : et la rime seule ne fait ni le mérite du poëte, ni le plaisir du lecteur. Ce ne sont point seulement des dactyles et des spondées qui plaisent dans Homère et dans Virgile : ce qui enchante toute la terre, c'est l'harmonie charmante qui naît de cette mesure difficile. Quiconque se borne à vaincre une difficulté pour le mérite seul de la vaincre, est un fou; mais celui qui tire du fond de ces obstacles mêmes des beautés qui plaisent à tout le monde, est un homme très sage et presque unique. Il est très difficile de faire de beaux tableaux, de belles statues, de bonne musique, de bons vers; aussi les noms des hommes supérieurs qui ont vaincu ces obstacles dureront-ils beaucoup plus peut-être que les royaumes où ils sont nés.

Je pourrais prendre encore la liberté de disputer avec M. de la Motte sur quelques autres points; mais ce serait peut-être marquer un dessein de l'attaquer personnellement, et faire soupçonner une malignité dont je suis aussi éloigné que de ses sentiments. J'aime beaucoup mieux profiter des réflexions judicieuses et fines qu'il a répandues dans son livre, que de m'engager à en réfuter quelques-unes qui me paraissent moins vraies que les autres. C'est assez pour moi d'avoir tâché de défendre un art que j'aime, et qu'il eût dû défendre lui-même.

Je dirai seulement un mot, si M. de la Faye veut bien me le permettre, à l'occasion de l'ode en faveur de l'harmonie, dans laquelle il combat en beaux vers le système de M. de la Motte, et à laquelle ce dernier n'a répondu qu'en prose. Voici une stance dans laquelle M. de la Faye a rassemblé en vers harmonieux et pleins d'imagination presque toutes les raisons que j'ai alléguées.

> De la contrainte rigoureuse
> Où l'esprit semble resserré,
> Il reçoit cette force heureuse
> Qui l'élève au plus haut degré.
> Telle, dans des canaux pressée,
> Avec plus de force élancée,
> L'onde s'élève dans les airs ;
> Et la règle, qui semble austère,
> N'est qu'un art plus certain de plaire,
> Inséparable des beaux vers.

Je n'ai jamais vu de comparaison plus juste, plus gracieuse, ni mieux exprimée. M. de la

Motte, qui n'eût dû y répondre qu'en l'imitant seulement, examine si ce sont les canaux qui font que l'eau s'élève, ou si c'est la hauteur dont elle tombe qui fait la mesure de son élévation. « Or où trouvera-t-on, continue-t-il, dans les « vers plutôt que dans la prose, cette première « hauteur de pensées ? etc. »

Je crois que M. de la Motte se trompe comme physicien, puisqu'il est certain que, sans la gêne des canaux dont il s'agit, l'eau ne s'élèverait point du tout, de quelque hauteur qu'elle tombât. Mais ne se trompe-t-il pas encore plus comme poëte ? Comment n'a-t-il pas senti que, comme la gêne de la mesure des vers produit une harmonie agréable à l'oreille, ainsi cette prison où l'eau coule renfermée produit un jet d'eau qui plaît à la vue ? La comparaison n'est-elle pas aussi juste que riante ? M. de la Faye a pris sans doute un meilleur parti que moi ; il s'est conduit comme ce philosophe qui, pour toute réponse à un sophiste qui niait le mouvement, se contenta de marcher en sa présence. M. de la Motte nie l'harmonie des vers ; M. de la Faye lui envoie des vers harmonieux : cela seul doit m'avertir de finir ma prose.

A MADAME,
FEMME DU RÉGENT.

Madame,

Si l'usage de dédier ses ouvrages à ceux qui en jugent le mieux n'était pas établi, il commencerait par votre altesse royale. La protection éclairée dont vous honorez les succès ou les efforts des auteurs met en droit ceux même qui réussissent le moins d'oser mettre sous votre nom des ouvrages qu'ils ne composent que dans le dessein de vous plaire. Pour moi, dont le zèle tient lieu de mérite auprès de vous, souffrez que je prenne la liberté de vous offrir les faibles essais de ma plume. Heureux si, encouragé par vos bon-

ÉPITRE DÉDICATOIRE.

tés, je puis travailler long-temps pour votre altesse royale, dont la conservation n'est pas moins précieuse à ceux qui cultivent les beaux arts, qu'à toute la France, dont elle est les délices et l'exemple.

Je suis avec un profond respect,

MADAME,

De votre altesse royale

le très humble et très obéissant serviteur,
AROUET DE VOLTAIRE.

PERSONNAGES.

OEDIPE, roi de Thèbes.
JOCASTE, reine de Thèbes.
PHILOCTÈTE, prince d'Eubée.
LE GRAND-PRÊTRE.
ARASPE, confident d'OEdipe.
ÉGINE, confidente de Jocaste.
DIMAS, ami de Philoctète.
PHORBAS, vieillard thébain.
ICARE, vieillard de Corinthe.
CHŒUR DE THÉBAINS.

La scène est à Thèbes.

OEDIPE,
TRAGÉDIE.

ACTE PREMIER.

SCÈNE I.
PHILOCTÈTE, DIMAS.

DIMAS.

Philoctète, est-ce vous ? quel coup affreux du sort
Dans ces lieux empestés vous fait chercher la mort ?
Venez-vous de nos dieux affronter la colère ?
Nul mortel n'ose ici mettre un pied téméraire :
Ces climats sont remplis du céleste courroux ;
Et la mort dévorante habite parmi nous.
Thèbes, depuis long-temps aux horreurs consacrée,
Du reste des vivants semble être séparée :
Retournez...

PHILOCTÈTE.
Ce séjour convient aux malheureux !
Va, laisse-moi le soin de mes destins affreux,
Et dis-moi si des dieux la colère inhumaine,
En accablant ce peuple, a respecté la reine ?

DIMAS.
Oui, seigneur, elle vit ; mais la contagion
Jusqu'au pied de son trône apporte son poison.

Chaque instant lui dérobe un serviteur fidèle,
Et la mort par degrés semble s'approcher d'elle.
On dit qu'enfin le ciel, après tant de courroux,
Va retirer son bras appesanti sur nous :
Tant de sang, tant de morts ont dû le satisfaire.

PHILOCTÈTE.

Eh! quel crime a produit un courroux si sévère ?

DIMAS.

Depuis la mort du roi...

PHILOCTÈTE.

     Qu'entends-je? quoi! Laïus...

DIMAS.

Seigneur, depuis quatre ans ce héros ne vit plus.

PHILOCTÈTE.

Il ne vit plus! quel mot a frappé mon oreille!
Quel espoir séduisant dans mon cœur se réveille!
Quoi! Jocaste... Les dieux me seraient-ils plus doux ?
Quoi! Philoctète enfin pourrait-il être à vous ?
Il ne vit plus!.. quel sort a terminé sa vie ?

DIMAS.

Quatre ans sont écoulés depuis qu'en Béotie
Pour la dernière fois le sort guida vos pas.
A peine vous quittiez le sein de vos états,
A peine vous preniez le chemin de l'Asie,
Lorsque, d'un coup perfide, une main ennemie
Ravit à ses sujets ce prince infortuné.

PHILOCTÈTE.

Quoi! Dimas, votre maître est mort assassiné?

DIMAS.

Ce fut de nos malheurs la première origine :
Ce crime a de l'empire entraîné la ruine.

Du bruit de son trépas mortellement frappés,
A répandre des pleurs nous étions occupés,
Quand, du courroux des dieux ministre épouvantable,
Funeste à l'innocent, sans punir le coupable,
Un monstre, (loin de nous que faisiez-vous alors?)
Un monstre furieux vint ravager ces bords.
Le ciel, industrieux dans sa triste vengeance,
Avait à le former épuisé sa puissance.
Né parmi des rochers, au pied du Cithéron,
Ce monstre à voix humaine, aigle, femme et lion,
De la nature entière exécrable assemblage,
Unissait contre nous l'artifice à la rage.
Il n'était qu'un moyen d'en préserver ces lieux.

D'un sens embarrassé dans des mots captieux,
Le monstre, chaque jour, dans Thèbe épouvantée,
Proposait une énigme avec art concertée;
Et si quelque mortel voulait nous secourir,
Il devait voir le monstre et l'entendre, ou périr.
A cette loi terrible il nous fallut souscrire.
D'une commune voix Thèbe offrit son empire
A l'heureux interprète inspiré par les dieux
Qui nous dévoilerait ce sens mystérieux.
Nos sages, nos vieillards, séduits par l'espérance,
Osèrent, sur la foi d'une vaine science,
Du monstre impénétrable affronter le courroux :
Nul d'eux ne l'entendit; ils expirèrent tous.
Mais OEdipe, héritier du sceptre de Corinthe,
Jeune, et dans l'âge heureux qui méconnaît la crainte,
Guidé par la fortune en ces lieux pleins d'effroi,
Vint, vit ce monstre affreux, l'entendit et fut roi.
Il vit, il règne encor, mais sa triste puissance
Ne voit que des mourants sous son obéissance.

3.

Hélas ! nous nous flattions que ses heureuses mains
Pour jamais à son trône enchaînaient les destins.
Déja même les dieux nous semblaient plus faciles :
Le monstre en expirant laissait ces murs tranquilles ;
Mais la stérilité, sur ce funeste bord,
Bientôt avec la faim nous rapporta la mort.
Les dieux nous ont conduits de supplice en supplice ;
La famine a cessé, mais non leur injustice ;
Et la contagion, dépeuplant nos états,
Poursuit un faible reste échappé du trépas.
Tel est l'état horrible où les dieux nous réduisent.
Mais vous, heureux guerrier que ces dieux favorisent,
Qui du sein de la gloire a pu vous arracher ?
Dans ce séjour affreux que venez-vous chercher ?

PHILOCTÈTE.

J'y viens porter mes pleurs et ma douleur profonde.
Apprends mon infortune et les malheurs du monde.
Mes yeux ne verront plus ce digne fils des dieux,
Cet appui de la terre, invincible comme eux.
L'innocent opprimé perd son dieu tutélaire ;
Je pleure mon ami, le monde pleure un père.

DIMAS.

Hercule est mort ?

PHILOCTÈTE.

    Ami, ces malheureuses mains
Ont mis sur le bûcher le plus grand des humains :
Je rapporte en ces lieux ses flèches invincibles,
Du fils de Jupiter présents chers et terribles ;
Je rapporte sa cendre, et viens à ce héros,
Attendant des autels, élever des tombeaux.
Crois-moi, s'il eût vécu, si d'un présent si rare
Le ciel pour les humains eût été moins avare,

J'aurais, loin de Jocaste, achevé mon destin :
Et, dût ma passion renaître dans mon sein,
Tu ne me verrais point, suivant l'amour pour guide,
Pour servir une femme abandonner Alcide.

DIMAS.

J'ai plaint long-temps ce feu si puissant et si doux;
Il naquit dans l'enfance, il croissait avec vous.
Jocaste, par un père à son hymen forcée,
Au trône de Laïus à regret fut placée.
Hélas! par cet hymen qui coûta tant de pleurs,
Les destins en secret préparaient nos malheurs.
Que j'admirais en vous cette vertu suprême,
Ce cœur digne du trône et vainqueur de soi-même!
En vain l'amour parlait à ce cœur agité,
C'est le premier tyran que vous avez domté.

PHILOCTÈTE.

Il fallut fuir pour vaincre; oui, je te le confesse,
Je luttai quelque temps; je sentis ma faiblesse :
Il fallut m'arracher de ce funeste lieu,
Et je dis à Jocaste un éternel adieu.
Cependant l'univers, tremblant au nom d'Alcide,
Attendait son destin de sa valeur rapide;
A ses divins travaux j'osai m'associer;
Je marchai près de lui, ceint du même laurier.
C'est alors, en effet, que mon ame éclairée
Contre les passions se sentit assurée.
L'amitié d'un grand homme est un bienfait des dieux :
Je lisais mon devoir et mon sort dans ses yeux;
Des vertus avec lui je fis l'apprentissage;
Sans endurcir mon cœur, j'affermis mon courage :
L'inflexible vertu m'enchaîna sous sa loi.
Qu'eussé-je été sans lui? rien que le fils d'un roi,

Rien qu'un prince vulgaire, et je serais peut-être
Esclave de mes sens, dont il m'a rendu maître.

DIMAS.

Ainsi donc désormais, sans plainte et sans courroux,
Vous reverrez Jocaste et son nouvel époux?

PHILOCTÈTE.

Comment! que dites-vous? un nouvel hymenée.....

DIMAS.

OEdipe à cette reine a joint sa destinée.

PHILOCTÈTE.

OEdipe est trop heureux! je n'en suis point surpris;
Et qui sauva son peuple est digne d'un tel prix:
Le ciel est juste.

DIMAS.

OEdipe en ces lieux va paraître:
Tout le peuple avec lui, conduit par le grand-prêtre,
Vient des dieux irrités conjurer les rigueurs.

PHILOCTÈTE.

Je me sens attendri, je partage leurs pleurs.
O toi, du haut des cieux, veille sur ta patrie;
Exauce en sa faveur un ami qui te prie;
Hercule, sois le dieu de tes concitoyens;
Que leurs vœux jusqu'à toi montent avec les miens.

SCÈNE II.

LE GRAND-PRÊTRE, LE CHOEUR.

(La porte du temple s'ouvre, et le grand-prêtre paraît au milieu du peuple.)

PREMIER PERSONNAGE DU CHOEUR.

Esprits contagieux, tyrans de cet empire,
Qui soufflez dans ces murs la mort qu'on y respire,

ACTE I, SCÈNE II.

Redoublez contre nous votre lente fureur,
Et d'un trépas trop long épargnez-nous l'horreur.

SECOND PERSONNAGE.

Frappez, dieux tout-puissants; vos victimes sont prêtes :
O monts, écrasez-nous... Cieux, tombez sur nos têtes !
O mort, nous implorons ton funeste secours !
O mort, viens nous sauver, viens terminer nos jours !

LE GRAND-PRÊTRE.

Cessez, et retenez ces clameurs lamentables,
Faibles soulagements aux maux des misérables.
Fléchissons sous un dieu qui veut nous éprouver,
Qui d'un mot peut nous perdre, et d'un mot nous sauver;
Il sait que dans ces murs la mort nous environne,
Et les cris des Thébains sont montés vers son trône.
Le roi vient. Par ma voix le ciel va lui parler;
Les destins à ses yeux veulent se dévoiler.
Les temps sont arrivés; cette grande journée
Va du peuple et du roi changer la destinée.

SCÈNE III.

OEDIPE, JOCASTE, LE GRAND-PRÊTRE,
ÉGINE, DIMAS, ARASPE, LE CHOEUR.

OEDIPE.

Peuple qui, dans ce temple apportant vos douleurs,
Présentez à nos dieux des offrandes de pleurs,
Que ne puis-je sur moi détournant leurs vengeances,
De la mort qui vous suit étouffer les semences !
Mais un roi n'est qu'un homme en ce commun danger,
Et tout ce qu'il peut faire est de le partager.

(au grand-prêtre.)
Vous, ministre des dieux que dans Thèbe on adore,
Dédaignent-ils toujours la voix qui les implore ?
Verront-ils sans pitié finir nos tristes jours ?
Ces maîtres des humains sont-ils muets et sourds ?

LE GRAND-PRÊTRE.

Roi, peuple, écoutez-moi. Cette nuit, à ma vue,
Du ciel sur nos autels la flamme est descendue;
L'ombre du grand Laïus a paru parmi nous,
Terrible et respirant la haine et le courroux.
Une effrayante voix s'est fait alors entendre :
« Les Thébains de Laïus n'ont point vengé la cendre;
« Le meurtrier du roi respire en ces états,
« Et de son souffle impur infecte vos climats.
« Il faut qu'on le connaisse, il faut qu'on le punisse.
« Peuples, votre salut dépend de son supplice. »

OEDIPE.

Thébains, je l'avouerai, vous souffrez justement
D'un crime inexcusable un rude châtiment.
Laïus vous était cher, et votre négligence
De ses mânes sacrés a trahi la vengeance.
Tel est souvent le sort des plus justes des rois !
Tant qu'ils sont sur la terre on respecte leurs lois,
On porte jusqu'aux cieux leur justice suprême;
Adorés de leur peuple, ils sont des dieux eux-mêmes;
Mais après leur trépas que sont-ils à vos yeux ?
Vous éteignez l'encens que vous brûliez pour eux,
Et, comme à l'intérêt l'ame humaine est liée,
La vertu qui n'est plus est bientôt oubliée.
Ainsi du ciel vengeur implorant le courroux,
Le sang de votre roi s'élève contre vous.
Apaisons son murmure, et qu'au lieu d'hécatombe

ACTE I, SCÈNE III.

Le sang du meurtrier soit versé sur sa tombe.
A chercher le coupable appliquons tous nos soins.
Quoi ! de la mort du roi n'a-t-on pas de témoins ?
Et n'a-t-on jamais pu, parmi tant de prodiges,
De ce crime impuni retrouver les vestiges ?
On m'avait toujours dit que ce fut un Thébain
Qui leva sur son prince une coupable main.

(à Jocaste.)

Pour moi qui, de vos mains recevant sa couronne,
Deux ans après sa mort ai monté sur son trône,
Madame, jusqu'ici, respectant vos douleurs,
Je n'ai point rappelé le sujet de vos pleurs ;
Et, de vos seuls périls chaque jour alarmée,
Mon ame à d'autres soins semblait être fermée.

JOCASTE.

Seigneur, quand le destin, me réservant à vous,
Par un coup imprévu m'enleva mon époux,
Lorsque, de ses états parcourant les frontières,
Ce héros succomba sous des mains meurtrières,
Phorbas en ce voyage était seul avec lui ;
Phorbas était du roi le conseil et l'appui :
Laïus qui connaissait son zèle et sa prudence,
Partageait avec lui le poids de sa puissance.
Ce fut lui qui du prince, à ses yeux massacré,
Rapporta dans nos murs le corps défiguré :
Percé de coups lui-même, il se traînait à peine ;
Il tomba tout sanglant aux genoux de sa reine :
« Des inconnus, dit-il, ont porté ces grands coups ;
« Ils ont devant mes yeux massacré votre époux ;
« Ils m'ont laissé mourant ; et le pouvoir céleste
« De mes jours malheureux a ranimé le reste. »
Il ne m'en dit pas plus ; et mon cœur agité

Voyait fuir loin de lui la triste vérité;
Et peut-être le ciel, que ce grand crime irrite,
Déroba le coupable à ma juste poursuite :
Peut-être, accomplissant ses décrets éternels,
Afin de nous punir il nous fit criminels.
Le Sphinx bientôt après désola cette rive ;
A ses seules fureurs Thèbes fut attentive :
Et l'on ne pouvait guère, en un pareil effroi,
Venger la mort d'autrui, quand on tremblait pour soi.

OEDIPE.

Madame, qu'a-t-on fait de ce sujet fidèle ?

JOCASTE.

Seigneur, on paya mal son service et son zèle.
Tout l'état en secret était son ennemi :
Il était trop puissant pour n'être point haï ;
Et du peuple et des grands la colère insensée
Brûlait de le punir de sa faveur passée.
On l'accusa lui-même, et d'un commun transport
Thèbe entière à grands cris me demanda sa mort ;
Et moi, de tous côtés redoutant l'injustice,
Je tremblai d'ordonner sa grâce ou son supplice.
Dans un château voisin conduit secrètement,
Je dérobai sa tête à leur emportement.
Là, depuis quatre hivers, ce vieillard vénérable,
De la faveur des rois exemple déplorable,
Sans se plaindre de moi ni du peuple irrité,
De sa seule innocence attend sa liberté.

OEDIPE.

(à sa suite.)

Madame, c'est assez. Courez ; que l'on s'empresse ;
Qu'on ouvre sa prison, qu'il vienne, qu'il paraisse.
Moi-même devant vous je veux l'interroger.

J'ai tout mon peuple ensemble et Laïus à venger.
Il faut tout écouter; il faut d'un œil sévère
Sonder la profondeur de ce triste mystère.
Et vous, dieux des Thébains, dieux qui nous exaucez,
Punissez l'assassin, vous qui le connaissez.
Soleil, cache à ses yeux le jour qui nous éclaire!
Qu'en horreur à ses fils, exécrable à sa mère,
Errant, abandonné, proscrit dans l'univers,
Il rassemble sur lui tous les maux des enfers;
Et que son corps sanglant, privé de sépulture,
Des vautours dévorants devienne la pâture!

LE GRAND-PRÊTRE.

A ces serments affreux nous nous unissons tous.

ŒDIPE.

Dieux, que le crime seul éprouve enfin vos coups!
Ou si de vos décrets l'éternelle justice
Abandonne à mon bras le soin de son supplice,
Et si vous êtes las enfin de nous haïr,
Donnez, en commandant, le pouvoir d'obéir.
Si sur un inconnu vous poursuivez le crime,
Achevez votre ouvrage et nommez la victime.
Vous, retournez au temple; allez, que votre voix
Interroge ces dieux une seconde fois;
Que vos vœux parmi nous les forcent à descendre:
S'ils ont aimé Laïus, ils vengeront sa cendre;
Et, conduisant un roi facile à se tromper,
Ils marqueront la place où mon bras doit frapper.

FIN DU PREMIER ACTE.

ACTE SECOND,

SCÈNE I.

JOCASTE, ÉGINE, ARASPE, LE CHOEUR.

ARASPE.

Oui, ce peuple expirant, dont je suis l'interprète,
D'une commune voix accuse Philoctète,
Madame ; et les destins, dans ce triste séjour,
Pour nous sauver, sans doute, ont permis son retour.

JOCASTE.

Qu'ai-je entendu, grands dieux !

ÉGINE.

Ma surprise est extrême !...

JOCASTE.

Qui ? lui ! qui ? Philoctète !

ARASPE.

Oui, madame, lui-même.
A quel autre en effet pourraient-ils imputer
Un meurtre qu'à nos yeux il sembla méditer ?
Il haïssait Laïus, on le sait ; et sa haine
Aux yeux de votre époux ne se cachait qu'à peine :
La jeunesse imprudente aisément se trahit ;
Son front mal déguisé découvrait son dépit.
J'ignore quel sujet animait sa colère ;
Mais au seul nom du roi, trop prompt et trop sincère,
Esclave d'un courroux qu'il ne pouvait domter,
Jusques à la menace il osa s'emporter :

Il partit; et, depuis, sa destinée errante
Ramena sur nos bords sa fortune flottante.
Même il était dans Thèbe en ces temps malheureux
Que le ciel a marqués d'un parricide affreux :
Depuis ce jour fatal, avec quelque apparence
De nos peuples sur lui tomba la défiance.
Que dis-je ? Assez long-temps les soupçons des Thébains
Entre Phorbas et lui flottèrent incertains :
Cependant ce grand nom qu'il s'acquit dans la guerre,
Ce titre si fameux de vengeur de la terre,
Ce respect qu'aux héros nous portons malgré nous,
Fit taire nos soupçons et suspendit nos coups.
Mais les temps sont changés : Thèbe, en ce jour funeste,
D'un respect dangereux dépouillera le reste ;
En vain sa gloire parle à ces cœurs agités,
Les dieux veulent du sang, et sont seuls écoutés.

PREMIER PERSONNAGE DU CHŒUR.

O reine ! ayez pitié d'un peuple qui vous aime ;
Imitez de ces dieux la justice suprême ;
Livrez-nous leur victime ; adressez-leur nos vœux :
Qui peut mieux les toucher qu'un cœur si digne d'eux ?

JOCASTE.

Pour fléchir leur courroux s'il ne faut que ma vie,
Hélas ! c'est sans regret que je la sacrifie.
Thébains, qui me croyez encor quelques vertus,
Je vous offre mon sang : n'exigez rien de plus.
Allez.

SCÈNE II.

JOCASTE, EGINE.

ÉGINE.

Que je vous plains !

JOCASTE.

Hélas, je porte envie
A ceux qui dans ces murs ont terminé leur vie.
Quel état, quel tourment pour un cœur vertueux !

ÉGINE.

Il n'en faut point douter, votre sort est affreux !
Ces peuples qu'un faux zèle aveuglément anime
Vont bientôt à grands cris demander leur victime.
Je n'ose l'accuser : mais quelle horreur pour vous
Si vous trouvez en lui l'assassin d'un époux !

JOCASTE.

Et l'on ose à tous deux faire un pareil outrage !
Le crime, la bassesse eût été son partage !
Égine, après les nœuds qu'il a fallu briser,
Il manquait à mes maux de l'entendre accuser.
Apprends que ces soupçons irritent ma colère,
Et qu'il est vertueux puisqu'il m'avait su plaire.

ÉGINE.

Cet amour si constant...

JOCASTE.

Ne crois pas que mon cœur
De cet amour funeste ait pu nourrir l'ardeur ;
Je l'ai trop combattu. Cependant, chère Egine,
Quoi que fasse un grand cœur où la vertu domine,
On ne se cache point ces secrets mouvements
De la nature en nous indomtables enfants ;

Dans les replis de l'ame ils viennent nous surprendre;
Ces feux qu'on croit éteints renaissent de leur cendre :
Et la vertu sévère, en de si durs combats,
Résiste aux passions et ne les détruit pas.

ÉGINE.

Votre douleur est juste autant que vertueuse,
Et de tels sentiments....

JOCASTE.

Que je suis malheureuse!
Tu connais, chère Égine, et mon cœur et mes maux.
J'ai deux fois de l'hymen allumé les flambeaux ;
Deux fois, de mon destin subissant l'injustice,
J'ai changé d'esclavage, ou plutôt de supplice ;
Et le seul des mortels dont mon cœur fut touché,
A mes vœux pour jamais devait être arraché.
Pardonnez-moi, grands dieux, ce souvenir funeste ;
D'un feu que j'ai domté c'est le malheureux reste.
Égine, tu nous vis l'un de l'autre charmés ;
Tu vis nos nœuds rompus aussitôt que formés :
Mon souverain m'aima, m'obtint malgré moi-même;
Mon front chargé d'ennuis fut ceint du diadème ;
Il fallut oublier dans ses embrassements
Et mes premiers amours, et mes premiers serments.
Tu sais qu'à mon devoir tout entière attachée,
J'étouffai de mes sens la révolte cachée ;
Que, déguisant mon trouble et dévorant mes pleurs,
Je n'osais à moi-même avouer mes douleurs...

ÉGINE.

Comment donc pouviez-vous du joug de l'hyménée
Une seconde fois tenter la destinée?

JOCASTE.

Hélas!

ÉGINE.
M'est-il permis de ne vous rien cacher?
JOCASTE.
Parle.
ÉGINE.
OEdipe, madame, a paru vous toucher;
Et votre cœur, du moins sans trop de résistance,
De vos états sauvés donna la récompense.
JOCASTE.
Ah, grands dieux!
ÉGINE.
Était-il plus heureux que Laïus,
Ou Philoctète absent ne vous touchait-il plus?
Entre ces deux héros étiez-vous partagée?
JOCASTE.
Par un monstre cruel Thèbe alors ravagée
A son libérateur avait promis ma foi;
Et le vainqueur du Sphinx était digne de moi.
ÉGINE.
Vous l'aimiez?
JOCASTE.
Je sentis pour lui quelque tendresse;
Mais que ce sentiment fut loin de la faiblesse!
Ce n'était point, Égine, un feu tumultueux,
De mes sens enchantés enfant impétueux;
Je ne reconnus point cette brûlante flamme
Que le seul Philoctète a fait naître en mon ame,
Et qui, sur mon esprit répandant son poison,
De son charme fatal a séduit ma raison.
Je sentais pour OEdipe une amitié sévère;
OEdipe est vertueux, sa vertu m'était chère;
Mon cœur avec plaisir le voyait élevé

Au trône des Thébains qu'il avait conservé.
Cependant sur ses pas aux autels entraînée,
Égine, je sentis dans mon ame étonnée
Des transports inconnus que je ne conçus pas ;
Avec horreur enfin je me vis dans ses bras.
Cet hymen fut conclu sous un affreux augure :
Égine, je voyais dans une nuit obscure,
Près d'OEdipe et de moi, je voyais des enfers
Les gouffres éternels à mes pieds entr'ouverts ;
De mon premier époux l'ombre pâle et sanglante
Dans cet abîme affreux paraissait menaçante :
Il me montrait mon fils, ce fils qui dans mon flanc
Avait été formé de son malheureux sang ;
Ce fils dont ma pieuse et barbare injustice
Avait fait à nos dieux un secret sacrifice :
De les suivre tous deux ils semblaient m'ordonner ;
Tous deux dans le Tartare ils semblaient m'entraîner.
De sentiments confus mon ame possédée
Se présentait toujours cette effroyable idée ;
Et Philoctète encor trop présent dans mon cœur
De ce trouble fatal augmentait la terreur.

ÉGINE.

J'entends du bruit, on vient, je le vois qui s'avance.

JOCASTE.

C'est lui-même ; je tremble : évitons sa présence.

SCÈNE III.

JOCASTE, PHILOCTÈTE.

PHILOCTÈTE.

Ne fuyez point, madame, et cessez de trembler ;
Osez me voir, osez m'entendre et me parler.

Ne craignez point ici que mes jalouses larmes
De votre hymen heureux troublent les nouveaux charmes :
N'attendez point de moi des reproches honteux,
Ni de lâches soupirs indignes de tous deux.
Je ne vous tiendrai point de ces discours vulgaires
Que dicte la mollesse aux amants ordinaires :
Un cœur qui vous chérit, et, s'il faut dire plus,
S'il vous souvient des nœuds que vous avez rompus,
Un cœur pour qui le vôtre avait quelque tendresse,
N'a point appris de vous à montrer de faiblesse.

JOCASTE.

De pareils sentiments n'appartenaient qu'à nous;
J'en dois donner l'exemple, ou le prendre de vous.
Si Jocaste avec vous n'a pu se voir unie,
Il est juste, avant tout, qu'elle s'en justifie.
Je vous aimais, seigneur : une suprême loi
Toujours malgré moi-même a disposé de moi;
Et du Sphinx et des dieux la fureur trop connue
Sans doute à votre oreille est déja parvenue;
Vous savez quels fléaux ont éclaté sur nous,
Et qu'OEdipe...

PHILOCTÈTE.

    Je sais qu'OEdipe est votre époux;
Je sais qu'il en est digne; et, malgré sa jeunesse,
L'empire des Thébains sauvé par sa sagesse,
Ses exploits, ses vertus, et surtout votre choix,
Ont mis cet heureux prince au rang des plus grands rois.
Ah! pourquoi la fortune, à me nuire constante,
Emportait-elle ailleurs ma valeur imprudente?
Si le vainqueur du Sphinx devait vous conquérir,
Fallait-il loin de vous ne chercher qu'à périr?
Je n'aurais point percé les ténèbres frivoles

ACTE II, SCÈNE III.

D'un vain sens déguisé sous d'obscures paroles :
Ce bras, que votre aspect eût encore animé,
A vaincre avec le fer était accoutumé :
Du monstre à vos genoux j'eusse apporté la tête.
D'un autre cependant Jocaste est la conquête !
Un autre a pu jouir de cet excès d'honneur !

JOCASTE.

Vous ne connaissez pas quel est votre malheur.

PHILOCTÈTE.

Je perds Alcide et vous : qu'aurais-je à craindre encore ?

JOCASTE.

Vous êtes en des lieux qu'un dieu vengeur abhorre ;
Un feu contagieux annonce son courroux :
Et le sang de Laïus est retombé sur nous.
Du ciel qui nous poursuit la justice outragée
Venge ainsi de ce roi la cendre négligée :
On doit sur nos autels immoler l'assassin ;
On le cherche, on vous nomme, on vous accuse enfin.

PHILOCTÈTE.

Madame, je me tais ; une pareille offense
Étonne mon courage et me force au silence.
Qui ? moi, de tels forfaits ! moi, des assassinats !
Et que de votre époux... Vous ne le croyez pas.

JOCASTE.

Non, je ne le crois point, et c'est vous faire injure
Que daigner un moment combattre l'imposture.
Votre cœur m'est connu, vous avez eu ma foi,
Et vous ne pouvez point être indigne de moi.
Oubliez ces Thébains que les dieux abandonnent,
Trop dignes de périr depuis qu'ils vous soupçonnent.
Fuyez-moi, c'en est fait : nous nous aimions en vain ;
Les dieux vous réservaient un plus noble destin ;

Vous étiez né pour eux : leur sagesse profonde
N'a pu fixer dans Thèbe un bras utile au monde,
Ni souffrir que l'amour, remplissant ce grand cœur,
Enchaînât près de moi votre obscure valeur.
Non, d'un lien charmant le soin tendre et timide
Ne doit point occuper le successeur d'Alcide :
De toutes vos vertus comptable à leurs besoins,
Ce n'est qu'aux malheureux que vous devez vos soins.
Déja de tous côtés les tyrans reparaissent ;
Hercule est sous la tombe, et les monstres renaissent :
Allez, libre des feux dont vous fûtes épris,
Partez, rendez Hercule à l'univers surpris.

Seigneur, mon époux vient, souffrez que je vous laisse :
Non que mon cœur troublé redoute sa faiblesse ;
Mais j'aurais trop peut-être à rougir devant vous,
Puisque je vous aimais et qu'il est mon époux.

SCÈNE IV.

ŒDIPE, PHILOCTÈTE, ARASPE.

ŒDIPE.

Araspe, c'est donc là le prince Philoctète ?

PHILOCTÈTE.

Oui, c'est lui qu'en ces murs un sort aveugle jette,
Et que le ciel encore, à sa perte animé,
A souffrir des affronts n'a point accoutumé.
Je sais de quel forfait on veut noircir ma vie ;
Seigneur, n'attendez pas que je m'en justifie ;
J'ai pour vous trop d'estime, et je ne pense pas
Que vous puissiez descendre à des soupçons si bas.
Si sur les mêmes pas nous marchons l'un et l'autre,
Ma gloire d'assez près est unie à la vôtre.

Thésée, Hercule, et moi, nous vous avons montré
Le chemin de la gloire où vous êtes entré.
Ne déshonorez point par une calomnie
La splendeur de ces noms où votre nom s'allie ;
Et soutenez surtout par un trait généreux
L'honneur que vous avez d'être placé près d'eux.

OEDIPE.

Être utile aux mortels, et sauver cet empire,
Voilà, seigneur, voilà l'honneur seul où j'aspire,
Et ce que m'ont appris en ces extrémités
Les héros que j'admire et que vous imitez.
Certes je ne veux point vous imputer un crime :
Si le ciel m'eût laissé le choix de la victime,
Je n'aurais immolé de victime que moi.
Mourir pour son pays, c'est le devoir d'un roi ;
C'est un honneur trop grand pour le céder à d'autres.
J'aurais donné mes jours et défendu les vôtres ;
J'aurais sauvé mon peuple une seconde fois ;
Mais, seigneur, je n'ai point la liberté du choix.
C'est un sang criminel que nous devons répandre :
Vous êtes accusé, songez à vous défendre ;
Paraissez innocent ; il me sera bien doux
D'honorer dans ma cour un héros tel que vous ;
Et je me tiens heureux s'il faut que je vous traite,
Non comme un accusé, mais comme Philoctète.

PHILOCTÈTE.

Je veux bien l'avouer ; sur la foi de mon nom
J'avais osé me croire au-dessus du soupçon.
Cette main qu'on accuse, au défaut du tonnerre,
D'infâmes assassins a délivré la terre ;
Hercule à les domter avait instruit mon bras ;
Seigneur, qui les punit ne les imite pas.

OEDIPE.

Ah! je ne pense point qu'aux exploits consacrées
Vos mains par des forfaits se soient déshonorées,
Seigneur; et si Laïus est tombé sous vos coups,
Sans doute avec honneur il expira sous vous :
Vous ne l'avez vaincu qu'en guerrier magnanime ;
Je vous rends trop justice.

PHILOCTÈTE.

Eh! quel serait mon crime?
Si ce fer chez les morts eût fait tomber Laïus,
Ce n'eût été pour moi qu'un triomphe de plus.
Un roi pour ses sujets est un dieu qu'on révère ;
Pour Hercule et pour moi, c'est un homme ordinaire.
J'ai défendu des rois; et vous devez songer
Que j'ai pu les combattre, ayant pu les venger.

OEDIPE.

Je connais Philoctète à ces illustres marques :
Des guerriers comme vous sont égaux aux monarques ;
Je le sais : cependant, prince, n'en doutez pas,
Le vainqueur de Laïus est digne du trépas ;
Sa tête répondra des malheurs de l'empire ;
Et vous...

PHILOCTÈTE.

Ce n'est point moi : ce mot doit vous suffire.
Seigneur, si c'était moi, j'en ferais vanité :
En vous parlant ainsi, je dois être écouté.
C'est aux hommes communs, aux ames ordinaires
A se justifier par des moyens vulgaires ;
Mais un prince, un guerrier, tel que vous, tel que moi,
Quand il a dit un mot, en est cru sur sa foi.
Du meurtre de Laïus OEdipe me soupçonne !
Ah ! ce n'est point à vous d'en accuser personne ;

Son sceptre et son épouse ont passé dans vos bra
C'est vous qui recueillez le fruit de son trépas.
Ce n'est pas moi surtout de qui l'heureuse audace
Disputa sa dépouille, et demanda sa place.
Le trône est un objet qui n'a pu me tenter :
Hercule à ce haut rang dédaignait de monter.
Toujours libre avec lui, sans sujets et sans maître,
J'ai fait des souverains, et n'ai point voulu l'être.
Mais c'est trop me défendre et trop m'humilier ;
La vertu s'avilit à se justifier.

OEDIPE.

Votre vertu m'est chère, et votre orgueil m'offense ;
On vous jugera, prince ; et si votre innocence
De l'équité des lois n'a rien à redouter,
Avec plus de splendeur elle en doit éclater.
Demeurez parmi nous....

PHILOCTÈTE.

J'y resterai, sans doute :
Il y va de ma gloire ; et le ciel qui m'écoute
Ne me verra partir que vengé de l'affront
Dont vos soupçons honteux ont fait rougir mon front.

SCÈNE V.

OEDIPE, ARASPE.

OEDIPE.

Je l'avouerai, j'ai peine à le croire coupable.
D'un cœur tel que le sien l'audace inébranlable
Ne sait point s'abaisser à des déguisements :
Le mensonge n'a point de si hauts sentiments.
Je ne puis voir en lui cette bassesse infâme.
Je te dirai bien plus ; je rougissais dans l'ame

De me voir obligé d'accuser ce grand cœur :
Je me plaignais à moi de mon trop de rigueur.
Nécessité cruelle attachée à l'empire !
Dans le cœur des humains les rois ne peuvent lire ;
Souvent sur l'innocence ils font tomber leurs coups,
Et nous sommes, Araspe, injustes malgré nous.
Mais que Phorbas est lent pour mon impatience !
C'est sur lui seul enfin que j'ai quelque espérance,
Car les dieux irrités ne nous répondent plus ;
Ils ont par leur silence expliqué leurs refus.

ARASPE.

Tandis que par vos soins vous pouvez tout apprendre,
Quel besoin que le ciel ici se fasse entendre ?
Ces dieux dont le pontife a promis le secours,
Dans leurs temples, seigneur, n'habitent pas toujours ;
On ne voit point leur bras si prodigue en miracles :
Ces antres, ces trépieds, qui rendent leurs oracles,
Ces organes d'airain que nos mains ont formés,
Toujours d'un souffle pur ne sont pas animés.
Ne nous endormons point sur la foi de leurs prêtres ;
Au pied du sanctuaire il est souvent des traîtres,
Qui, nous asservissant sous un pouvoir sacré,
Font parler les destins, les font taire à leur gré.
Voyez, examinez avec un soin extrême
Philoctète, Phorbas, et Jocaste elle-même.
Ne nous fions qu'à nous ; voyons tout par nos yeux :
Ce sont là nos trépieds, nos oracles, nos dieux.

OEDIPE.

Serait-il dans le temple un cœur assez perfide ?..
Non, si le ciel enfin de nos destins décide,
On ne le verra point mettre en d'indignes mains
Le dépôt précieux du salut des Thébains.

ACTE II, SCÈNE V.

Je vais, je vais moi-même, accusant leur silence,
Par mes vœux redoublés fléchir leur inclémence.
Toi, si pour me servir tu montres quelque ardeur,
De Phorbas que j'attends cours hâter la lenteur :
Dans l'état déplorable où tu vois que nous sommes,
Je veux interroger et les dieux et les hommes.

FIN DU SECOND ACTE.

ACTE TROISIÈME.

SCÈNE I.

JOCASTE, ÉGINE.

JOCASTE.

Oui, j'attends Philoctète, et je veux qu'en ces lieux
Pour la dernière fois il paraisse à mes yeux.

ÉGINE.

Madame, vous savez jusqu'à quelle insolence
Le peuple a de ses cris fait monter la licence :
Ces Thébains, que la mort assiège à tout moment,
N'attendent leur salut que de son châtiment ;
Vieillards, femmes, enfants, que leur malheur accable,
Tous sont intéressés à le trouver coupable.
Vous entendez d'ici leurs cris séditieux,
Ils demandent son sang de la part de nos dieux :
Pourrez-vous résister à tant de violence ?
Pourrez-vous le servir et prendre sa défense ?

JOCASTE.

Moi ! si je la prendrai ? dussent tous les Thébains
Porter jusque sur moi leurs parricides mains,
Sous ces murs tout fumants dussé-je être écrasée,
Je ne trahirai point l'innocence accusée.
    Mais une juste crainte occupe mes esprits :
Mon cœur de ce héros fut autrefois épris ;
On le sait : on dira que je lui sacrifie

Ma gloire, mes époux, mes dieux, et ma patrie ;
Que mon cœur brûle encore.

ÉGINE.

Ah ! calmez cet effroi :
Cet amour malheureux n'eut de témoin que moi ;
Et jamais...

JOCASTE.

Que dis-tu ? crois-tu qu'une princesse
Puisse jamais cacher sa haine ou sa tendresse ?
Des courtisans sur nous les inquiets regards
Avec avidité tombent de toutes parts ;
A travers les respects leurs trompeuses souplesses
Pénètrent dans nos cœurs et cherchent nos faiblesses ;
A leur malignité rien n'échappe et ne fuit ;
Un seul mot, un soupir, un coup-d'œil nous trahit ;
Tout parle contre nous, jusqu'à notre silence ;
Et quand leur artifice et leur persévérance
Ont enfin, malgré nous, arraché nos secrets,
Alors avec éclat leurs discours indiscrets,
Portant sur notre vie une triste lumière,
Vont de nos passions remplir la terre entière.

ÉGINE.

Eh ! qu'avez-vous, madame, à craindre de leurs coups ?
Quels regards si perçants sont dangereux pour vous ?
Quel secret pénétré peut flétrir votre gloire ?
Si l'on sait votre amour, on sait votre victoire :
On sait que la vertu fut toujours votre appui.

JOCASTE.

Et c'est cette vertu qui me trouble aujourd'hui.
Peut-être, à m'accuser toujours prompte et sévère,
Je porte sur moi-même un regard trop austère ;
Peut-être je me juge avec trop de rigueur :

5.

Mais enfin Philoctète a régné sur mon cœur;
Dans ce cœur malheureux son image est tracée,
La vertu ni le temps ne l'ont point effacée :
Que dis-je ? je ne sais, quand je sauve ses jours,
Si la seule équité m'appelle à son secours ;
Ma pitié me paraît trop sensible et trop tendre ;
Je sens trembler mon bras tout prêt à le défendre ;
Je me reproche enfin mes bontés et mes soins ;
Je le servirais mieux, si je l'eusse aimé moins.

ÉGINE.

Mais voulez-vous qu'il parte ?

JOCASTE.

Oui, je le veux, sans doute ;
C'est ma seule espérance ; et pour peu qu'il m'écoute,
Pour peu que ma prière ait sur lui de pouvoir,
Il faut qu'il se prépare à ne me plus revoir.
De ces funestes lieux qu'il s'écarte, qu'il fuie,
Qu'il sauve en s'éloignant et ma gloire et sa vie.
Mais qui peut l'arrêter ? il devrait être ici ;
Chère Égine, va, cours.

SCÈNE II.

JOCASTE, PHILOCTÈTE, ÉGINE.

JOCASTE.

Ah ! prince, vous voici.
Dans le mortel effroi dont mon ame est émue,
Je ne m'excuse point de chercher votre vue :
Mon devoir, il est vrai, m'ordonne de vous fuir ;
Je dois vous oublier, et non pas vous trahir :
Je crois que vous savez le sort qu'on vous apprête.

PHILOCTÈTE.

Un vain peuple en tumulte a demandé ma tête :
Il souffre, il est injuste, il faut lui pardonner.

JOCASTE.

Gardez à ses fureurs de vous abandonner.
Partez, de votre sort vous êtes encor maître ;
Mais ce moment, seigneur, est le dernier peut-être
Où je puis vous sauver d'un indigne trépas.
Fuyez ; et loin de moi précipitant vos pas,
Pour prix de votre vie heureusement sauvée,
Oubliez que c'est moi qui vous l'ai conservée.

PHILOCTÈTE.

Daignez montrer, madame, à mon cœur agité
Moins de compassion et plus de fermeté ;
Préférez, comme moi, mon honneur à ma vie ;
Commandez que je meure, et non pas que je fuie ;
Et ne me forcez point, quand je suis innocent,
A devenir coupable en vous obéissant.
Des biens que m'a ravis la colère céleste,
Ma gloire, mon honneur est le seul qui me reste ;
Ne m'ôtez pas ce bien dont je suis si jaloux,
Et ne m'ordonnez pas d'être indigne de vous.
J'ai vécu, j'ai rempli ma triste destinée,
Madame : à votre époux ma parole est donnée ;
Quelque indigne soupçon qu'il ait conçu de moi,
Je ne sais point encor comme on manque de foi.

JOCASTE.

Seigneur, au nom des dieux, au nom de cette flamme
Dont la triste Jocaste avait touché votre ame,
Si d'une si parfaite et si tendre amitié
Vous conservez encore un reste de pitié,
Enfin s'il vous souvient que, promis l'un à l'autre,

Autrefois mon bonheur a dépendu du vôtre,
Daignez sauver des jours de gloire environnés,
Des jours à qui les miens ont été destinés.

PHILOCTÈTE.

Je vous les consacrai ; je veux que leur carrière
De vous, de vos vertus, soit digne tout entière.
J'ai vécu loin de vous ; mais mon sort est trop beau
Si j'emporte, en mourant, votre estime au tombeau.
Qui sait même, qui sait si d'un regard propice
Le ciel ne verra point ce sanglant sacrifice ?
Qui sait si sa clémence, au sein de vos états,
Pour m'immoler à vous n'a point conduit mes pas ?
Peut-être il me devait cette grâce infinie
De conserver vos jours aux dépens de ma vie ;
Peut-être d'un sang pur il peut se contenter,
Et le mien vaut du moins qu'il daigne l'accepter.

SCÈNE III.

OEDIPE, JOCASTE, PHILOCTÈTE, ÉGINE, ARASPE, SUITE.

OEDIPE.

Prince, ne craignez point l'impétueux caprice
D'un peuple dont la voix presse votre supplice :
J'ai calmé son tumulte, et même contre lui
Je vous viens, s'il le faut, présenter mon appui.
On vous a soupçonné ; le peuple a dû le faire.
Moi qui ne juge point ainsi que le vulgaire,
Je voudrais que, perçant un nuage odieux,
Déja votre innocence éclatât à leurs yeux.
Mon esprit incertain, que rien n'a pu résoudre,
N'ose vous condamner, mais ne peut vous absoudre.

C'est au ciel que j'implore à me déterminer.
Ce ciel enfin s'apaise, il veut nous pardonner :
Et bientôt, retirant la main qui nous opprime,
Par la voix du grand-prêtre il nomme la victime ;
Et je laisse à nos dieux, plus éclairés que nous,
Le soin de décider entre mon peuple et vous.

PHILOCTÈTE.

Votre équité, seigneur, est inflexible et pure ;
Mais l'extrême justice est une extrême injure :
Il n'en faut pas toujours écouter la rigueur.
Des lois que nous suivons la première est l'honneur.
Je me suis vu réduit à l'affront de répondre
A de vils délateurs que j'ai trop su confondre.
Ah ! sans vous abaisser à cet indigne soin,
Seigneur, il suffisait de moi seul pour témoin :
C'était, c'était assez d'examiner ma vie ;
Hercule appui des dieux, et vainqueur de l'Asie,
Les monstres, les tyrans qu'il m'apprit à domter,
Ce sont là les témoins qu'il me faut confronter.
De vos dieux cependant interrogez l'organe :
Nous apprendrons de lui si leur voix me condamne.
Je n'ai pas besoin d'eux, et j'attends leur arrêt
Par pitié pour ce peuple, et non par intérêt.

SCÈNE IV.

OEDIPE, JOCASTE, LE GRAND-PRÊTRE, ARASPE, PHILOCTÈTE, ÉGINE, Suite, LE CHOEUR.

OEDIPE.

Eh bien ! les dieux, touchés des vœux qu'on leur adresse,
Suspendent-ils enfin leur fureur vengeresse ?
Quelle main parricide a pu les offenser ?

PHILOCTÈTE.
Parlez, quel est le sang que nous devons verser?
LE GRAND-PRÊTRE.
Fatal présent du ciel! science malheureuse!
Qu'aux mortels curieux vous êtes dangereuse!
Plût aux cruels destins qui pour moi sont ouverts
Que d'un voile éternel mes yeux fussent couverts!
PHILOCTÈTE.
Eh bien! que venez-vous annoncer de sinistre?
ŒDIPE.
D'une haine éternelle êtes-vous le ministre?
PHILOCTÈTE.
Ne craignez rien.
ŒDIPE.
Les dieux veulent-ils mon trépas ?
LE GRAND-PRÊTRE, à Œdipe.
Ah! si vous m'en croyez, ne m'interrogez pas.
ŒDIPE.
Quel que soit le destin que le ciel nous annonce,
Le salut des Thébains dépend de sa réponse.
PHILOCTÈTE.
Parlez.
ŒDIPE.
Ayez pitié de tant de malheureux;
Songez qu'OEdipe...
LE GRAND-PRÊTRE.
OEdipe est plus à plaindre qu'eux.
PREMIER PERSONNAGE DU CHŒUR.
OEdipe a pour son peuple une amour paternelle;
Nous joignons à sa voix notre plainte éternelle.
Vous à qui le ciel parle, entendez nos clameurs.

ACTE III, SCÈNE IV.

DEUXIÈME PERSONNAGE DU CHOEUR.

Nous mourons, sauvez-nous, détournez ses fureurs.
Nommez cet assassin, ce monstre, ce perfide.

PREMIER PERSONNAGE DU CHOEUR.

Nos bras vont dans son sang laver son parricide.

LE GRAND-PRÊTRE.

Peuples infortunés, que me demandez-vous?

PREMIER PERSONNAGE DU CHOEUR.

Dites un mot, il meurt, et vous nous sauvez tous.

LE GRAND-PRÊTRE.

Quand vous serez instruits du destin qui l'accable,
Vous frémirez d'horreur au seul nom du coupable.
Le dieu qui par ma voix vous parle en ce moment,
Commande que l'exil soit son seul châtiment;
Mais bientôt éprouvant un désespoir funeste,
Ses mains ajouteront à la rigueur céleste.
De son supplice affreux vos yeux seront surpris,
Et vous croirez vos jours trop payés à ce prix.

OEDIPE.

Obéissez.

PHILOCTÈTE.

Parlez.

OEDIPE.

C'est trop de résistance.

LE GRAND-PRÊTRE, *à Oedipe.*

C'est vous qui me forcez à rompre le silence.

OEDIPE.

Que ces retardements allument mon courroux!

LE GRAND-PRÊTRE.

Vous le voulez... eh bien... c'est...

OEDIPE.

Achève : qui ?

OEDIPE.

LE GRAND-PRÊTRE.

Vous.

OEDIPE.

Moi ?

LE GRAND-PRÊTRE.

Vous, malheureux prince.

DEUXIÈME PERSONNAGE DU CHOEUR.

Ah ! que viens-je d'entendre ?

JOCASTE.

Interprète des dieux, qu'osez-vous nous apprendre ?
(*à OEdipe.*)
Qui, vous, de mon époux vous seriez l'assassin ?
Vous à qui j'ai donné sa couronne et ma main ?
Non, seigneur, non : des dieux l'oracle nous abuse ;
Votre vertu dément la voix qui vous accuse.

PREMIER PERSONNAGE DU CHOEUR.

O ciel, dont le pouvoir préside à notre sort,
Nommez une autre tête, ou rendez-nous la mort.

PHILOCTÈTE.

N'attendez point, seigneur, outrage pour outrage ;
Je ne tirerai point un indigne avantage
Du revers inouï qui vous presse à mes yeux :
Je vous crois innocent malgré la voix des dieux.
Je vous rends la justice enfin qui vous est due,
Et que ce peuple et vous ne m'avez point rendue.
Contre vos ennemis je vous offre mon bras ;
Entre un pontife et vous je ne balance pas.
Un prêtre, quel qu'il soit, quelque dieu qui l'inspire,
Doit prier pour ses rois, et non pas les maudire.

OEDIPE.

Quel excès de vertu ! mais quel comble d'horreur !
L'un parle en demi-dieu, l'autre en prêtre imposteur.

ACTE III, SCÈNE IV.

(au grand-prêtre.)

Voilà donc des autels quel est le privilège !
Grâce à l'impunité, ta bouche sacrilège,
Pour accuser ton roi d'un forfait odieux,
Abuse insolemment du commerce des dieux !
Tu crois que mon courroux doit respecter encore
Le ministère saint que ta main déshonore.
Traître, au pied des autels il faudrait t'immoler,
A l'aspect de tes dieux que ta voix fait parler.

LE GRAND-PRÊTRE.

Ma vie est en vos mains, vous en êtes le maître;
Profitez des moments que vous avez à l'être;
Aujourd'hui votre arrêt vous sera prononcé.
Tremblez, malheureux roi, votre règne est passé;
Une invisible main suspend sur votre tête
Le glaive menaçant que la vengeance apprête;
Bientôt, de vos forfaits vous-même épouvanté,
Fuyant loin de ce trône où vous êtes monté,
Privé des feux sacrés et des eaux salutaires,
Remplissant de vos cris les antres solitaires,
Partout d'un dieu vengeur vous sentirez les coups :
Vous chercherez la mort; la mort fuira de vous.
Le ciel, ce ciel témoin de tant d'objets funèbres,
N'aura plus pour vos yeux que d'horribles ténèbres :
Au crime, au châtiment malgré vous destiné,
Vous seriez trop heureux de n'être jamais né.

ŒDIPE.

J'ai forcé jusqu'ici ma colère à t'entendre;
Si ton sang méritait qu'on daignât le répandre,
De ton juste trépas mes regards satisfaits
De ta prédiction préviendraient les effets.

Va, fuis, n'excite plus le transport qui m'agite,
Et respecte un courroux que ta présence irrite ;
Fuis, d'un mensonge indigne abominable auteur.

LE GRAND-PRÊTRE.

Vous me traitez toujours de traître et d'imposteur :
Votre père autrefois me croyait plus sincère.

OEDIPE.

Arrête : que dis-tu ? qui ? Polybe mon père...

LE GRAND-PRÊTRE.

Vous apprendrez trop tôt votre funeste sort ;
Ce jour va vous donner la naissance et la mort.
Vos destins sont comblés, vous allez vous connaître.
Malheureux ! savez-vous quel sang vous donna l'être ;
Entouré de forfaits à vous seul réservés,
Savez-vous seulement avec qui vous vivez ?
O Corinthe ! ô Phocide ! exécrable hyménée !
Je vois naître une race impie, infortunée,
Digne de sa naissance, et de qui la fureur
Remplira l'univers d'épouvante et d'horreur.
Sortons.

SCÈNE V.

OEDIPE, PHILOCTÈTE, JOCASTE.

OEDIPE.

Ces derniers mots me rendent immobile :
Je ne sais où je suis ; ma fureur est tranquille :
Il me semble qu'un dieu descendu parmi nous,
Maître de mes transports, enchaîne mon courroux,
Et, prêtant au pontife une force divine,
Par sa terrible voix m'annonce ma ruine.

PHILOCTÈTE.

Si vous n'aviez, seigneur, à craindre que des rois,
Philoctète avec vous combattrait sous vos lois;
Mais un prêtre est ici d'autant plus redoutable
Qu'il vous perce à nos yeux par un trait respectable.
Fortement appuyé sur des oracles vains,
Un pontife est souvent terrible aux souverains;
Et, dans son zèle aveugle, un peuple opiniâtre,
De ses liens sacrés imbécille idolâtre,
Foulant par piété les plus saintes des lois,
Croit honorer les dieux en trahissant ses rois;
Surtout quand l'intérêt, père de la licence,
Vient de leur zèle impie enhardir l'insolence.

ŒDIPE.

Ah! seigneur, vos vertus redoublent mes douleurs:
La grandeur de votre ame égale mes malheurs;
Accablé sous le poids du soin qui me dévore,
Vouloir me soulager, c'est m'accabler encore.
Quelle plaintive voix crie au fond de mon cœur?
Quel crime ai-je commis? Est-il vrai, dieu vengeur?

JOCASTE.

Seigneur, c'en est assez, ne parlons plus de crime;
A ce peuple expirant il faut une victime:
Il faut sauver l'état, et c'est trop différer.
Épouse de Laïus, c'est à moi d'expirer;
C'est à moi de chercher sur l'infernale rive
D'un malheureux époux l'ombre errante et plaintive;
De ses mânes sanglants j'apaiserai les cris;
J'irai... Puissent les dieux, satisfaits à ce prix,
Contents de mon trépas, n'en point exiger d'autre,
Et que mon sang versé puisse épargner le vôtre!

OEDIPE.
Vous mourir ! vous, madame ! ah ! n'est-ce point assez,
De tant de maux affreux sur ma tête amassés ?
Quittez, reine, quittez ce langage terrible ;
Le sort de votre époux est déja trop horrible,
Sans que, de nouveaux traits venant me déchirer,
Vous me donniez encor votre mort à pleurer.
Suivez mes pas, rentrons ; il faut que j'éclaircisse
Un soupçon que je forme avec trop de justice.
Venez.

JOCASTE.
Comment, seigneur, vous pourriez...

OEDIPE.
Suivez-moi,
Et venez dissiper ou combler mon effroi.

FIN DU TROISIÈME ACTE.

ACTE QUATRIÈME.

SCÈNE I.
OEDIPE, JOCASTE.

OEDIPE.

Non, quoi que vous disiez, mon ame inquiétée
De soupçons importuns n'est pas moins agitée.
Le grand-prêtre me gêne, et, prêt à l'excuser,
Je commence en secret moi-même à m'accuser.
Sur tout ce qu'il m'a dit, plein d'une horreur extrême,
Je me suis en secret interrogé moi-même ;
Et mille évènements de mon ame effacés
Se sont offerts en foule à mes esprits glacés.
Le passé m'interdit, et le présent m'accable ;
Je lis dans l'avenir un sort épouvantable,
Et le crime partout semble suivre mes pas.

JOCASTE.

Et quoi ! votre vertu ne vous rassure pas?
N'êtes-vous pas enfin sûr de votre innocence ?

OEDIPE.

On est plus criminel quelquefois qu'on ne pense.

JOCASTE.

Ah ! d'un prêtre indiscret dédaignant les fureurs,
Cessez de l'excuser par ces lâches terreurs.

OEDIPE.

Au nom du grand Laïus et du courroux céleste,
Quand Laïus entreprit ce voyage funeste,
Avait-il près de lui des gardes, des soldats?

JOCASTE.

Je vous l'ai déjà dit, un seul suivait ses pas.

ŒDIPE.

Un seul homme ?

JOCASTE.

Ce roi, plus grand que sa fortune,
Dédaignait comme vous une pompe importune ;
On ne voyait jamais marcher devant son char
D'un bataillon nombreux le fastueux rempart ;
Au milieu des sujets soumis à sa puissance,
Comme il était sans crainte, il marchait sans défense ;
Par l'amour de son peuple il se croyait gardé.

ŒDIPE.

O héros, par le ciel aux mortels accordé,
Des véritables rois exemple auguste et rare !
OEdipe a-t-il sur toi porté sa main barbare ?
Dépeignez-moi du moins ce prince malheureux.

JOCASTE.

Puisque vous rappelez un souvenir fâcheux,
Malgré le froid des ans, dans sa mâle vieillesse,
Ses yeux brillaient encor du feu de sa jeunesse ;
Son front cicatrisé sous ses cheveux blanchis
Imprimait le respect aux mortels interdits ;
Et si j'ose, seigneur, dire ce que j'en pense,
Laïus eut avec vous assez de ressemblance ;
Et je m'applaudissais de retrouver en vous,
Ainsi que les vertus, les traits de mon époux.
Seigneur, qu'a ce discours qui doive vous surprendre ?

ŒDIPE.

J'entrevois des malheurs que je ne puis comprendre :
Je crains que par les dieux le pontife inspiré

Sur mes destins affreux ne soit trop éclairé.
Moi, j'aurais massacré !... Dieux ! serait-il possible ?
JOCASTE.
Cet organe des dieux est-il donc infaillible ?
Un ministère saint les attache aux autels :
Ils approchent des dieux, mais ils sont des mortels.
Pensez-vous qu'en effet au gré de leur demande
Du vol de leurs oiseaux la vérité dépende ?
Que sous un fer sacré des taureaux gémissants
Dévoilent l'avenir à leurs regards perçants,
Et que de leurs festons ces victimes ornées
Des humains dans leurs flancs portent les destinées ?
Non, non : chercher ainsi l'obscure vérité,
C'est usurper les droits de la divinité.
Nos prêtres ne sont point ce qu'un vain peuple pense ;
Notre crédulité fait toute leur science.
ŒDIPE.
Ah dieux ! s'il était vrai, quel serait mon bonheur !
JOCASTE.
Seigneur, il est trop vrai ; croyez-en ma douleur.
Comme vous autrefois pour eux préoccupée,
Hélas ! pour mon malheur, je suis bien détrompée,
Et le ciel me punit d'avoir trop écouté
D'un oracle imposteur la fausse obscurité.
Il m'en coûta mon fils. Oracles que j'abhorre !
Sans vos ordres, sans vous, mon fils vivrait encore.
ŒDIPE.
Votre fils ! par quel coup l'avez-vous donc perdu ?
Quel oracle sur vous les dieux ont-ils rendu ?
JOCASTE.
Apprenez, apprenez, dans ce péril extrême,
Ce que j'aurais voulu me cacher à moi-même ;

Et d'un oracle faux ne vous alarmez plus.
Seigneur, vous le savez, j'eus un fils de Laïus.
Sur le sort de mon fils ma tendresse inquiète
Consulta de nos dieux la fameuse interprète.
Quelle fureur, hélas! de vouloir arracher
Des secrets que le sort a voulu nous cacher!
Mais enfin j'étais mère, et pleine de faiblesse;
Je me jetai craintive aux pieds de la prêtresse.
Voici ses propres mots, j'ai dû les retenir :
Pardonnez si je tremble à ce seul souvenir.
« Ton fils tuera son père, et ce fils sacrilège,
« Inceste et parricide... » O dieux! acheverai-je?

ŒDIPE.

Eh bien, madame?

JOCASTE.

Enfin, seigneur, on me prédit
Que mon fils, que ce monstre entrerait dans mon lit;
Que je le recevrais, moi, seigneur, moi sa mère,
Dégouttant dans mes bras du meurtre de son père;
Et que, tous deux unis par ces liens affreux,
Je donnerais des fils à mon fils malheureux.
Vous vous troublez, seigneur, à ce récit funeste;
Vous craignez de m'entendre et d'écouter le reste.

ŒDIPE.

Ah! madame, achevez : dites, que fîtes-vous
De cet enfant, l'objet du céleste courroux?

JOCASTE.

Je crus les dieux, seigneur; et saintement cruelle,
J'étouffai pour mon fils mon amour maternelle.
En vain de cet amour l'impérieuse voix
S'opposait à nos dieux, et condamnait leurs lois;

Il fallut dérober cette tendre victime
Au fatal ascendant qui l'entraînait au crime,
Et, pensant triompher des horreurs de son sort,
J'ordonnai par pitié qu'on lui donnât la mort.
O pitié criminelle autant que malheureuse !
O d'un oracle faux obscurité trompeuse !
Quel fruit me revient-il de mes barbares soins ?
Mon malheureux époux n'en expira pas moins ;
Dans le cours triomphant de ses destins prospères
Il fut assassiné par des mains étrangères :
Ce ne fut point son fils qui lui porta ces coups ;
Et j'ai perdu mon fils sans sauver mon époux !
Que cet exemple affreux puisse au moins vous instruire,
Bannissez cet effroi qu'un prêtre vous inspire ;
Profitez de ma faute, et calmez vos esprits.

OEDIPE.

Après le grand secret que vous m'avez appris,
Il est juste à mon tour que ma reconnaissance
Fasse de mes destins l'horrible confidence.
Lorsque vous aurez su, par ce triste entretien,
Le rapport effrayant de votre sort au mien,
Peut-être, ainsi que moi, frémirez-vous de crainte.
 Le destin m'a fait naître au trône de Corinthe :
Cependant de Corinthe et du trône éloigné,
Je vois avec horreur les lieux où je suis né.
Un jour, ce jour affreux, présent à ma pensée,
Jette encor la terreur dans mon ame glacée ;
Pour la première fois, par un don solennel,
Mes mains jeunes encor enrichissaient l'autel :
Du temple tout à coup les combles s'entr'ouvrirent ;
De traits affreux de sang les marbres se couvrirent ;
De l'autel ébranlé par de longs tremblements

Une invisible main repoussait mes présents ;
Et les vents, au milieu de la foudre éclatante,
Portèrent jusqu'à moi cette voix effrayante :
« Ne viens plus des lieux saints souiller la pureté ;
« Du nombre des vivants les dieux t'ont rejeté ;
« Ils ne reçoivent point tes offrandes impies ;
« Va porter tes présents aux autels des furies ;
« Conjure leurs serpents prêts à te déchirer ;
« Va, ce sont là les dieux que tu dois implorer. »
Tandis qu'à la frayeur j'abandonnais mon ame,
Cette voix m'annonça, le croiriez-vous, madame ?
Tout l'assemblage affreux des forfaits inouis
Dont le ciel autrefois menaça votre fils,
Me dit que je serais l'assassin de mon père.

JOCASTE.

Ah dieux !

OEDIPE.
Que je serais le mari de ma mère.

JOCASTE.
Où suis-je ? Quel démon en unissant nos cœurs,
Cher prince, a pu dans nous rassembler tant d'horreurs ?

OEDIPE.
Il n'est pas encor temps de répandre des larmes ;
Vous apprendrez bientôt d'autres sujets d'alarmes.
Écoutez-moi, madame, et vous allez trembler.
  Du sein de ma patrie il fallut m'exiler.
Je craignis que ma main, malgré moi criminelle,
Aux destins ennemis ne fût un jour fidèle ;
Et suspect à moi-même, à moi-même odieux,
Ma vertu n'osa point lutter contre les dieux.
Je m'arrachai des bras d'une mère éplorée ;
Je partis, je courus de contrée en contrée ;

Je déguisai partout ma naissance et mon nom :
Un ami de mes pas fut le seul compagnon.
Dans plus d'une aventure, en ce fatal voyage,
Le dieu qui me guidait seconda mon courage :
Heureux, si j'avais pu, dans l'un de ces combats,
Prévenir mon destin par un noble trépas !
Mais je suis réservé sans doute au parricide.
Enfin je me souviens qu'aux champs de la Phocide,
(Et je ne conçois pas par quel enchantement
J'oubliais jusqu'ici ce grand évènement,
La main des dieux sur moi si long-temps suspendue
Semble ôter le bandeau qu'ils mettaient sur ma vue :)
Dans un chemin étroit je trouvai deux guerriers
Sur un char éclatant que traînaient deux coursiers :
Il fallut disputer, dans cet étroit passage,
Des vains honneurs du pas le frivole avantage.
J'étais jeune et superbe, et nourri dans un rang
Où l'on puisa toujours l'orgueil avec le sang.
Inconnu, dans le sein d'une terre étrangère,
Je me croyais encore au trône de mon père ;
Et tous ceux qu'à mes yeux le sort venait offrir
Me semblaient mes sujets, et faits pour m'obéir.
Je marche donc vers eux, et ma main furieuse
Arrête des coursiers la fougue impétueuse ;
Loin du char à l'instant ces guerriers élancés
Avec fureur sur moi fondent à coups pressés.
La victoire entre nous ne fut point incertaine :
Dieux puissants ! je ne sais si c'est faveur ou haine,
Mais sans doute pour moi contre eux vous combattiez ;
Et l'un et l'autre enfin tombèrent à mes pieds.
L'un d'eux, il m'en souvient, déja glacé par l'âge,
Couché sur la poussière, observait mon visage ;

Il me tendit les bras, il voulut me parler ;
De ses yeux expirants je vis des pleurs couler ;
Moi-même en le perçant, je sentis dans mon ame,
Tout vainqueur que j'étais... Vous frémissez, madame.

JOCASTE.

Seigneur, voici Phorbas, on le conduit ici.

OEDIPE.

Hélas ! mon doute affreux va donc être éclairci !

SCÈNE II.

OEDIPE, JOCASTE, PHORBAS, SUITE.

OEDIPE.

Viens, malheureux vieillard, viens, approche... A sa vue,
D'un trouble renaissant je sens mon ame émue ;
Un confus souvenir vient encor m'affliger ;
Je tremble de le voir et de l'interroger.

PHORBAS.

Eh bien ! est-ce aujourd'hui qu'il faut que je périsse ?
Grande reine, avez-vous ordonné mon supplice ?
Vous ne fûtes jamais injuste que pour moi.

JOCASTE.

Rassurez-vous, Phorbas, et répondez au roi.

PHORBAS.

Au roi ?

JOCASTE.

C'est devant lui que je vous fais paraître.

PHORBAS.

O dieux ! Laïus est mort, et vous êtes mon maître !
Vous, seigneur ?

OEDIPE.

Epargnons les discours superflus :

ACTE IV, SCÈNE II.

Tu fus le seul témoin du meurtre de Laïus ;
Tu fus blessé, dit-on, en voulant le défendre.

PHORBAS.

Seigneur, Laïus est mort, laissez en paix sa cendre ;
N'insultez pas du moins au malheureux destin
D'un fidèle sujet blessé de votre main.

OEDIPE.

Je t'ai blessé ? qui, moi ?

PHORBAS.

     Contentez votre envie ;
Achevez de m'ôter une importune vie ;
Seigneur, que votre bras, que les dieux ont trompé,
Verse un reste de sang qui vous est échappé ;
Et puisqu'il vous souvient de ce sentier funeste
Où mon roi...

OEDIPE.

   Malheureux, épargne-moi le reste ;
J'ai tout fait, je le vois, c'en est assez. O dieux !
Enfin après quatre ans vous dessillez mes yeux.

JOCASTE.

Hélas ! il est donc vrai !

OEDIPE.

    Quoi ! c'est toi que ma rage
Attaqua vers Daulis en cet étroit passage ?
Oui, c'est toi : vainement je cherche à m'abuser ;
Tout parle contre moi, tout sert à m'accuser ;
Et mon œil étonné ne peut te méconnaître.

PHORBAS.

Il est vrai, sous vos coups j'ai vu tomber mon maître ;
Vous avez fait le crime, et j'en fus soupçonné ;
J'ai vécu dans les fers, et vous avez régné.

OEDIPE.

Va, bientôt à mon tour je me rendrai justice;
Va, laisse-moi du moins le soin de mon supplice :
Laisse-moi, sauve-moi de l'affront douloureux
De voir un innocent que j'ai fait malheureux.

SCÈNE III.
OEDIPE, JOCASTE.

OEDIPE.

JOCASTE.... car enfin la fortune jalouse
M'interdit à jamais le tendre nom d'épouse.
Vous voyez mes forfaits; libre de votre foi,
Frappez, délivrez-vous de l'horreur d'être à moi.

JOCASTE.

Hélas!

OEDIPE.

Prenez ce fer, instrument de ma rage;
Qu'il vous serve aujourd'hui pour un plus juste usage;
Plongez-le dans mon sein.

JOCASTE.

Que faites-vous, seigneur?
Arrêtez; modérez cette aveugle douleur;
Vivez.

OEDIPE.

Quelle pitié pour moi vous intéresse?
Je dois mourir.

JOCASTE.

Vivez, c'est moi qui vous en presse;
Écoutez ma prière.

OEDIPE.

Ah! je n'écoute rien;
J'ai tué votre époux.

ACTE IV, SCÈNE III.

JOCASTE.
Mais vous êtes le mien.

OEDIPE.
Je le suis par le crime.

JOCASTE.
Il est involontaire.

OEDIPE.
N'importe, il est commis.

JOCASTE.
O comble de misère !

OEDIPE.
O trop funeste hymen ! ô feux jadis si doux !

JOCASTE.
Ils ne sont point éteints ; vous êtes mon époux.

OEDIPE.
Non, je ne le suis plus ; et ma main ennemie
N'a que trop bien rompu le saint nœud qui nous lie.
Je remplis ces climats du malheur qui me suit.
Redoutez-moi, craignez le dieu qui me poursuit ;
Ma timide vertu ne sert qu'à me confondre,
Et de moi désormais je ne puis plus répondre.
Peut-être de ce dieu partageant le courroux,
L'horreur de mon destin s'étendrait jusqu'à vous :
Ayez du moins pitié de tant d'autres victimes ;
Frappez, ne craignez rien, vous m'épargnez des crimes.

JOCASTE.
Ne vous accusez point d'un destin si cruel ;
Vous êtes malheureux, et non pas criminel :
Dans ce fatal combat que Daulis vous vit rendre,
Vous ignoriez quel sang vos mains allaient répandre ;
Et, sans trop rappeler cet affreux souvenir,
Je ne puis que me plaindre, et non pas vous punir.
Vivez...

OEDIPE.

Moi, que je vive ! il faut que je vous fuie.
Hélas ! où traînerai-je une mourante vie ?
Sur quels bords malheureux, dans quels tristes climats,
Ensevelir l'horreur qui s'attache à mes pas ?
Irai-je, errant encore, et me fuyant moi-même,
Mériter par le meurtre un nouveau diadème ?
Irai-je dans Corinthe, où mon triste destin
A des crimes plus grands réserve encor ma main ?
Corinthe ! que jamais ta détestable rive...

SCÈNE IV.

OEDIPE, JOCASTE, DIMAS.

DIMAS.

Seigneur, en ce moment un étranger arrive ;
Il se dit de Corinthe, et demande à vous voir.

OEDIPE.

Allons, dans un moment je vais le recevoir.
(à Jocaste.)
Adieu : que de vos pleurs la source se dissipe.
Vous ne reverrez plus l'inconsolable Oedipe :
C'en est fait, j'ai régné, vous n'avez plus d'époux ;
En cessant d'être roi, je cesse d'être à vous.
Je pars : je vais chercher, dans ma douleur mortelle,
Des pays où ma main ne soit point criminelle ;
Et vivant loin de vous, sans états, mais en roi,
Justifier les pleurs que vous versez pour moi.

FIN DU QUATRIÈME ACTE.

ACTE CINQUIÈME.

SCÈNE I.

OEDIPE, ARASPE, DIMAS, SUITE.

OEDIPE.

Finissez vos regrets, et retenez vos larmes :
Vous plaignez mon exil, il a pour moi des charmes;
Ma fuite à vos malheurs assure un prompt secours;
En perdant votre roi vous conservez vos jours.
Du sort de tout ce peuple il est temps que j'ordonne.
J'ai sauvé cet empire en arrivant au trône :
J'en descendrai du moins comme j'y suis monté;
Ma gloire me suivra dans mon adversité.
Mon destin fut toujours de vous rendre la vie.
Je quitte mes enfants, mon trône, ma patrie;
Écoutez-moi du moins pour la dernière fois;
Puisqu'il vous faut un roi, consultez-en mon choix.
Philoctète est puissant, vertueux, intrépide :
Un monarque est son père [1], il fut l'ami d'Alcide;
Que je parte, et qu'il règne. Allez chercher Phorbas,
Qu'il paraisse à mes yeux, qu'il ne me craigne pas;
Il faut de mes bontés lui laisser quelque marque,
Et quitter mes sujets et le trône en monarque.
Que l'on fasse approcher l'étranger devant moi.
Vous, demeurez.

---

[1] Il était fils du roi d'Eubée, aujourd'hui Négrepont.

SCÈNE II.

OEDIPE, ARASPE, ICARE, SUITE.

OEDIPE.

Icare, est-ce vous que je voi ?
Vous, de mes premiers ans sage dépositaire,
Vous, digne favori de Polybe mon père ?
Quel sujet important vous conduit parmi nous ?

ICARE.

Seigneur, Polybe est mort.

OEDIPE.

Ah ! que m'apprenez vous ?
Mon père...

ICARE.

À son trépas vous deviez vous attendre.
Dans la nuit du tombeau les ans l'ont fait descendre ;
Ses jours étaient remplis, il est mort à mes yeux.

OEDIPE.

Qu'êtes-vous devenus, oracles de nos dieux ?
Vous qui faisiez trembler ma vertu trop timide,
Vous qui me prépariez l'horreur d'un parricide !
Mon père est chez les morts, et vous m'avez trompé ;
Malgré vous dans son sang mes mains n'ont point trempé.
Ainsi de mon erreur esclave volontaire,
Occupé d'écarter un mal imaginaire,
J'abandonnais ma vie à des malheurs certains,
Trop crédule artisan de mes tristes destins !
O ciel ! et quel est donc l'excès de ma misère
Si le trépas des miens me devient nécessaire ?
Si, trouvant dans leur perte un bonheur odieux,
Pour moi la mort d'un père est un bienfait des dieux ?

Allons, il faut partir ; il faut que je m'acquitte
Des funèbres tributs que sa cendre mérite.
Partons. Vous vous taisez, je vois vos pleurs couler ;
Que ce silence....

ICARE.
O ciel ! oserai-je parler ?

ŒDIPE.
Vous reste-t-il encor des malheurs à m'apprendre ?

ICARE.
Un moment sans témoin daignerez-vous m'entendre ?

ŒDIPE, *à sa suite.*
Allez, retirez-vous. Que va-t-il m'annoncer ?

ICARE.
A Corinthe, seigneur, il ne faut plus penser :
Si vous y paraissez, votre mort est jurée.

ŒDIPE.
Eh ! qui de mes états me défendrait l'entrée ?

ICARE.
Du sceptre de Polybe un autre est l'héritier.

ŒDIPE.
Est-ce assez ? et ce trait sera-t-il le dernier ?
Poursuis, destin, poursuis, tu ne pourras m'abattre.
Eh bien ! j'allais régner ; Icare, allons combattre :
A mes lâches sujets courons me présenter.
Parmi ces malheureux, prompts à se révolter,
Je puis trouver du moins un trépas honorable :
Mourant chez les Thébains, je mourrais en coupable ;
Je dois périr en roi. Quels sont mes ennemis ?
Parle, quel étranger sur mon trône est assis ?

ICARE.
Le gendre de Polybe ; et Polybe lui-même
Sur son front en mourant a mis le diadème.
A son maître nouveau tout le peuple obéit.

OEDIPE.

Eh quoi! mon père aussi, mon père me trahit?
De la rébellion mon père est le complice?
Il me chasse du trône!

ICARE.

Il vous a fait justice;
Vous n'étiez point son fils.

OEDIPE.

Icare!..

ICARE.

Avec regret
Je révèle en tremblant ce terrible secret;
Mais il le faut, seigneur; et toute la province...

OEDIPE.

Je ne suis point son fils!

ICARE.

Non, seigneur; et ce prince
A tout dit en mourant. De ses remords pressé,
Pour le sang de nos rois il vous a renoncé;
Et moi, de son secret confident et complice,
Craignant du nouveau roi la sévère justice,
Je venais implorer votre appui dans ces lieux.

OEDIPE.

Je n'étais point son fils! et qui suis-je, grands dieux?

ICARE.

Le ciel, qui dans mes mains a remis votre enfance,
D'une profonde nuit couvre votre naissance;
Et je sais seulement qu'en naissant condamné,
Et sur un mont désert à périr destiné,
La lumière sans moi vous eût été ravie.

OEDIPE.

Ainsi donc mon malheur commence avec ma vie;

ACTE V, SCÈNE II.

J'étais dès le berceau l'horreur de ma maison.
Où tombai-je en vos mains ?

ICARE.

Sur le mont Cithéron.

OEDIPE.

Près de Thèbe ?

ICARE.

Un Thébain, qui se dit votre père,
Exposa votre enfance en ce lieu solitaire.
Quelque dieu bienfaisant guida vers vous mes pas :
La pitié me saisit, je vous pris dans mes bras ;
Je ranimai dans vous la chaleur presque éteinte.
Vous viviez ; aussitôt je vous porte à Corinthe ;
Je vous présente au prince : admirez votre sort !
Le prince vous adopte au lieu de son fils mort ;
Et, par ce coup adroit, sa politique heureuse
Affermit pour jamais sa puissance douteuse.
Sous le nom de son fils vous fûtes élevé
Par cette même main qui vous avait sauvé.
Mais le trône en effet n'était point votre place ;
L'intérêt vous y mit, le remords vous en chasse.

OEDIPE.

O vous qui présidez aux fortunes des rois,
Dieux ! faut-il en un jour m'accabler tant de fois,
Et, préparant vos coups par vos trompeurs oracles,
Contre un faible mortel épuiser les miracles ?
Mais ce vieillard, ami, de qui tu m'as reçu,
Depuis ce temps fatal ne l'as-tu jamais vu ?

ICARE.

Jamais ; et le trépas vous a ravi peut-être
Le seul qui vous eût dit quel sang vous a fait naître.
Mais long-temps de ses traits mon esprit occupé

De son image encore est tellement frappé,
Que je le connaîtrais s'il venait à paraître.

OEDIPE.

Malheureux! eh! pourquoi chercher à le connaître?
Je devrais bien plutôt, d'accord avec les dieux,
Chérir l'heureux bandeau qui me couvre les yeux.
J'entrevois mon destin; ces recherches cruelles
Ne me découvriront que des horreurs nouvelles.
Je le sais; mais, malgré les maux que je prévoi,
Un désir curieux m'entraîne loin de moi.
Je ne puis demeurer dans cette incertitude;
Le doute en mon malheur est un tourment trop rude;
J'abhorre le flambeau dont je veux m'éclairer;
Je crains de me connaître, et ne puis m'ignorer.

SCÈNE III.
OEDIPE, ICARE, PHORBAS.

OEDIPE.

Ah! Phorbas, approchez.

ICARE.

Ma surprise est extrême :
Plus je le vois, et plus... Ah! seigneur, c'est lui-même;
C'est lui.

PHORBAS, à Icare.

Pardonnez-moi si vos traits inconnus...

ICARE.

Quoi! du mont Cithéron ne vous souvient-il plus?

PHORBAS.

Comment?

ICARE.

Quoi! cet enfant qu'en mes mains vous remîtes;
Cet enfant qu'au trépas...

ACTE V, SCÈNE III.

PHORBAS.

Ah! qu'est-ce que vous dites?
Et de quel souvenir venez-vous m'accabler?

ICARE.

Allez, ne craignez rien, cessez de vous troubler;
Vous n'avez en ces lieux que des sujets de joie.
OEdipe est cet enfant.

PHORBAS.

Que le ciel te foudroie?
Malheureux! qu'as-tu dit?

ICARE, *à OEdipe.*

Seigneur, n'en doutez pas;
Quoi que ce Thébain dise, il vous mit dans mes bras :
Vos destins sont connus, et voilà votre père...

OEDIPE.

O sort qui me confond! ô comble de misère!
(*à Phorbas.*)
Je serais né de vous? le ciel aurait permis
Que votre sang versé...

PHORBAS.

Vous n'êtes point mon fils.

OEDIPE.

Eh quoi! n'avez-vous pas exposé mon enfance?

PHORBAS.

Seigneur, permettez-moi de fuir votre présence,
Et de vous épargner cet horrible entretien.

OEDIPE.

Phorbas, au nom des dieux, ne me déguise rien.

PHORBAS.

Partez, seigneur, fuyez vos enfants et la reine.

ŒDIPE.
Réponds-moi seulement ; la résistance est vaine.
Cet enfant par toi-même à la mort destiné,
(en montrant Icare.)
Le mis-tu dans ses bras ?

PHORBAS.
Oui, je le lui donnai.
Que ce jour ne fut-il le dernier de ma vie !

ŒDIPE.
Quel était son pays ?

PHORBAS.
Thèbe était sa patrie.

ŒDIPE.
Tu n'étais point son père ?

PHORBAS.
Hélas ! il était né
D'un sang plus glorieux et plus infortuné.

ŒDIPE.
Quel était-il enfin ?

PHORBAS *se jette aux pieds du roi.*
Seigneur, qu'allez-vous faire ?

ŒDIPE.
Achève, je le veux.

PHORBAS.
Jocaste était sa mère.

ICARE.
Et voilà donc le fruit de mes généreux soins ?

PHORBAS.
Qu'avons-nous fait tous deux ?

ŒDIPE.
Je n'attendais pas moins.

ICARE.

Seigneur....

OEDIPE.

Sortez, cruels, sortez de ma présence;
De vos affreux bienfaits craignez la récompense :
Fuyez ; à tant d'horreurs par vous seuls réservé,
Je vous punirais trop de m'avoir conservé.

SCÈNE IV.

OEDIPE.

LE voilà donc rempli cet oracle exécrable
Dont ma crainte a pressé l'effet inévitable !
Et je me vois enfin, par un mélange affreux,
Inceste et parricide, et pourtant vertueux.
Misérable vertu ! nom stérile et funeste,
Toi par qui j'ai réglé des jours que je déteste,
A mon noir ascendant tu n'as pu résister :
Je tombais dans le piège en voulant l'éviter.
Un dieu, plus fort que toi, m'entraînait vers le crime;
Sous mes pas fugitifs il creusait un abîme ;
Et j'étais, malgré moi, dans mon aveuglement,
D'un pouvoir inconnu l'esclave et l'instrument.
Voilà tous mes forfaits ; je n'en connais point d'autres.
Impitoyables dieux, mes crimes sont les vôtres,
Et vous m'en punissez !... Où suis-je ? Quelle nuit
Couvre d'un voile affreux la clarté qui nous luit ?
Ces murs sont teints de sang ; je vois les Euménides
Secouer leurs flambeaux vengeurs des parricides;
Le tonnerre en éclats semble fondre sur moi;
L'enfer s'ouvre.... O Laïus, ô mon père ! est-ce toi ?
Je vois, je reconnais la blessure mortelle

Que te fit dans le flanc cette main criminelle.
Punis-moi, venge-toi d'un monstre détesté,
D'un monstre qui souilla les flancs qui l'ont porté.
Approche, entraîne-moi dans les demeures sombres ;
J'irai de mon supplice épouvanter les ombres.
Viens, je te suis.

SCÈNE V.

OEDIPE, JOCASTE, ÉGINE, LE CHOEUR.

JOCASTE.

Seigneur, dissipez mon effroi,
Vos redoutables cris sont venus jusqu'à moi.

OEDIPE.

Terre, pour m'engloutir entr'ouvre tes abîmes !

JOCASTE.

Quel malheur imprévu vous accable ?

OEDIPE.

Mes crimes.

JOCASTE.

Seigneur.

OEDIPE.

Fuyez, Jocaste.

JOCASTE.

Ah ! trop cruel époux !

OEDIPE.

Malheureuse ! arrêtez ; quel nom prononcez-vous ?
Moi votre époux ! quittez ce titre abominable
Qui nous rend l'un à l'autre un objet exécrable.

JOCASTE.

Qu'entends-je ?

ACTE V, SCÈNE V.

OEDIPE.

C'en est fait ; nos destins sont remplis.
Laïus était mon père, et je suis votre fils.

(il sort.)

PREMIER PERSONNAGE DU CHŒUR.

O crime !

SECOND PERSONNAGE DU CHŒUR.

O jour affreux ! jour à jamais terrible !

JOCASTE.

Égine, arrache-moi de ce palais horrible.

ÉGINE.

Hélas !

JOCASTE.

Si tant de maux ont de quoi te toucher ;
Si ta main, sans frémir, peut encor m'approcher,
Aide-moi, soutiens-moi, prends pitié de ta reine.

PREMIER PERSONNAGE DU CHŒUR.

Dieux ! est-ce donc ainsi que finit votre haine ?
Reprenez, reprenez vos funestes bienfaits ;
Cruels, il valait mieux nous punir à jamais.

SCÈNE VI.

JOCASTE, ÉGINE, LE GRAND-PRÊTRE,
LE CHŒUR.

LE GRAND-PRÊTRE.

PEUPLES, un calme heureux écarte les tempêtes ;
Un soleil plus serein se lève sur vos têtes ;
Les feux contagieux ne sont plus allumés ;
Vos tombeaux qui s'ouvraient sont déja refermés ;
La mort fuit : et le dieu du ciel et de la terre
Annonce ses bontés par la voix du tonnerre.

(Ici on entend gronder la foudre, et l'on voit briller les éclairs.)

JOCASTE.

Quels éclats! Ciel! où suis-je? et qu'est-ce que j'entends?
Barbares!...

LE GRAND-PRÊTRE.

C'en est fait, et les dieux sont contents.
Laïus du sein des morts cesse de vous poursuivre;
Il vous permet encor de régner et de vivre;
Le sang d'OEdipe enfin suffit à son courroux.

LE CHOEUR.

Dieux!

JOCASTE.

O mon fils! hélas! dirai-je mon époux?
O des noms les plus chers assemblage effroyable!
Il est donc mort?

LE GRAND-PRÊTRE.

Il vit, et le sort qui l'accable
Des morts et des vivants semble le séparer:
Il s'est privé du jour avant que d'expirer.
Je l'ai vu dans ses yeux enfoncer cette épée
Qui du sang de son père avait été trempée;
Il a rempli son sort; et ce moment fatal
Du salut des Thébains est le premier signal.
Tel est l'ordre du ciel, dont la fureur se lasse;
Comme il veut, aux mortels il fait justice ou grâce:
Ses traits sont épuisés sur ce malheureux fils.
Vivez, il vous pardonne.

JOCASTE.

Et moi, je me punis.

(Elle se frappe.)

ACTE V, SCÈNE VI.

Par un pouvoir affreux réservée à l'inceste,
La mort est le seul bien, le seul dieu qui me reste.
Laïus, reçois mon sang; je te suis chez les morts:
J'ai vécu vertueuse, et je meurs sans remords.

LE CHŒUR.

O malheureuse reine! ô destin que j'abhorre!

JOCASTE.

Ne plaignez que mon fils, puisqu'il respire encore.
Prêtres, et vous, Thébains, qui fûtes mes sujets,
Honorez mon bûcher, et songez à jamais
Qu'au milieu des horreurs du destin qui m'opprime
J'ai fait rougir les dieux qui m'ont forcée au crime.

FIN D'ŒDIPE.

LETTRES

A M. DE GENONVILLE,

Contenant la critique de l'OEdipe de Sophocle, de celui de Corneille, et de celui de l'auteur. (1719.)

LETTRE PREMIERE.

Je vous envoie, monsieur, ma tragédie d'OEdipe, que vous avez vu naître. Vous savez que j'ai commencé cette pièce à dix-neuf ans : si quelque chose pouvait faire pardonner la médiocrité d'un ouvrage, ma jeunesse me servirait d'excuse. Du moins, malgré les défauts dont cette tragédie est pleine, et que je suis le premier à reconnaître, j'ose me flatter que vous verrez quelque différence entre cet ouvrage et ceux que l'ignorance et la malignité m'ont imputés.

Vous savez mieux que personne [1] que cette sa-

---

[1] Je sens combien il est dangereux de parler de soi ; mais mes malheurs ayant été publics, il faut que ma justification le soit aussi. La réputation d'honnête homme m'est plus chère que celle d'auteur ; ainsi je crois que personne ne trouvera mauvais qu'en donnant au public un ouvrage pour lequel il a eu tant d'indulgence, j'essaie

tire intitulée les *J'ai vu* est d'un poëte du Marais,
nommé le Brun, auteur de l'opéra d'*Hippocrate*

de mériter entièrement son estime, en détruisant l'imposture qui pourrait me l'ôter.

Je sais que tous ceux avec qui j'ai vécu sont persuadés de mon innocence; mais aussi, bien des gens qui ne connaissent ni la poésie ni moi, m'imputent encore les ouvrages les plus indignes d'un honnête homme et d'un poëte.

Il y a peu d'écrivains célèbres qui n'ayent essuyé de pareilles disgrâces; presque tous les poëtes qui ont réussi ont été calomniés; et il est bien triste pour moi de ne leur ressembler que par mes malheurs.

Vous n'ignorez pas que la cour et la ville ont de tout temps été remplies de critiques obscènes qui, à la faveur des nuages qui les couvrent, lancent, sans être aperçus, les traits les plus envenimés contre les femmes et contre les puissances, et qui n'ont que la satisfaction de blesser adroitement, sans goûter le plaisir dangereux de se faire connaître. Leurs épigrammes et leurs vaudevilles sont toujours des enfants supposés dont on ne connaît point les vrais parents; ils cherchent à charger de ces indignités quelqu'un qui soit assez connu pour que l'on puisse l'en soupçonner, et qui soit assez peu protégé pour ne pouvoir se défendre. Telle était la situation où je me suis trouvé en entrant dans le monde. Je n'avais pas plus de dix-huit ans; l'imprudence attachée d'ordinaire à la jeunesse pouvait aisément autoriser les soupçons que l'on faisait naître sur moi: j'étais d'ailleurs sans appui, et je n'avais pas songé à me faire des protecteurs, parce que je ne croyais pas que je dusse jamais avoir des ennemis.

amoureux, qu'assurément personne ne mettra en musique.

Il parut, à la mort de Louis XIV, une pièce imitée des *J'ai vu* de l'abbé Regnier. C'était un ouvrage où l'auteur passait en revue tout ce qu'il avait vu dans sa vie ; cette pièce est aussi négligée aujourd'hui qu'elle était alors recherchée : c'est le sort de tous les ouvrages qui n'ont d'autre mérite que celui de la satire. Cette pièce n'en avait point d'autre ; elle n'était remarquable que par les injures grossières qui y étaient indignement répandues, et c'est ce qui lui donna un cours prodigieux : on oublia la bassesse du style en faveur de la malignité de l'ouvrage. Elle finissait ainsi :

J'ai vu ces maux, et je n'ai pas vingt ans.

Plusieurs personnes crurent que j'avais mis par là mon cachet à cet indigne ouvrage ; on ne me fit pas l'honneur de croire que je pusse avoir assez de prudence pour me déguiser. L'auteur de cette misérable satire ne contribua pas peu à la faire courir sous mon nom, afin de mieux cacher le sien. Quelques-uns m'imputèrent cette pièce par malignité, pour me décrier et pour me perdre ; quelques autres, qui l'admiraient bonnement, me l'attribuèrent pour m'en faire honneur : ainsi un ouvrage que je n'avais point fait, et même que je n'avais point encore vu alors, m'attira de tous côtés des malédictions et des louanges.

Je me souviens que, passant par une petite ville de province, les beaux esprits du lieu me prièrent de leur réciter cette pièce qu'ils disaient être un chef-d'œuvre ; j'eus beau leur répondre que je n'en étais point l'auteur et que la pièce était misérable, ils ne m'en crurent point

Ces *J'ai vu* sont grossièrement imités de ceux sur ma parole : ils admirèrent ma retenue, et j'acquis ainsi auprès d'eux, sans y penser, la réputation d'un grand poëte et d'un homme fort modeste.

Cependant ceux qui m'avaient attribué ce malheureux ouvrage continuèrent à me rendre responsable de toutes les sottises qui se débitaient dans Paris, et que moi-même je dédaignais de lire. Quand un homme a eu le malheur d'être calomnié une fois, on dit qu'il le sera long-temps. On m'assure que de toutes les modes de ce pays-ci c'est celle qui dure davantage.

La justification est venue, quoiqu'un peu tard ; le calomniateur a signé, les larmes aux yeux, le désaveu de sa calomnie devant un secrétaire d'état ; c'est sur quoi un vieux connaisseur en vers et en hommes m'a dit : « *Oh, le beau billet qu'a la Châtre !* Continuez, mon enfant, à faire des tragédies, renoncez à toute profession sérieuse pour ce malheureux métier, et comptez que vous serez harcelé publiquement toute votre vie, puisque vous êtes assez abandonné de Dieu pour vous faire de gaieté de cœur un homme public. » Il m'en a cité cent exemples ; il m'a donné les meilleures raisons du monde pour me détourner de faire des vers. Que lui ai-je répondu ? des vers.

Je me suis donc aperçu de bonne heure qu'on ne peut ni résister à son goût dominant, ni vaincre sa destinée. Pourquoi la nature force-t-elle un homme à calculer, celui-ci à faire rimer des syllabes, cet autre à former des croches et des rondes sur des lignes parallèles ?

Scit Genius, natale comes qui temperat astrum.

de l'abbé Regnier, de l'académie, avec qui l'auteur n'a rien de commun. Ils finissent par ce vers :

J'ai vu ces maux, et je n'ai pas vingt ans.

Mais on prétend que tous peuvent dire :

Ploravere suis non respondere favorem
Speratum meritis.

Boileau disait à Racine :

« Cesse de t'étonner si l'envie animée,
« Attachant à ton nom sa rouille envenimée,
« La calomnie en main, quelquefois te poursuit. »

Scudéri et l'abbé d'Aubignac calomniaient Corneille ; Montfleury et toute sa troupe calomniaient Molière ; Térence se plaint dans ses prologues d'être calomnié par un vieux poëte ; Aristophane calomnia Socrate ; Homère fut calomnié par Margitès. C'est là l'histoire de tous les arts et de toutes les professions.

Vous savez comment M. le régent a daigné me consoler de ces petites persécutions ; vous savez quel beau présent il m'a fait. Je ne dirai pas, comme Chapelain disait de Louis XIII ;

« Les trois fois mille francs qu'il met dans ma famille
« Témoignent mon mérite, et font connaître assez
« Qu'il ne hait pas mes vers, pour être un peu forcés. »

Chærile, Chapelain, et moi, nous avons été tous trois trop bien payés pour de mauvais vers.

Retulit acceptos, regale numisma, Philippos.

Le régent, qui s'appelle Philippe, rend la comparaison parfaite. Ne nous enorgueillissons ni des méchancetés de

Il est vrai que je n'avais pas vingt ans alors ; mais ce n'est pas une raison qui puisse faire croire que j'ai fait les vers de M. le Brun.

Hos *le Brun* versiculos fecit ; tulit alter honores.

J'apprends que c'est un des avantages attachés à la littérature, et surtout à la poésie, d'être exposé à être accusé sans cesse de toutes les sottises qui courent la ville. On vient de me montrer une épître de l'abbé de Chaulieu au marquis de la Fare, dans laquelle il se plaint de cette injustice. Voici le passage :

. . . . . (. . . . .
Accort, insinuant, et quelquefois flatteur,
 J'ai su d'un discours enchanteur
 Tout l'usage que pouvait faire
 Beaucoup d'imagination,
 Qui rejoignît avec adresse,
 Au tour brillant, à la justesse,
 Le charme de la fiction ;
 Et son impétueuse ivresse,
 Entre le tabac et le vin.

. . . .
. . . .
 J'appris, sans rabot et sans lime,
 L'art d'attraper facilement,
 Sans être esclave de la rime,

nos ennemis, ni des bontés de nos protecteurs : on peut être avec tout cela un homme très médiocre ; on peut être récompensé et envié sans aucun mérite.

> Ce tour aisé, cet enjouement
> Qui seul peut faire le sublime.

> Que ne m'ont point coûté ces funestes talents !
> Dès que j'eus bien ou mal rimé quelque sornette,
> Je me vis tout en même temps
> Affublé du nom de poëte.
> Dès-lors on ne fit de chanson,
> On ne lâcha de vaudeville,
> Que, sans rime ni sans raison,
> On ne me donnât par la ville.

> Sur la foi d'un ricanement,
> Qui n'était que l'effet d'un gai tempérament,
> Dont je fis, j'en conviens, assez peu de scrupule,
> Les fats crurent qu'impunément
> Personne, devant moi, ne serait ridicule.
> Ils m'ont fait là-dessus mille injustes procès :
> J'eus beau les souffrir et me taire,
> On m'imputa des vers que je n'ai jamais faits ;
> C'est assez que j'en susse faire.

Ces vers, monsieur, ne sont pas dignes de l'auteur de la Toscane et de la Retraite; vous les trouverez bien plats [1], et aussi remplis de fautes que d'une vanité ridicule. Je vous les cite comme une autorité en ma faveur; mais j'aime mieux vous citer l'autorité de Boileau. Il ne répondit un jour aux

---

[1] Tout ce morceau fut retranché dans l'édition qu'on fit de ces lettres, parce qu'on ne voulut pas affliger l'abbé de Chaulieu : on doit des égards aux vivants ; on ne doit aux morts que la vérité.

compliments d'un campagnard qui le louait d'une impertinente satire contre les évêques, très fameuse parmi la canaille, qu'en répétant à ce pauvre louangeur :

Vient-il de la province une satire fade,
D'un plaisant du pays insipide boutade;
Pour la faire courir on dit qu'elle est de moi :
Et le sot campagnard le croit de bonne foi.

Je ne suis ni ne serai Boileau; mais les mauvais vers de M. le Brun m'ont attiré des louanges et des persécutions qu'assurément je ne méritais pas.

Je m'attends bien que plusieurs personnes, accoutumées à juger de tout sur le rapport d'autrui, seront étonnées de me trouver si innocent après m'avoir cru, sans me connaître, coupable des plus plats vers du temps présent. Je souhaite que mon exemple puisse leur apprendre à ne plus précipiter leurs jugements sur les apparences, et à ne plus condamner ce qu'ils ne connaissent pas. On rougirait bientôt de ses décisions, si l'on voulait réfléchir sur les raisons par lesquelles on se détermine.

Il s'est trouvé des gens qui ont cru sérieusement que l'auteur de la tragédie d'Atrée était un méchant homme, parce qu'il avait rempli la coupe d'Atrée du sang du fils de Thyeste; et aujourd'hui il y a des consciences timorées qui prétendent que je n'ai point de religion, parce que Jocaste se défie des oracles d'Apollon. C'est ainsi qu'on décide presque toujours dans le monde; et ceux qui sont accoutumés à juger de la sorte ne se corrigeront pas par la lecture de cette lettre : peut-être même ne la liront-ils point.

Je ne prétends donc point ici faire taire la calomnie, elle est trop inséparable des succès; mais du moins il m'est permis de souhaiter que ceux qui ne sont en place que pour rendre justice ne fassent point de malheureux sur le rapport vague et incertain du premier calomniateur. Faudra-t-il donc qu'on regarde désormais comme un malheur d'être connu par les talents de l'esprit, et qu'un homme soit persécuté dans sa patrie, uniquement parce qu'il court une carrière dans laquelle il peut faire honneur à sa patrie même ?

Ne croyez pas, monsieur, que je compte parmi les preuves de mon innocence le présent dont M. le régent a daigné m'honorer; cette bonté pourrait n'être qu'une marque de sa clémence : il est au nombre des princes qui, par des bienfaits, savent lier à leur devoir ceux même qui s'en sont écartés. Une preuve plus sûre de mon innocence, c'est qu'il a daigné dire que je n'étais point coupable, et qu'il a reconnu la calomnie lorsque le temps a permis qu'il pût la découvrir.

Je ne regarde point non plus cette grâce que monseigneur le duc d'Orléans m'a faite comme une récompense de mon travail, qui ne méritait tout au plus que son indulgence; il a moins voulu me récompenser que m'engager à mériter sa protection.

Sans parler de moi, c'est un grand bonheur pour les lettres que nous vivions sous un prince qui aime les beaux arts autant qu'il hait la flatterie, et dont on peut obtenir la protection plutôt par de bons ouvrages que par des louanges, pour lesquelles il a un dégoût peu ordinaire dans ceux qui, par leur naissance et par leur rang, sont exposés à être loués toute leur vie.

LETTRE II.

Monsieur, avant que de vous faire lire ma tragédie, souffrez que je vous prévienne sur le succès qu'elle a eu, non pas pour m'en applaudir, mais pour vous assurer combien je m'en défie.

Je sais que les premiers applaudissements du public ne sont pas toujours de sûrs garants de la bonté d'un ouvrage. Souvent un auteur doit le succès de sa pièce ou à l'art des acteurs qui la jouent, ou à la décision de quelques amis accrédités dans le monde qui entraînent pour un temps les suffrages de la multitude; et le public est étonné, quelques mois après, de s'ennuyer à la lecture du même ouvrage qui lui arrachait des larmes à la représentation.

Je me garderai donc bien de me prévaloir d'un succès peut-être passager, et dont les comédiens ont plus à s'applaudir que moi-même.

On ne voit que trop d'auteurs dramatiques qui impriment à la tête de leurs ouvrages des préfaces pleines de vanité, « qui comptent les princes et les « princesses qui sont venus pleurer aux représen- « tations; qui ne donnent d'autres réponses à leurs « censeurs que l'approbation du public; » et qui enfin, après s'être placés à côté de Corneille et de Racine, se trouvent confondus dans la foule des mauvais auteurs, dont ils sont les seuls qui s'exceptent.

J'éviterai du moins ce ridicule; je vous parlerai de ma pièce plus pour avouer mes défauts que pour les excuser; mais aussi je traiterai Sophocle et Corneille avec autant de liberté que je me traiterai moi-même avec justice.

J'examinerai les trois OEdipes avec une égale exactitude. Le respect que j'ai pour l'antiquité de Sophocle et pour le mérite de Corneille ne m'aveuglera pas sur leurs défauts; l'amour-propre ne m'empêchera pas non plus de trouver les miens. Au reste, ne regardez point ces dissertations comme les décisions d'un critique orgueilleux, mais comme les doutes d'un jeune homme qui cherche à s'éclairer. La décision ne convient ni à mon âge ni à mon peu de génie; et si la chaleur de la composition m'arrache quelques termes peu mesurés, je les désavoue d'avance, et je déclare que je ne prétends parler affirmativement que sur mes fautes.

LETTRE III,

CONTENANT LA CRITIQUE DE L'ŒDIPE DE SOPHOCLE.

Monsieur, mon peu d'érudition ne me permet pas d'examiner « si la tragédie de Sophocle fait son « imitation par le discours, le nombre et l'harmo- « nie; ce qu'Aristote appelle expressément un dis- « cours agréablement assaisonné [1]. » Je ne discuterai pas non plus « si c'est une pièce du premier « genre, simple et implexe : simple, parcequ'elle « n'a qu'une seule catastrophe; et implexe, parce « qu'elle a la reconnaissance avec la péripétie. »

Je vous rendrai seulement compte avec simplicité des endroits qui m'ont révolté, et sur lesquels j'ai besoin des lumières de ceux qui, connaissant mieux que moi les anciens, peuvent mieux excuser tous leurs défauts.

La scène ouvre, dans Sophocle, par un chœur de Thébains prosternés aux pieds des autels, et qui, par leurs larmes et par leurs cris, demandent aux dieux la fin de leurs calamités. Œdipe, leur libérateur et leur roi, paraît au milieu d'eux.

« Je suis Œdipe, leur dit-il, si vanté par tout le monde. » Il y a quelque apparence que les Thébains n'ignoraient pas qu'il s'appelait Œdipe.

A l'égard de cette grande réputation dont il se vante, M. Dacier dit que c'est une adresse de

---

[1] M. Dacier, préface sur l'Œdipe de Sophocle.

Sophocle, qui veut fonder par-là le caractère d'OEdipe, qui est orgueilleux.

« Mes enfants, dit OEdipe, quel est le sujet qui « vous amène ici ? » Le grand-prêtre lui répond : « Vous voyez devant vous des jeunes gens et des « vieillards. Moi qui vous parle, je suis le grand- « prêtre de Jupiter. Votre ville est comme un « vaisseau battu de la tempête; elle est prête d'être « abîmée, et n'a pas la force de surmonter les flots « qui fondent sur elle. » De là le grand-prêtre prend occasion de faire une description de la peste dont OEdipe était aussi bien informé que du nom et de la qualité du grand-prêtre de Jupiter; d'ailleurs ce grand-prêtre rend-il son homélie bien pathétique en comparant une ville pestiférée, couverte de morts et de mourants, à un vaisseau battu par la tempête ? Ce prédicateur ne savait-il pas qu'on affaiblit les grandes choses quand on les compare aux petites ?

Tout cela n'est guère une preuve de cette perfection où l'on prétendait, il y a quelques années, que Sophocle avait poussé la tragédie; et il ne paraît pas qu'on ait si grand tort dans ce siècle de refuser son admiration à un poëte qui n'emploie d'autre artifice pour faire connaître ses personnages que de faire dire à l'un, « Je m'appelle « OEdipe, si vanté par tout le monde; » et à l'autre, « Je suis le grand-prêtre de Jupiter. » Cette grossièreté n'est plus regardée aujourd'hui comme une noble simplicité.

La description de la peste est interrompue par l'arrivée de Créon, frère de Jocaste, que le roi avait envoyé consulter l'oracle, et qui commence par dire à OEdipe :

« Seigneur, nous avons eu autrefois un roi qui s'appelait Laïus.

OEDIPE.

« Je le sais, quoique je ne l'aie jamais vu.

CRÉON.

« Il a été assassiné, et Apollon veut que nous
« punissions ses meurtriers.

OEDIPE.

« Fut-ce dans sa maison où à la campagne que
« Laïus fut tué ? »

Il est déja contre la vraisemblance qu'OEdipe, qui règne depuis si long-temps, ignore comment son prédécesseur est mort : mais qu'il ne sache pas même si c'est aux champs ou à la ville que ce meurtre a été commis, et qu'il ne donne pas la moindre raison ni la moindre excuse de son ignorance, j'avoue que je ne connais point de terme pour exprimer une pareille absurdité.

C'est une faute du sujet, dit-on, et non de l'auteur : comme si ce n'était pas à l'auteur à corriger son sujet lorsqu'il est défectueux ! Je sais qu'on peut me reprocher à peu près la même faute ; mais aussi je ne me ferai pas plus de grâce qu'à Sophocle, et j'espère que la sincérité avec laquelle j'avouerai mes défauts, justifiera la hardiesse que je prends de relever ceux d'un ancien.

Ce qui suit me paraît également déraisonnable. OEdipe demande s'il ne revint personne de la suite de Laïus à qui l'on puisse en demander des nouvelles ; on lui répond « qu'un de ceux qui accom-
« pagnaient ce malheureux roi s'étant sauvé vint
« dire dans Thèbes que Laïus avait été assassiné
« par des voleurs, qui n'étaient pas en petit, mais
« en grand nombre. »

Comment se peut-il faire qu'un témoin de la mort de Laïus dise que son maître a été accablé sous le nombre, lorsqu'il est pourtant vrai que c'est un homme seul qui a tué Laïus et toute sa suite ?

Pour comble de contradiction OEdipe dit, au second acte, qu'il a ouï dire que Laïus avait été tué par des voyageurs, mais qu'il n'y a personne qui dise l'avoir vu ; et Jocaste, au troisième acte, en parlant de la mort de ce roi, s'explique ainsi à OEdipe :

« Soyez bien persuadé, seigneur, que celui qui
« accompagnait Laïus a rapporté que son maître
« avait été assassiné par des voleurs : il ne saurait
« changer présentement ni parler d'une autre ma-
« nière ; toute la ville l'a entendu comme moi. »

Les Thébains auraient été bien plus à plaindre, si l'énigme du Sphinx n'avait pas été plus aisée à deviner que toutes ces contradictions.

Mais ce qui est encore plus étonnant, ou plutôt ce qui ne l'est point après de telles fautes contre la vraisemblance, c'est qu'OEdipe, lorsqu'il apprend que Phorbas vit encore, ne songe pas seulement à le faire chercher ; il s'amuse à faire des imprécations et à consulter les oracles, sans donner ordre qu'on amène devant lui le seul homme qui pouvait lui fournir des lumières. Le chœur lui-même, qui est si intéressé à voir finir les malheurs de Thèbes, et qui donne toujours des conseils à OEdipe, ne lui donne pas celui d'interroger ce témoin de la mort du feu roi ; il le prie seulement d'envoyer chercher Tirésie.

Enfin Phorbas arrive au quatrième acte. Ceux qui ne connaissent point Sophocle s'imaginent sans doute qu'OEdipe, impatient de connaître le meurtrier de Laïus et de rendre la vie aux Thébains, va l'interroger avec empressement sur la mort du feu roi. Rien de tout cela. Sophocle oublie que la vengeance de la mort de Laïus est le sujet de sa pièce : on ne dit pas un mot à Phorbas de cette aventure ; et la tragédie finit sans que Phorbas ait seulement ouvert la bouche sur la mort du roi son maître. Mais continuons à examiner de suite l'ouvrage de Sophocle.

Lorsque Créon a appris à OEdipe que Laïus a été assassiné par des voleurs qui n'étaient pas en petit, mais en grand nombre, OEdipe répond, au sens de plusieurs interprètes : « Comment des vo-
« leurs auraient-ils pu entreprendre cet attentat,
« puisque Laïus n'avait point d'argent sur lui ? »
La plupart des autres scholiastes entendent autrement ce passage, et font dire à OEdipe : « Com-

« ment des voleurs auraient-ils pu entreprendre
« cet attentat, si on ne leur avait donné de l'ar-
« gent? » Mais ce sens-là n'est guère plus raisonnable que l'autre : on sait que des voleurs n'ont
pas besoin qu'on leur promette de l'argent pour
les engager à faire un mauvais coup.

Puisqu'il dépend souvent des scholiastes de
faire dire tout ce qu'ils veulent à leurs auteurs,
leur coûterait-il de leur donner un peu de bon sens?

OEdipe, au commencement du second acte, au
lieu de mander Phorbas, fait venir devant lui Tirésie. Le roi et le devin commencent par se mettre
en colère l'un contre l'autre. Tirésie finit par lui
dire :

« C'est vous qui êtes le meurtrier de Laïus. Vous
« vous croyez fils de Polybe, roi de Corinthe, vous
« ne l'êtes point; vous êtes Thébain. La malédic-
« tion de votre père et de votre mère vous a autre-
« fois éloigné de cette terre; vous y êtes revenu,
« vous avez tué votre père, vous avez épousé votre
« mère, vous êtes l'auteur d'un inceste et d'un
« parricide; et si vous trouvez que je mente, dites
« que je ne suis pas prophète. »

Tout cela ne ressemble guère à l'ambiguité ordinaire des oracles : il était difficile de s'expliquer
moins obscurément; et si vous joignez aux paroles
de Tirésie le reproche qu'un ivrogne a fait autrefois à OEdipe qu'il n'était pas fils de Polybe, et
l'oracle d'Apollon qui lui prédit qu'il tuerait son
père et qu'il épouserait sa mère, vous trouverez

que la pièce est entièrement finie au commencement de ce second acte.

Nouvelle preuve que Sophocle n'avait pas perfectionné son art, puisqu'il ne savait même pas préparer les évènements, ni cacher sous le voile le plus mince la catastrophe de ses pièces.

Allons plus loin. OEdipe traite Tirésie de *fou* et de *vieux enchanteur :* cependant, à moins que l'esprit ne lui ait tourné, il doit le regarder comme un véritable prophète. Eh! de quel étonnement, de quelle horreur ne doit-il point être frappé en apprenant de la bouche de Tirésie tout ce qu'Apollon lui a prédit autrefois? Quel retour ne doit-il point faire sur lui-même en apprenant ce rapport fatal qui se trouve entre les reproches qu'on lui a faits à Corinthe qu'il n'était qu'un fils supposé, et les oracles de Thèbes qui lui disent qu'il est Thébain? entre Apollon qui lui a prédit qu'il épouserait sa mère et qu'il tuerait son père, et Tirésie qui lui apprend que ses destins affreux sont remplis? Cependant, comme s'il avait perdu la mémoire de ces évènements épouvantables, il ne lui vient d'autre idée que de soupçonner Créon, son *ancien et fidèle ami* (comme il l'appelle), d'avoir tué Laïus, et cela sans aucune raison, sans aucun fondement, sans que le moindre jour puisse autoriser ses soupçons, et (puisqu'il faut appeler les choses par leur nom) avec une extravagance dont il n'y a guère d'exemple parmi les modernes, ni même parmi les anciens.

« Quoi ! tu oses paraître devant moi ! dit-il à
« Créon ; tu as l'audace d'entrer dans ce palais,
« toi qui es assurément le meurtrier de Laïus, et
« qui as manifestement conspiré contre moi pour
« me ravir ma couronne ! »

« Voyons, dis-moi, au nom des dieux, as-tu
« remarqué en moi de la lâcheté ou de la folie
« pour que tu aies entrepris un si hardi dessein ?
« N'est-ce pas la plus folle de toutes les entreprises
« que d'aspirer à la royauté sans troupes et sans
« amis, comme si, sans ce secours, il était aisé de
« monter sur le trône ? »

Créon lui répond :
« Vous changerez de sentiment si vous me don-
« nez le temps de parler. Pensez-vous qu'il y ait
« un homme au monde qui préférât d'être roi,
« avec toutes les frayeurs et toutes les craintes qui
« accompagnent la royauté, à vivre dans le sein
« du repos avec toute la sûreté d'un particulier
« qui sous un autre nom posséderait la même
« puissance ? »

Un prince qui serait accusé d'avoir conspiré contre son roi, et qui n'aurait d'autre preuve de son innocence que le verbiage de Créon, aurait grand besoin de la clémence de son maître. Après tous ces longs discours, étrangers au sujet, Créon demande à OEdipe :

« Voulez-vous me chasser du royaume ? »[1]

---

[1] On avertit qu'on a suivi partout la traduction de M. Dacier.

ŒDIPE.

« Ce n'est pas ton exil que je veux ; je te con-
« damne à la mort.

CRÉON.

« Il faut que vous fassiez voir auparavant si je
« suis coupable.

ŒDIPE.

« Tu parles en homme résolu de ne pas obéir.

CRÉON.

« C'est parce que vous êtes injuste.

ŒDIPE.

« Je prends mes sûretés.

CRÉON.

« Je dois prendre aussi les miennes.

ŒDIPE.

« O Thèbes ! Thèbes !

CRÉON.

« Il m'est permis de crier aussi : Thèbes ! Thèbes ! »

Jocaste vient pendant ce beau discours, et le chœur la prie d'emmener le roi ; proposition très sage, car, après toutes les folies qu'OEdipe vient de faire, on ne ferait pas mal de l'enfermer.

JOCASTE.

« J'emmenerai mon mari quand j'aurai appris
« la cause de ce désordre.

LE CHŒUR.

« OEdipe et Créon ont eu ensemble des paroles
« sur des rapports fort incertains. On se pique
« souvent sur des soupçons très injustes.

JOCASTE.

« Cela est-il venu de l'un et de l'autre ?

LE CHŒUR.

« Oui, madame.

JOCASTE.

« Quelles paroles ont-ils donc eues ?

LE CHŒUR.

« C'est assez, madame ; les princes n'ont pas
« poussé la chose plus loin, et cela suffit. »

Effectivement, comme si cela suffisait, Jocaste
n'en demande pas davantage au chœur.

C'est dans cette scène qu'OEdipe raconte à Jocaste qu'un jour, à table, un homme ivre lui reprocha qu'il était un fils supposé : « J'allai, con-
« tinue-t-il, trouver le roi et la reine ; je les inter-
« rogeai sur ma naissance ; ils furent tous deux
« très fâchés du reproche qu'on m'avait fait. Quoi-
« que je les aimasse avec beaucoup de tendresse,
« cette injure qui était devenue publique ne laissa
« pas de me demeurer sur le cœur, et de me don-
« ner des soupçons. Je partis donc, à leur insu,
« pour aller à Delphes : Apollon ne daigna pas
« répondre précisément à ma demande ; mais il
« me dit les choses les plus affreuses et les plus
« épouvantables dont on ait jamais ouï parler :
« Que j'épouserais infailliblement ma propre mère ;
« que je ferais voir aux hommes une race malheu-
« reuse, qui les remplirait d'horreur ; et que je
« serais le meurtrier de mon père. »

Voilà encore la pièce finie. On avait prédit à

Jocaste que son fils tremperait ses mains dans le sang de Laïus, et porterait ses crimes jusqu'au lit de sa mère. Elle avait fait exposer ce fils sur le mont Cithéron, et lui avait fait percer les talons (comme elle l'avoue dans cette même scène) : OEdipe porte encore les cicatrices de cette blessure ; il sait qu'on lui a reproché qu'il n'était point fils de Polybe : tout cela n'est-il pas pour OEdipe et pour Jocaste une démonstration de leurs malheurs? et n'y a-t-il pas un aveuglement ridicule à en douter ?

Je sais que Jocaste ne dit point dans cette scène qu'elle dût un jour épouser son fils ; mais cela même est une nouvelle faute. Car, lorsqu'OEdipe dit à Jocaste : « On m'a prédit que je souillerais « le lit de ma mère, et que mon père serait mas- « sacré par mes mains, » Jocaste doit répondre sur-le-champ : « On en avait prédit autant à mon « fils ; » ou du moins elle doit faire sentir au spectateur qu'elle est convaincue dans ce moment de son malheur.

Tant d'ignorance dans OEdipe et dans Jocaste n'est qu'un artifice grossier du poëte, qui, pour donner à sa pièce une juste étendue, fait filer jusqu'au cinquième acte une reconnaissance déjà manifestée au second, et qui viole les règles du sens commun, pour ne point manquer en apparence à celles du théâtre.

Cette même faute subsiste dans tout le cours de la pièce.

Cet Œdipe qui expliquait les énigmes n'entend pas les choses les plus claires. Lorsque le pasteur de Corinthe lui apporte la nouvelle de la mort de Polybe, et qu'il lui apprend que Polybe n'était pas son père, qu'il a été exposé par un Thébain sur le mont Cithéron, que ses pieds avaient été percés et liés avec des courroies, Œdipe ne soupçonne rien encore ; il n'a d'autre crainte que d'être né d'une famille obscure : et le chœur, toujours présent dans le cours de la pièce, ne prête aucune attention à tout ce qui aurait dû instruire Œdipe de sa naissance. Le chœur, qu'on donne pour une assemblée de gens éclairés, montre aussi peu de pénétration qu'Œdipe ; et, dans le temps que les Thébains devraient être saisis de pitié et d'horreur à la vue des malheurs dont ils sont témoins, il s'écrie : « Si je puis juger de l'avenir, et si je ne
« me trompe dans mes conjectures, Cithéron, le
« jour de demain ne se passera pas que vous ne
« nous fassiez connaître la patrie et la mère d'Œ-
« dipe, et que nous ne menions des danses en
« votre honneur, pour vous rendre grâces du
« plaisir que vous aurez fait à nos princes. Et
« vous, prince, duquel des dieux êtes-vous donc
« fils ? Quelle nymphe vous a eu de Pan, dieu des
« montagnes ? Êtes-vous le fruit des amours d'A-
« pollon ? car Apollon se plaît aussi sur les mon-
« tagnes. Est-ce Mercure, ou Bacchus qui se tient
« aussi sur les sommets des montagnes ? etc. »

Enfin celui qui a autrefois exposé Œdipe arrive

sur la scène. OEdipe l'interroge sur sa naissance ; curiosité que M. Dacier condamne après Plutarque, et qui me paraîtrait la seule chose raisonnable qu'OEdipe eût faite dans toute la pièce, si cette juste envie de se connaître n'était pas accompagnée d'une ignorance ridicule de lui-même.

OEdipe sait donc enfin tout son sort au quatrième acte. Voilà donc encore la pièce finie.

M. Dacier, qui a traduit l'OEdipe de Sophocle, prétend que le spectateur attend avec beaucoup d'impatience le parti que prendra Jocaste, et la manière dont OEdipe accomplira sur lui-même les malédictions qu'il a prononcées contre le meurtrier de Laïus. J'avais été séduit là-dessus par le respect que j'ai pour ce savant homme, et j'étais de son sentiment lorsque je lus sa traduction. La représentation de ma pièce m'a bien détrompé ; et j'ai reconnu qu'on peut sans péril louer tant qu'on veut les poëtes grecs, mais qu'il est dangereux de les imiter.

J'avais pris dans Sophocle une partie du récit de la mort de Jocaste et de la catastrophe d'OEdipe. J'ai senti que l'attention du spectateur diminuait avec son plaisir au récit de cette catastrophe ; les esprits, remplis de terreur au moment de la reconnaissance, n'écoutaient plus qu'avec dégoût la fin de la pièce. Peut-être que la médiocrité des vers en était la cause ; peut-être que le spectateur, à qui cette catastrophe est connue, regrettait de n'entendre rien de nouveau ; peut-être aussi que la terreur ayant été poussée à son comble, il était impossible que le reste ne parût languissant. Quoi qu'il en soit, je me suis cru obligé de retrancher ce récit, qui n'était pas de plus de quarante vers; et dans Sophocle il tient tout le cinquième acte. Il y a grande apparence qu'on ne doit point passer à un ancien deux ou trois cents vers inutiles, lorsqu'on n'en passe pas quarante à un moderne.

M. Dacier avertit dans ses notes que la pièce de Sophocle n'est point finie au quatrième acte. N'est-ce pas avouer qu'elle est finie que d'être obligé de prouver qu'elle ne l'est pas? On ne se trouve pas dans la nécessité de faire de pareilles notes sur les tragédies de Corneille et de Racine: il n'y a que les Horaces qui auraient besoin d'un tel commentaire; mais le cinquième acte des Horaces n'en paraîtrait pas moins défectueux.

Je ne puis m'empêcher de parler ici d'un endroit du cinquième acte de Sophocle, que Longin a admiré, et que Boileau a traduit.

> Hymen, funeste hymen, tu m'as donné la vie;
> Mais dans ces mêmes flancs où je fus renfermé
> Tu fais rentrer ce sang dont tu m'avais formé;
> Et par-là tu produis et des fils et des pères,
> Des frères, des maris, des femmes et des mères,
> Et tout ce que du sort la maligne fureur
> Fit jamais voir au jour et de honte et d'horreur.

Premièrement, il fallait exprimer que c'est dans la même personne qu'on trouve ces mères et ces maris; car il n'y a point de mariage qui ne produise de tout cela. En second lieu, on ne passerait pas aujourd'hui à OEdipe de faire une si curieuse recherche des circonstances de son crime, et d'en combiner ainsi toutes les horreurs; tant d'exactitude à compter tous ses titres incestueux, loin d'ajouter à l'atrocité de l'action, semble plutôt l'affaiblir.

Ces deux vers de Corneille disent beaucoup plus :

Ce sont eux qui m'ont fait l'assassin de mon père;
Ce sont eux qui m'ont fait le mari de ma mère.

Les vers de Sophocle sont d'un déclamateur, et ceux de Corneille sont d'un poëte.

Vous voyez que, dans la critique de l'OEdipe de Sophocle, je ne me suis attaché à relever que les défauts qui sont de tous les temps et de tous les lieux : les contradictions, les absurdités, les vaines déclamations sont des fautes par tout pays.

Je ne suis point étonné que, malgré tant d'imperfections, Sophocle ait surpris l'admiration de son siècle : l'harmonie de ses vers et le pathétique qui règne dans son style ont pu séduire les Athéniens, qui, avec tout leur esprit et toute leur politesse, ne pouvaient avoir une juste idée de la perfection d'un art qui était encore dans son enfance.

Sophocle touchait au temps où la tragédie fut inventée : Eschyle, contemporain de Sophocle, était le premier qui se fût avisé de mettre plusieurs personnages sur la scène. Nous sommes aussi touchés de l'ébauche la plus grossière dans les premières découvertes d'un art, que des beautés les plus achevées lorsque la perfection nous est une fois connue. Ainsi Sophocle et Euripide, tout imparfaits qu'ils sont, ont autant réussi chez les Athéniens que Corneille et Racine parmi nous. Nous devons nous-mêmes, en blâmant les tragédies des Grecs, respecter le génie de leurs auteurs : leurs fautes sont sur le compte de leur siècle, leurs beautés n'appartiennent qu'à eux ; et il est à croire que, s'ils étaient nés de nos jours, ils auraient perfectionné l'art qu'ils ont presque inventé de leur temps.

Il est vrai qu'ils sont bien déchus de cette haute estime où ils étaient autrefois : leurs ouvrages sont aujourd'hui ou ignorés, ou méprisés ; mais je crois que cet oubli et ce mépris sont au nombre des injustices dont on peut accuser notre siècle. Leurs ouvrages méritent d'être lus, sans doute ; et, s'ils sont trop défectueux pour qu'on les approuve, ils sont aussi trop pleins de beautés pour qu'on les méprise entièrement.

Euripide surtout, qui me paraît si supérieur à Sophocle, et qui serait le plus grand des poëtes s'il était né dans un siècle plus éclairé, a laissé des ouvrages qui décèlent un génie parfait, malgré les imperfections de ses tragédies.

Eh! quelle idée ne doit-on point avoir d'un

poëte qui a prêté des sentiments à Racine même? Les endroits que ce grand homme a traduits d'Euripide, dans son inimitable rôle de Phèdre, ne sont pas les moins beaux de son ouvrage.

> Dieu, que ne suis-je assise à l'ombre des forêts !
> Quand pourrai-je, au travers d'une noble poussière,
> Suivre de l'œil un char fuyant dans la carrière !
> . . . . Insensée, où suis-je? et qu'ai-je dit ?
> Où laissé-je égarer mes vœux et mon esprit ?
> Je l'ai perdu : les dieux m'en ont ravi l'usage.
> OEnone, la rougeur me couvre le visage ;
> Je te laisse trop voir mes honteuses douleurs,
> Et mes yeux, malgré moi, se remplissent de pleurs.

Presque toute cette scène est traduite mot pour mot d'Euripide. Il ne faut pas cependant que le lecteur, séduit par cette traduction, s'imagine que la pièce d'Euripide soit un bon ouvrage : voilà le seul bel endroit de sa tragédie, et même le seul raisonnable; car c'est le seul que Racine ait imité. Et comme on ne s'avisera jamais d'approuver l'Hippolyte de Sénèque, quoique Racine ait pris dans cet auteur toute la déclaration de Phèdre, aussi ne doit-on pas admirer l'Hippolyte d'Euripide pour trente ou quarante vers qui se sont trouvés dignes d'être imités par le plus grand de nos poëtes.

Molière prenait quelquefois des scènes entières dans Cyrano de Bergerac, et disait pour son excuse : « Cette scène est bonne; elle m'appartient

« de droit : je reprends mon bien partout où je le
« trouve. »

Racine pouvait à peu près en dire autant d'Euripide.

Pour moi, après vous avoir dit bien du mal de Sophocle, je suis obligé de vous en dire tout le bien que j'en sais : tout différent en cela des médisants, qui commencent toujours par louer un homme, et qui finissent par le rendre ridicule.

J'avoue que peut-être sans Sophocle je ne serais jamais venu à bout de mon OEdipe ; je ne l'aurais même jamais entrepris. Je traduisis d'abord la première scène de mon quatrième acte : celle du grand-prêtre qui accuse le roi est entièrement de lui ; la scène des deux vieillards lui appartient encore. Je voudrais lui avoir d'autres obligations, je les avouerais avec la même bonne foi. Il est vrai que, comme je lui dois des beautés, je lui dois aussi des fautes : et j'en parlerai dans l'examen de ma pièce, où j'espère vous rendre compte des miennes.

LETTRE IV,

CONTENANT LA CRITIQUE DE L'OEDIPE DE CORNEILLE.

Monsieur, après vous avoir fait part de mes sentiments sur l'OEdipe de Sophocle, je vous dirai ce que je pense de celui de Corneille. Je respecte beaucoup plus, sans doute, ce tragique français que le grec ; mais je respecte encore plus la vérité, à qui je dois les premiers égards. Je crois même que quiconque ne sait pas connaître les fautes des grands hommes est incapable de sentir le prix de leurs perfections. J'ose donc critiquer l'OEdipe de Corneille, et je le ferai avec d'autant plus de liberté que je ne crains pas que vous me soupçonniez de jalousie, ni que vous me reprochiez de vouloir m'égaler à lui. C'est en l'admirant que je hasarde ma censure; et je crois avoir une estime plus véritable pour ce fameux poète, que ceux qui jugent de l'OEdipe par le nom de l'auteur, non par l'ouvrage même, et qui eussent méprisé dans tout autre ce qu'ils admirent dans l'auteur de Cinna.

Corneille sentit bien que la simplicité ou plutôt la sécheresse de la tragédie de Sophocle ne pouvait fournir toute l'étendue qu'exigent nos pièces de théâtre. On se trompe fort lorsqu'on pense que tous ces sujets, traités autrefois avec succès par Sophocle et par Euripide, l'OEdipe, le Philoctète, l'Électre, l'Iphigénie en Tauride, sont des sujets heureux et aisés à manier; ce sont les plus ingrats et les plus impraticables; ce sont des sujets d'une ou de deux scènes tout au plus, et non pas d'une tragédie. Je sais qu'on ne peut guère voir sur le théâtre des évènements plus affreux ni plus attendrissants; et c'est cela même qui rend le succès plus difficile. Il faut joindre à ces évènements des passions qui les préparent : si ces passions sont trop fortes, elles étouffent le sujet; si elles sont trop faibles, elles languissent. Il fallait que Corneille marchât entre ces deux extrémités, et qu'il suppléât par la fécondité de son génie à l'aridité de la matière. Il choisit donc l'épisode de Thésée et de Dircé; et quoique cet épisode ait été universellement condamné, quoique Corneille eût pris dès long-temps la glorieuse habitude d'avouer ses fautes, il ne reconnut point celle-ci; et parce que cet épisode est tout entier de son invention, il s'en applaudit dans sa préface : tant il est difficile aux plus grands hommes, et même aux plus modestes, de se sauver des illusions de l'amour-propre!

Il faut avouer que Thésée joue un étrange rôle pour un héros. Au milieu des maux les plus horribles dont un peuple puisse être accablé, il débute par dire que,

> Quelque ravage affreux que fasse ici la peste,
> L'absence aux vrais amants est encor plus funeste.

Et parlant, dans la seconde scène, à OEdipe,

> Il veut lui faire voir un beau feu dans son sein,
> Et tâcher d'obtenir un aveu favorable
> Qui peut faire un heureux d'un amant misérable.
> . . . . Il est vrai, j'aime en votre palais;
> Chez vous est la beauté qui fait tous mes souhaits.
> Vous l'aimez à l'égal d'Antigone et d'Ismène;
> Elle tient même rang chez vous et chez la reine;
> En un mot, c'est leur sœur, la princesse Dircé,
> Dont les yeux....

OEdipe répond :

> Quoi! ses yeux, prince, vous ont blessé?

Je suis fâché pour vous que la reine sa mère
Ait su vous prévenir pour un fils de son frère.
Ma parole est donnée, et je n'y puis plus rien :
Mais je crois qu'après tout ses sœurs la valent bien.
THÉSÉE.
Antigone est parfaite, Ismène est admirable;
Dircé, si vous voulez, n'a rien de comparable;
Elles sont l'une et l'autre un chef-d'œuvre des cieux;
Mais. . . . .
Ce n'est pas offenser deux si charmantes sœurs
Que voir en leur aînée aussi quelques douceurs.

Il faut avouer que les discours de Guillot-Gorju et de Tabarin ne sont guère différents.

Cependant l'ombre de Laïus demande un prince ou une princesse de son sang pour victime : Dircé, seul reste du sang de ce roi, est prête à s'immoler sur le tombeau de son père; Thésée, qui veut mourir pour elle, lui fait accroire qu'il est son frère, et ne laisse pas de lui parler d'amour malgré la nouvelle parenté.

J'ai mêmes yeux encore, et vous mêmes appas.
Mon cœur n'écoute point ce que le sang veut dire;
C'est d'amour qu'il gémit, c'est d'amour qu'il soupire;
Et, pour pouvoir sans crime en goûter la douceur,
Il se révolte exprès contre le nom de sœur.

Cependant, qui le croirait? Thésée, dans cette même scène, se lasse de son stratagème. Il ne peut pas soutenir plus long-temps le personnage de frère, et, sans attendre que le frère de Dircé soit connu, il lui avoue toute la feinte, et la remet par-là dans le péril dont il vouloit la tirer, en lui disant pourtant :

Que l'amour, pour défendre une si chère vie,
Peut faire vanité d'un peu de tromperie.

Enfin, lorsqu'OEdipe reconnaît qu'il est le meurtrier de Laïus, Thésée, au lieu de plaindre ce malheureux roi, lui propose un duel pour le lendemain, et il épouse Dircé à la fin de la pièce. Ainsi la passion de Thésée fait tout le sujet de la tragédie, et les malheurs d'OEdipe n'en sont que l'épisode.

Dircé, personnage plus défectueux que Thésée, passe tout son temps à dire des injures à OEdipe et à sa mère : elle dit à Jocaste sans détour qu'elle est indigne de vivre.

Votre second hymen peut avoir d'autres causes :
Mais j'oserai vous dire, à bien juger des choses,
Que, pour avoir puisé la vie en votre flanc,
J'y dois avoir sucé fort peu de votre sang.
Celui du grand Laïus, dont je m'y suis formée,
Trouve bien qu'il est doux d'aimer et d'être aimée ;
Mais il ne trouve pas qu'on soit digne du jour,
Lorsqu'aux soins de sa gloire on préfère l'amour.

Il est étonnant que Corneille, qui a senti ce défaut, ne l'ait connu que pour l'excuser. « Ce « manque de respect, dit-il, de Dircé envers sa « mère, ne peut être une faute de théâtre, puisque « nous ne sommes pas obligés de rendre parfaits « ceux que nous y faisons voir. » Non, sans doute, on n'est pas obligé de faire des gens de bien de tous ses personnages ; mais les bienséances exigent du moins qu'une princesse qui a assez de vertu pour vouloir sauver son peuple aux dépens de sa vie, en ait assez pour ne point dire des injures atroces à sa mère.

Pour Jocaste, dont le rôle devrait être intéressant puisqu'elle partage tous les malheurs d'OEdipe, elle n'en est pas même le témoin ; elle ne paraît point au cinquième acte, lorsqu'OEdipe apprend qu'il est son fils : en un mot, c'est un personnage absolument inutile, qui ne sert qu'à raisonner avec Thésée, et à excuser les insolences de sa fille, qui agit, dit-elle,

En amante à bon titre, en princesse avisée.

Finissons par examiner le rôle d'OEdipe, et avec lui la contexture du poëme.

OEdipe commence par vouloir marier une de ses filles avant que de s'attendrir sur les malheurs des Thébains ; bien plus condamnable en cela que Thésée, qui, n'étant pas comme lui chargé du salut de tout ce peuple, peut sans crime écouter sa passion.

Cependant, comme il fallait bien dire au premier acte, quelque chose du sujet de la pièce, on en touche un mot dans la cinquième scène. OEdipe soupçonne que les dieux sont irrités contre les Thébains, parce que Jocaste avait autrefois fait exposer son fils, et trompé par-là les oracles des dieux qui prédisaient que ce fils tuerait son père et épouserait sa mère.

Il me semble qu'il doit plutôt croire que les dieux sont satisfaits que Jocaste ait étouffé un monstre au berceau; et vraisemblablement ils n'ont prédit les crimes de ce fils qu'afin qu'on l'empêchât de les commettre.

Jocaste soupçonne, avec aussi peu de fondement, que les dieux punissent les Thébains de n'avoir pas vengé la mort de Laïus. Elle prétend qu'on n'a jamais pu venger cette mort; comment donc peut-elle croire que les dieux la punissent de n'avoir pas fait l'impossible?

Avec moins de fondement encore OEdipe répond:

> Pourrons-nous en punir des brigands inconnus,
> Que peut-être jamais en ces lieux on n'a vus?
> Si vous m'avez dit vrai, peut-être ai-je moi-même
> Sur trois de ces brigands vengé le diadème.
> . . . .
> Au lieu même, au temps même, attaqué seul par trois,
> J'en laissai deux sans vie, et mis l'autre aux abois.

OEdipe n'a aucune raison de croire que ces trois voyageurs fussent des brigands, puisqu'au quatrième acte, lorsque Phorbas paraît devant lui, il lui dit:

> Et tu fus un des trois que je sus arrêter
> Dans ce passage étroit qu'il fallut disputer.

S'il les a arrêtés lui-même, et s'il ne les a combattus que parce qu'ils ne voulaient pas lui céder le pas, il n'a point dû les prendre pour des voleurs, qui font ordinairement très peu de cas des cérémonies, et qui songent plutôt à dépouiller les passants qu'à leur disputer le haut du pavé.

Mais il me semble qu'il y a dans cet endroit une faute encore plus grande. OEdipe avoue à Jocaste qu'il s'est battu contre trois inconnus au temps même et au lieu même où Laïus a été tué. Jocaste sait que Laïus n'avait avec lui que deux compagnons de voyage : ne devait-elle pas soupçonner que Laïus est peut-être mort de la main d'OEdipe? Cependant elle ne fait nulle attention à cet aveu, de peur que la pièce ne finisse au premier acte; elle ferme les yeux sur les lumières qu'OEdipe lui donne, et, jusqu'à la fin du quatrième acte, il n'est pas dit un mot de la mort de Laïus, qui pourtant est le sujet de la pièce. Les amours de Thésée et de Dircé occupent toute la scène.

C'est au quatrième acte qu'OEdipe, en voyant Phorbas, s'écrie :

C'est un de mes brigands à la mort échappé,
Madame, et vous pouvez lui choisir des supplices :
S'il n'a tué Laïus, il fut un des complices.

Pourquoi prendre Phorbas pour un brigand? et pourquoi affirmer avec tant de certitude qu'il est complice de la mort de Laïus? Il me paraît que l'OEdipe de Corneille accuse Phorbas avec autant de légèreté que l'OEdipe de Sophocle accuse Créon.

Je ne parle point de l'action gigantesque d'OEdipe qui tue trois hommes tout seul dans Corneille, et qui en tue sept dans Sophocle. Mais il est bien étrange qu'OEdipe se souvienne, après seize ans, de tous les traits de ces trois hommes ; « que l'un « avait le poil noir, la mine assez farouche, le « front cicatrisé, et le regard un peu louche ; que « l'autre avait le teint frais et l'œil perçant, qu'il « était chauve sur le devant et mêlé sur le der- « rière ; » et, pour rendre la chose encore moins vraisemblable, il ajoute :

On en peut voir en moi la taille et quelques traits.

Ce n'était point à OEdipe à parler de cette ressemblance ; c'était à Jocaste, qui, ayant vécu avec l'un et avec l'autre, pouvait en être bien mieux informée qu'OEdipe qui n'a jamais vu Laïus qu'un moment en sa vie. Voilà comme Sophocle a traité cet endroit : mais il fallait que Corneille, ou n'eût point lu du tout Sophocle, ou le méprisât beaucoup, puisqu'il n'a rien emprunté de lui, ni beautés, ni défauts.

Cependant, comment se peut-il faire qu'OEdipe ait tué seul Laïus, et que Phorbas, qui a été blessé à côté de ce roi, dise pourtant qu'il a été tué par des voleurs ? Il était difficile de concilier cette contradiction : et Jocaste, pour toute réponse, dit que

C'est un conte
Dont Phorbas, au retour, voulut cacher sa honte.

Cette petite tromperie de Phorbas devait-elle

être le nœud de la tragédie d'Œdipe? Il s'est pourtant trouvé des gens qui ont admiré cette puérilité; et un homme distingué à la cour par son esprit m'a dit que c'était là le plus bel endroit de Corneille.

Au cinquième acte, Œdipe, honteux d'avoir épousé la veuve d'un roi qu'il a massacré, dit qu'il veut se bannir et retourner à Corinthe; et cependant il envoie chercher Thésée et Dircé,

>   Pour lire dans leur ame
> S'ils prêteraient la main à quelque sourde trame.

Et que lui importent les sourdes trames de Dircé, et les prétentions de cette princesse sur une couronne à laquelle il renonce pour jamais?

Enfin, il me paraît qu'Œdipe apprend avec trop de froideur son affreuse aventure. Je sais qu'il n'est point coupable et que sa vertu peut le consoler d'un crime involontaire; mais s'il a assez de fermeté dans l'esprit pour sentir qu'il n'est que malheureux, doit-il se punir de son malheur? et s'il est assez furieux et assez désespéré pour se crever les yeux, doit-il être assez froid pour dire à Dircé dans un moment si terrible:

> Votre frère est connu; le savez-vous, madame?
> Votre amour pour Thésée est dans un plein repos.
> . . . .
> Aux crimes, malgré moi, l'ordre du ciel m'attache;
> Pour m'y faire tomber, à moi-même il me cache;
> Il offre, en m'aveuglant sur ce qu'il a prédit,
> Mon père à mon épée et ma mère, mon lit.

Hélas! qu'il est bien vrai qu'en vain on s'imagine
Dérober notre vie à ce qu'il nous destine !
Les soins de l'éviter font courir au-devant,
Et l'adresse à le fuir y plonge plus avant.

Doit-il rester sur le théâtre à débiter plus de quatre-vingts vers avec Dircé et avec Thésée qui est un étranger pour lui, tandis que Jocaste, sa femme et sa mère, ne sait encore rien de son aventure, et ne paraît pas sur la scène ?

Voilà à peu près les principaux défauts que j'ai cru apercevoir dans l'OEdipe de Corneille. Je m'abuse peut-être : mais je parle de ses fautes avec la même sincérité que j'admire les beautés qui y sont répandues; et quoique les beaux morceaux de cette pièce me paraissent très inférieurs aux grands traits de ses autres tragédies, je désespère pourtant de les égaler jamais; car ce grand homme est toujours au-dessus des autres, lors même qu'il n'est pas entièrement égal à lui-même.

Je ne parle point de la versification; on sait qu'il n'a jamais fait de vers si faibles et si indignes de la tragédie. En effet Corneille ne connaissait guère la médiocrité, et il tombait dans le bas avec la même facilité qu'il s'élevait au sublime.

J'espère que vous me pardonnerez, monsieur, la témérité avec laquelle je parle, si pourtant c'en est une de trouver mauvais ce qui est mauvais, et de respecter le nom de l'auteur sans en être l'esclave.

Et quelles fautes voudrait-on que l'on relevât ? Seraient-ce celles des auteurs médiocres, dont on ignore tout jusqu'aux défauts? C'est sur les imperfections des grands hommes qu'il faut attacher sa critique; car si le préjugé nous faisait admirer leurs fautes, bientôt nous les imiterions, et il se trouverait peut-être que nous n'aurions pris de ces célèbres écrivains que l'exemple de mal faire.

LETTRE V,

QUI CONTIENT LA CRITIQUE DU NOUVEL OEDIPE.

Monsieur, me voilà enfin parvenu à la partie de ma dissertation la plus aisée, c'est-à-dire à la critique de mon ouvrage : et, pour ne point perdre de temps, je commencerai par le premier défaut, qui est celui du sujet. Régulièrement la pièce d'OEdipe devrait finir au premier acte. Il n'est pas naturel qu'OEdipe ignore comment son prédécesseur est mort. Sophocle ne s'est point mis du tout en peine de corriger cette faute : Corneille, en voulant la sauver, a fait encore plus mal que Sophocle; et je n'ai pas mieux réussi qu'eux. OEdipe, chez moi, parle ainsi à Jocaste :

>On m'avait toujours dit que ce fut un Thébain
>Qui leva sur son prince une coupable main.
>Pour moi, qui sur son trône élevé par vous-même,
>Deux ans après sa mort ai ceint le diadème,
>Madame, jusqu'ici respectant vos douleurs,
>Je n'ai point rappelé le sujet de vos pleurs,
>Et, de vos seuls périls chaque jour alarmée,
>Mon ame à d'autres soins semblait être fermée.

Ce compliment ne me paraît point une excuse valable de l'ignorance d'OEdipe. La crainte de déplaire à sa femme en lui parlant de son premier mari ne doit point du tout l'empêcher de s'informer des circonstances de la mort de son prédécesseur; c'est avoir trop de discrétion et trop peu de curiosité. Il ne lui est pas permis non plus de ne point savoir l'histoire de Phorbas. Un ministre d'état ne saurait jamais être un homme assez obscur pour être en prison plusieurs années sans qu'on en sache rien.

Jocaste a beau dire :

> Dans un château voisin conduit secrètement,
> Je dérobai sa tête à leur emportement.

On voit bien que ces deux vers ne sont mis que pour prévenir la critique; c'est une faute qu'on tâche de déguiser, mais qui n'est pas moins une faute.

Voici un défaut plus considérable, qui n'est pas du sujet, et dont je suis seul responsable; c'est le personnage de Philoctète. Il semble qu'il ne soit venu à Thèbes que pour y être accusé; encore est-il soupçonné peut-être un peu légèrement. Il arrive au premier acte, et s'en retourne au troisième : on ne parle de lui que dans les trois premiers actes, et l'on n'en dit pas un seul mot dans les derniers. Il contribue un peu au nœud de la pièce, et le dénouement se fait absolument sans lui. Ainsi il paraît que ce sont deux tragédies, dont l'une roule sur Philoctète, et l'autre sur OEdipe.

J'ai voulu donner à Philoctète le caractère d'un héros; mais j'ai bien peur d'avoir poussé la grandeur d'ame jusqu'à la fanfaronnade. Heureusement j'ai lu dans madame Dacier qu'un homme peut parler avantageusement de soi, lorsqu'il est calomnié : voilà le cas où se trouve Philoctète; il est réduit par la calomnie à la nécessité de dire du bien de lui-même. Dans une autre occasion, j'aurais tâché de lui donner plus de politesse que de fierté; et s'il s'était trouvé dans les mêmes circonstances que Sertorius et Pompée, j'aurais pris la conversation héroïque de ces deux grands hommes pour modèle, quoique je n'eusse pas espéré de l'atteindre. Mais comme il est dans la situation de Nicomède, j'ai donc cru devoir le faire parler à peu près comme ce jeune prince, et qu'il lui était permis de dire, *Un homme tel que moi*, lorsqu'on l'outrage. Quelques personnes s'imaginent que Philoctète était un pauvre écuyer d'Hercule, qui n'avait d'autre mérite que d'avoir porté ses flèches, et qui veut s'égaler à son maître dont il parle toujours. Cependant il est certain que Philoctète était un prince de la Grèce, fameux par ses exploits, compagnon d'Hercule, et de qui même les dieux avaient fait dépendre le destin de Troie. Je ne sais si je n'en ai point fait en quelques endroits un fanfaron; mais il est certain que c'était un héros.

Pour l'ignorance où il est, en arrivant, des affaires de Thèbes, je ne la trouve pas moins condamnable que celle d'OEdipe. Le mont OEta, où il avait vu mourir Hercule, n'était pas si éloigné de Thèbes qu'il ne pût savoir aisément ce qui se passait dans cette ville. Heureusement cette ignorance vicieuse de Philoctète m'a fourni une exposition du sujet qui m'a paru assez bien reçue; c'est ce qui me persuade que les beautés d'un ouvrage naissent quelquefois d'un défaut.

Dans toutes les tragédies, on tombe dans un écueil tout contraire. L'exposition du sujet se fait ordinairement à un personnage qui en est aussi bien informé que celui qui lui parle. On est obligé, pour mettre les auditeurs au fait, de faire dire aux principaux acteurs ce qu'ils ont dû vraisemblablement déja dire mille fois. Le point de perfection serait de combiner tellement les évènements que l'acteur qui parle n'eût jamais dû dire ce qu'on met dans sa bouche que dans le temps même où il le dit. Telle est, entre autres exemples de cette perfection, la première scène de la tragédie de Bajazet. Acomat ne peut être instruit de ce qui se passe dans l'armée; Osmin ne peut avoir de nouvelles du sérail; ils se font l'un à l'autre des confidences réciproques qui instruisent et qui intéressent également le spectateur : et l'artifice de cette exposition est conduit avec un ménagement dont je crois que Racine seul était capable.

Il est vrai qu'il y a des sujets de tragédie où l'on est tellement gêné par la bizarrerie des évènements qu'il est presque impossible de réduire l'exposition de sa pièce à ce point de sagesse et de vraisemblance. Je crois, pour mon bonheur, que le sujet d'OEdipe est de ce genre; et il me semble que lorsqu'on se trouve si peu maître du terrain, il faut toujours songer à être intéressant plutôt qu'exact: car le spectateur pardonne tout hors la langueur; et lorsqu'il est une fois ému, il examine rarement s'il a raison de l'être.

A l'égard de ce souvenir d'amour entre Jocaste et Philoctète, j'ose encore dire que c'est un défaut nécessaire. Le sujet ne me fournissait rien par lui-même pour remplir les trois premiers actes; à peine même avais-je de la matière pour les deux derniers. Ceux qui connaissent le théâtre, c'est-à-dire ceux qui sentent les difficultés de la composition aussi bien que les fautes, conviendront de ce que je dis. Il faut toujours donner des passions aux principaux personnages. Eh! quel rôle insipide aurait joué Jocaste, si elle n'avait eu du moins le souvenir d'un amour légitime, et si elle n'avait craint pour les jours d'un homme qu'elle avait autrefois aimé?

Il est surprenant que Philoctète aime encore Jocaste après une si longue absence : il ressemble assez aux chevaliers errants dont la profession était d'être toujours fidèles à leurs maîtresses. Mais je ne puis être de l'avis de ceux qui trouvent Jocaste trop âgée pour faire naître encore des passions; elle a pu être mariée si jeune, et il est si souvent répété dans la pièce qu'OEdipe est dans une grande jeunesse, que, sans trop presser les temps, il est aisé de voir qu'elle n'a pas plus de trente-cinq ans. Les femmes seraient bien malheureuses si l'on n'inspirait plus de sentiments à cet âge.

Je veux que Jocaste ait plus de soixante ans dans Sophocle et dans Corneille; la construction de leur fable n'est pas une règle pour la mienne; je ne suis pas obligé d'adopter leurs fictions : et s'il leur a été permis de faire revivre dans plusieurs de leurs pièces des personnes mortes depuis longtemps, et d'en faire mourir d'autres qui étoient encore vivantes, on doit bien me passer d'ôter à Jocaste quelques années.

Mais je m'aperçois que je fais l'apologie de ma pièce, au lieu de la critique que j'en avais promise : revenons vite à la censure.

Le troisième acte n'est point fini; on ne sait pourquoi les acteurs sortent de la scène. OEdipe dit à Jocaste :

Suivez mes pas, rentrons : il faut que j'éclaircisse
Un soupçon que je forme avec trop de justice.
. . . . Suivez-moi,
Et venez dissiper ou combler mon effroi.

Mais il n'y a pas de raison pour qu'OEdipe éclaircisse son doute plutôt derrière le théâtre que sur la scène : aussi, après avoir dit à Jocaste de le suivre, revient-il avec elle le moment d'après, et il n'y a aucune autre distinction entre le troisième et le quatrième acte que le coup d'archet qui les sépare.

La première scène du quatrième acte est celle qui a le plus réussi : mais je ne me reproche pas moins d'avoir fait dire dans cette scène à Jocaste et à OEdipe tout ce qu'ils avaient dû s'apprendre depuis long-temps. L'intrigue n'est fondée que sur une ignorance bien peu vraisemblable : j'ai été obligé de recourir à un miracle pour couvrir ce défaut du sujet.

Je mets dans la bouche d'OEdipe :

Enfin je me souviens qu'aux champs de la Phocide
(Et je ne conçois pas par quel enchantement
J'oubliais jusqu'ici ce grand évènement ;
La main des dieux sur moi si long-temps suspendue
Semble ôter le bandeau qu'ils mettaient sur ma vue)
Dans un chemin étroit je trouvai deux guerriers, etc.

Il est manifeste que c'était au premier acte qu'OEdipe devait raconter cette aventure de la Phocide ; car, dès qu'il apprend de la bouche du grand-prêtre que les dieux demandent la punition du meurtre de Laïus, son devoir est de s'informer scrupuleusement et sans délai de toutes les circonstances de ce meurtre. On doit lui répondre que Laïus a été tué en Phocide, dans un chemin étroit, par deux étrangers ; et lui, qui sait que, dans ce temps-là même, il s'est battu contre deux étrangers en Phocide, doit soupçonner dès ce moment que Laïus a été tué de sa main. Il est triste d'être obligé, pour cacher cette faute, de supposer que la vengeance des dieux ôte dans un temps la mémoire à OEdipe, et la lui rend dans un autre. La scène suivante d'OEdipe et de Phorbas me paraît bien moins intéressante chez moi que dans Corneille. OEdipe, dans ma pièce, est déja instruit de son malheur avant que Phorbas achève de l'en persuader : Phorbas ne laisse l'esprit du spectateur dans aucune incertitude, il ne lui inspire aucune surprise, il ne doit donc point l'intéresser. Dans Corneille, au contraire, OEdipe, loin de se douter d'être le meurtrier de Laïus, croit en être le vengeur, et il se convainc lui-même en voulant convaincre Phorbas. Cet artifice de Corneille serait admirable, si OEdipe avait quelque lieu de croire que Phorbas est coupable, et si le nœud de la pièce n'était pas fondé sur un mensonge puéril.

C'est un conte
Dont Phorbas, au retour, voulut cacher sa honte.

Je ne pousserai pas plus loin la critique de mon ouvrage ; il me semble que j'en ai reconnu les défauts les plus importants. On ne doit pas en exiger davantage d'un auteur, et peut-être un censeur ne m'aurait-il pas plus maltraité. Si l'on me demande pourquoi je n'ai pas corrigé ce que je condamne, je répondrai qu'il y a souvent dans un ouvrage des défauts qu'on est obligé de laisser malgré soi; et d'ailleurs il y a peut-être autant d'honneur à avouer ses fautes qu'à les corriger : j'ajouterai en-

core que j'en ai ôté autant qu'il en reste. Chaque représentation de mon OEdipe était pour moi un examen sévère où je recueillais les suffrages et les cen-
sures du public, et j'étudiais son goût pour former
le mien. Il faut que j'avoue que monseigneur le
prince de Conti est celui qui m'a fait les critiques
les plus judicieuses et les plus fines. S'il n'était
qu'un particulier, je me contenterais d'admirer
son discernement; mais puisqu'il est élevé au-dessus des autres autant par son rang que par son esprit, j'ose ici le supplier d'accorder sa protection
aux belles lettres dont il a tant de connaissance.

J'oubliais de dire que j'ai pris deux vers dans
l'OEdipe de Corneille. L'un est au premier acte :

Ce monstre à voix humaine, aigle, femme et lion :

L'autre est au dernier acte ; c'est une traduction de
Sénèque :

Nec vivis mistus, nec sepultis :
Et le sort qui l'accable,
Des morts et des vivants semble le séparer.

Je n'ai point fait scrupule de voler ces deux
vers, parce qu'ayant précisément la même chose à
dire que Corneille, il m'était impossible de l'exprimer mieux ; et j'ai mieux aimé donner deux
bons vers de lui, que d'en donner deux mauvais
de moi.

Il me reste à parler de quelques rimes que j'ai
hasardées dans ma tragédie. J'ai fait rimer *héros* à
tombeaux; contagion à *poison*, etc. Je ne défends

point ces rimes parce que je les ai employées; mais je ne m'en suis servi que parce que je les ai crues bonnes. Je ne puis souffrir qu'on sacrifie à la richesse de la rime toutes les autres beautés de la poésie, et qu'on cherche plutôt à plaire à l'oreille qu'au cœur et à l'esprit. On pousse même la tyrannie jusqu'à exiger qu'on rime pour les yeux encore plus que pour les oreilles. *Je ferois, j'aimerois*, etc., ne se prononcent point autrement que *traits* et *attraits*; cependant on prétend que ces mots ne riment point ensemble, parce qu'un mauvais usage veut qu'on les écrive différemment. M. Racine avait mis dans son Andromaque :

M'en croirez-vous? lassé de ses trompeurs attraits,
Au lieu de l'enlever, seigneur, je la fuirois.

Le scrupule lui prit, et il ôta la rime *fuirois* qui me paraît, à ne consulter que l'oreille, beaucoup plus juste que celle de *jamais* qu'il lui substitua.

La bizarrerie de l'usage, ou plutôt des hommes qui l'établissent, est étrange sur ce sujet comme sur bien d'autres. On permet que le mot *abhorre*, qui a deux *r*, rime avec *encore* qui n'en a qu'une. Par la même raison, *tonnerre* et *terre* devraient rimer avec *père* et *mère* : cependant on ne le souffre pas, et personne ne réclame contre cette injustice.

Il me paraît que la poésie française y gagnerait beaucoup, si l'on voulait secouer le joug de cet usage déraisonnable et tyrannique. Donner aux auteurs de nouvelles rimes, ce serait leur donner de nouvelles pensées; car l'assujettissement à la rime fait que souvent on ne trouve dans la langue qu'un seul mot qui puisse finir un vers : on ne dit presque jamais ce qu'on voulait dire; on ne peut se servir du mot propre; et l'on est obligé de chercher une pensée pour la rime, parce qu'on ne peut trouver de rime pour exprimer ce que l'on pense.

C'est à cet esclavage qu'il faut imputer plusieurs impropriétés qu'on est choqué de rencontrer dans nos poëtes les plus exacts. Les auteurs sentent encore mieux que les lecteurs la dureté de cette contrainte, et ils n'osent s'en affranchir. Pour moi, dont l'exemple ne tire point à conséquence, j'ai tâché de regagner un peu de liberté; et si la poésie occupe encore mon loisir, je préférerai toujours les choses aux mots, et la pensée à la rime.

LETTRE VI,

QUI CONTIENT UNE DISSERTATION SUR LES CHŒURS.

Monsieur, il ne me reste plus qu'à parler du chœur que j'introduis dans ma pièce. J'en ai fait un personnage qui paraît à son rang comme les autres acteurs, et qui se montre quelquefois sans parler, seulement pour jeter plus d'intérêt dans la scène, et pour ajouter plus de pompe au spectacle.

Comme on croit d'ordinaire que la route qu'on

a tenue était la seule qu'on devait prendre, je m'imagine que la manière dont j'ai hasardé les chœurs est la seule qui pouvait réussir parmi nous.

Chez les anciens le chœur remplissait l'intervalle des actes et paraissait toujours sur la scène. Il y avait à cela plus d'un inconvénient; car, ou il parlait dans les entr'actes de ce qui s'était passé dans les actes précédents, et c'était une répétition fatigante; ou il prévenait de ce qui devait arriver dans les actes suivants, et c'était une annonce qui pouvait dérober le plaisir de la surprise; ou enfin il était étranger au sujet, et par conséquent il devait ennuyer.

La présence continuelle du chœur dans la tragédie me paraît encore plus impraticable. L'intrigue d'une pièce intéressante exige d'ordinaire que les principaux acteurs aient des secrets à se confier. Eh! le moyen de dire son secret à tout un peuple? C'est une chose plaisante de voir Phèdre, dans Euripide, avouer à une troupe de femmes un amour incestueux, qu'elle doit craindre de s'avouer à elle-même. On demandera peut-être comment les anciens pouvaient conserver si scrupuleusement un usage si sujet au ridicule : c'est qu'ils étaient persuadés que le chœur était la base et le fondement de la tragédie. Voilà bien les hommes, qui prennent presque toujours l'origine d'une chose pour l'essence de la chose même. Les anciens savaient que ce spectacle avait commencé par une troupe de paysans ivres qui chantaient les louanges de Bacchus, et ils voulaient que le théâtre fût toujours rempli d'une troupe d'acteurs qui, en chantant les louanges des dieux, rappelassent l'idée que le peuple avait de l'origine de la tragédie. Long-temps même le poëme dramatique ne fut qu'un simple chœur; les personnages qu'on y ajouta ne furent regardés que comme des épisodes; et il y a encore aujourd'hui des savants qui ont le courage d'assurer que nous n'avons aucune idée de la véritable tragédie, depuis que nous en avons banni les chœurs. C'est comme si, dans une même pièce, on voulait que nous missions Paris, Londres, et Madrid, sur le théâtre, parce que nos pères en usaient ainsi lorsque la comédie fut établie en France.

M. Racine, qui a introduit des chœurs dans Athalie et dans Esther, s'y est pris avec plus de précaution que les Grecs; il ne les a guère fait paraître que dans les entr'actes; encore a-t-il eu bien de la peine à le faire avec toute la vraisemblance qu'exige toujours l'art du théâtre.

A quel propos faire chanter une troupe de Juives lorsqu'Esther a raconté ses aventures à Élise? Il faut nécessairement, pour amener cette musique, qu'Esther leur ordonne de lui chanter quelque air.

Mes filles, chantez-nous quelqu'un de ces cantiques...

Je ne parle pas du bizarre assortiment du chant

et de la déclamation dans une même scène; mais du moins il faut avouer que des moralités mises en musique doivent paraître bien froides après ces dialogues pleins de passion qui font le caractère de la tragédie. Un chœur serait bien mal venu après la déclaration de Phèdre, ou après la conversation de Sévère et de Pauline.

Je croirai donc toujours, jusqu'à ce que l'évènement me détrompe, qu'on ne peut hasarder le chœur dans une tragédie qu'avec la précaution de l'introduire à son rang, et seulement lorsqu'il est nécessaire pour l'ornement de la scène; encore n'y a-t-il que très peu de sujets où cette nouveauté puisse être reçue. Le chœur serait absolument déplacé dans Bajazet, dans Mithridate, dans Britannicus, et généralement dans toutes les pièces dont l'intrigue n'est fondée que sur les intérêts de quelques particuliers; il ne peut convenir qu'à des pièces où il s'agit du salut de tout un peuple.

Les Thébains sont les premiers intéressés dans le sujet de ma tragédie; c'est de leur mort ou de leur vie dont il s'agit; et il n'est pas hors des bienséances de faire paraître quelquefois sur la scène ceux qui ont le plus d'intérêt de s'y trouver.

LETTRE VII,

A L'OCCASION DE PLUSIEURS CRITIQUES QU'ON A FAITES D'ŒDIPE.

Monsieur, on vient de me montrer une critique de mon Œdipe, qui, je crois, sera imprimée avant que cette seconde édition puisse paraître. J'ignore quel est l'auteur de cet ouvrage. Je suis fâché qu'il me prive du plaisir de le remercier des éloges qu'il me donne avec bonté, et des critiques qu'il fait de mes fautes avec autant de discernement que de politesse.

J'avais déjà reconnu, dans l'examen que j'ai fait de ma tragédie, une bonne partie des défauts que l'observateur relève; mais je me suis aperçu qu'un auteur s'épargne toujours quand il se critique lui-même, et que le censeur veille lorsque l'auteur s'endort. Celui qui me critique a vu sans doute mes fautes d'un œil plus éclairé que moi: cependant je ne sais si, comme j'ai été un peu indulgent, il n'est pas quelquefois un peu trop sévère. Son ouvrage m'a confirmé dans l'opinion où je suis que le sujet d'Œdipe est un des plus difficiles qu'on ait jamais mis au théâtre. Mon censeur me propose un plan sur lequel il voudrait que j'eusse composé ma pièce : c'est au public à en juger; mais je suis persuadé que si j'avais travaillé sur le modèle qu'il me présente, on ne m'aurait pas fait même l'honneur de me critiquer. J'avoue qu'en substituant, comme il le veut, Créon à Philoctète, j'aurais peut-être donné plus d'exactitude à mon ouvrage; mais Créon aurait été un personnage bien froid, et j'aurais trouvé par là le secret d'être à la fois ennuyeux et irrépréhensible.

On m'a parlé de quelques autres critiques : ceux qui se donnent la peine de les faire me feront toujours beaucoup d'honneur et même de plaisir quand ils daigneront me les montrer. Si je ne puis à présent profiter de leurs observations, elles m'éclaireront du moins pour les premiers ouvrages que je pourrai composer, et me feront marcher d'un pas plus sûr dans cette carrière dangereuse.

On m'a fait apercevoir que plusieurs vers de ma pièce se trouvaient dans d'autres pièces de théâtre. Je dis qu'on m'en a fait apercevoir; car, soit qu'ayant la tête remplie de vers d'autrui j'aie cru travailler d'imagination quand je ne travaillais que de mémoire, soit qu'on se rencontre quelquefois dans les mêmes pensées et dans les mêmes tours, il est certain que j'ai été plagiaire sans le savoir; et que, hors ces deux beaux vers de Corneille que j'ai pris hardiment, et dont je parle dans mes lettres, je n'ai eu dessein de voler personne.

Il y a dans les Horaces :

Est-ce vous, Curiace ? en croirai-je mes yeux ?

Et dans ma pièce il y avait :

Est-ce vous, Philoctète ? en croirai-je mes yeux ?

J'espère qu'on me fera l'honneur de croire qui

j'aurais bien trouvé tout seul un pareil vers. Je l'ai changé cependant, aussi-bien que plusieurs autres, et je voudrais que tous les défauts de mon ouvrage fussent aussi aisés à corriger que celui-là.

On m'apporte en ce moment une nouvelle critique de mon OEdipe : celle-ci me paraît moins instructive que l'autre, mais beaucoup plus maligne. La première est d'un religieux, à ce qu'on vient de me dire; la seconde est d'un homme de lettres : et, ce qui est assez singulier, c'est que le religieux possède mieux le théâtre, et l'autre le sarcasme. Le premier a voulu m'éclairer, et y a réussi ; le second a voulu m'outrager, mais il n'en est point venu à bout. Je lui pardonne sans peine ses injures en faveur de quelques traits ingénieux et plaisants dont son ouvrage m'a paru semé. Ses railleries m'ont plus diverti qu'elles ne m'ont offensé ; et même, de tous ceux qui ont vu cette satire en manuscrit, je suis celui qui en ai jugé le plus avantageusement. Peut-être ne l'ai-je trouvée bonne que par la crainte où j'étais de succomber à la tentation de la trouver mauvaise : le public jugera de son prix.

Ce censeur assure dans son ouvrage que ma tragédie languira tristement dans la boutique de Ribou, lorsque sa lettre aura dessillé les yeux du public. Heureusement il empêche lui-même le mal qu'il me veut faire. Si sa satire est bonne, tous ceux qui la liront auront quelque curiosité de voir la tragédie qui en est l'objet ; et au lieu que les pièces de théâtre font vendre d'ordinaire leurs critiques, cette critique fera vendre mon ouvrage. Je lui aurai la même obligation qu'Escobar eut à Pascal. Cette comparaison me paraît assez juste; car ma poésie pourrait bien être aussi relâchée que la morale d'Escobar; et il y a dans la satire de ma pièce quelques traits qui sont peut-être dignes des Lettres provinciales, du moins par la malignité.

Je reçois une troisième critique : celle-ci est si misérable que je n'en puis moi-même soutenir la lecture. On m'en promet encore deux autres. Voilà bien des ennemis : si je fais encore une tragédie, où fuirai-je ?

LETTRE

AU P. PORÉE, JÉSUITE.

Je vous envoie, mon cher père [1], la nouvelle édition qu'on vient de faire de la tragédie d'OEdipe. J'ai eu soin d'effacer, autant que je l'ai pu, les couleurs fades d'un amour déplacé, que j'avais mêlées malgré moi aux traits mâles et terribles que ce sujet exige.

Je veux d'abord que vous sachiez pour ma justification, que, tout jeune que j'étais quand je fis l'OEdipe, je le composai à peu près tel que vous le voyez aujourd'hui : j'étais plein de la lecture

---

[1] Cette lettre a été trouvée dans les papiers du P. Porée après sa mort.

des anciens et de vos leçons, et je connaissais fort peu le théâtre de Paris; je travaillai à peu près comme si j'avais été à Athènes. Je consultai M. Dacier, qui était du pays: il me conseilla de mettre un chœur dans toutes les scènes, à la manière des Grecs. C'était me conseiller de me promener dans Paris avec la robe de Platon. J'eus bien de la peine seulement à obtenir que les comédiens de Paris voulussent exécuter les chœurs qui paraissent trois ou quatre fois dans la pièce; j'en eus bien davantage à faire recevoir une tragédie presque sans amour. Les comédiennes se moquèrent de moi quand elles virent qu'il n'y avait point de rôle pour l'amoureuse. On trouva la scène de la double confidence entre OEdipe et Jocaste, tirée en partie de Sophocle, tout-à-fait insipide. En un mot, les acteurs, qui étaient dans ce temps-là petits-maîtres et grands seigneurs, refusèrent de représenter l'ouvrage.

J'étais extrêmement jeune; je crus qu'ils avaient raison: je gâtai ma pièce, pour leur plaire, en affadissant par des sentiments de tendresse un sujet qui le comporte si peu. Quand on vit un peu d'amour, on fut moins mécontent de moi; mais on ne voulut point du tout de cette grande scène entre Jocaste et OEdipe: on se moqua de Sophocle et de son imitateur. Je tins bon; je dis mes raisons, j'employai des amis; enfin ce ne fut qu'à force de protections que j'obtins qu'on jouerait OEdipe.

Il y avait un acteur, nommé Quinault, qui dit tout haut que, pour me punir de mon opiniâtreté, il fallait jouer la pièce telle qu'elle était, avec ce mauvais quatrième acte tiré du grec. On me regardait d'ailleurs comme un téméraire d'oser traiter un sujet où P. Corneille avait si bien réussi. On trouvait alors l'OEdipe de Corneille excellent : je le trouvais un fort mauvais ouvrage, et je n'osais le dire ; je ne le dis enfin qu'au bout de dix ans, quand tout le monde est de mon avis.

Il faut souvent bien du temps pour que justice soit rendue : on l'a faite un peu plus tôt aux deux OEdipes de M. de la Motte. Le révérend P. de Tournemine a dû vous communiquer la petite préface dans laquelle je lui livre bataille. M. de la Motte a bien de l'esprit : il est un peu comme cet athlète grec qui, quand il était terrassé, prouvait qu'il avait le dessus.

Je ne suis de son avis sur rien ; mais vous m'avez appris à faire une guerre d'honnête homme. J'écris avec tant de civilité contre lui, que je l'ai demandé lui-même pour examinateur de cette préface, où je tâche de lui prouver son tort à chaque ligne ; et il a lui-même approuvé ma petite dissertation polémique. Voilà comme les gens de lettres devraient se combattre ; voilà comme ils en useraient, s'ils avaient été à votre école ; mais ils sont d'ordinaire plus mordants que des avocats, et plus emportés que des jansénistes. Les lettres humaines sont devenues très inhumaines ;

on injurie, on cabale, on calomnie, on fait des couplets. Il est plaisant qu'il soit permis de dire aux gens par écrit ce qu'on n'oserait pas leur dire en face! Vous m'avez appris, mon cher père, à fuir ces bassesses, et à savoir vivre comme à savoir écrire.

>Les Muses, filles du ciel,
>Sont des sœurs sans jalousie:
>Elles vivent d'ambrosie,
>Et non d'absinthe et de fiel;
>Et quand Jupiter appelle
>Leur assemblée immortelle
>Aux fêtes qu'il donne aux dieux,
>Il défend que le Satyre
>Trouble les sons de leur lyre
>Par ses sons audacieux.

Adieu, mon cher et révérend père: je suis pour jamais à vous et aux vôtres avec la tendre reconnaissance que je vous dois, et que ceux qui ont été élevés par vous ne conservent pas toujours, etc.

A Paris, le 7 janvier 1729.

BRUTUS,
TRAGÉDIE,

Représentée, pour la première fois, le 11 décembre 1730.

DISCOURS
SUR LA TRAGÉDIE,
A MYLORD BOLINGBROKE.

Si je dédie à un Anglais un ouvrage représenté à Paris, ce n'est pas, mylord, qu'il n'y ait aussi dans ma patrie des juges très éclairés, et d'excellents esprits auxquels j'eusse pu rendre cet hommage; mais vous savez que la tragédie de Brutus est née en Angleterre. Vous vous souvenez que lorsque j'étais retiré à Wandsworth, chez mon ami M. Falkener, ce digne et vertueux citoyen, je m'occupai chez lui à écrire en prose anglaise le premier acte de cette pièce, à peu près tel qu'il est aujourd'hui en vers français. Je vous en parlais quelquefois, et nous nous étonnions qu'aucun Anglais n'eût traité ce sujet, qui, de tous, est peut-être le plus convenable à votre théâtre [1]. Vous m'encouragiez à continuer un ouvrage susceptible de si grands sentiments. Souffrez donc que je vous présente Brutus, quoique écrit dans une autre langue, *docte sermones utriusque linguæ*, à vous qui me donneriez des leçons de français aussi-bien que d'anglais, à vous qui m'apprendriez

---

[1] Il y a un Brutus d'un auteur nommé Lée; mais c'est un ouvrage ignoré, qu'on ne représente jamais à Londres.

du moins à rendre à ma langue cette force et cette énergie qu'inspire la noble liberté de penser : car les sentiments vigoureux de l'ame passent toujours dans le langage; et qui pense fortement parle de même.

Je vous avoue, mylord, qu'à mon retour d'Angleterre, où j'avais passé près de deux années dans une étude continuelle de votre langue, je me trouvai embarrassé lorsque je voulus composer une tragédie française. Je m'étais presque accoutumé à penser en anglais; je sentais que les termes de ma langue ne venaient plus se présenter à mon imagination avec la même abondance qu'auparavant : c'était comme un ruisseau dont la source avait été détournée; il me fallut du temps et de la peine pour le faire couler dans son premier lit. Je compris bien alors que pour réussir dans un art, il le faut cultiver toute sa vie.

Ce qui m'effraya le plus en rentrant dans cette carrière, ce fut la sévérité de notre poésie, et l'esclavage de la rime. Je regrettais cette heureuse liberté que vous avez d'écrire vos tragédies en vers non rimés; d'allonger et surtout d'accourcir presque tous vos mots; de faire enjamber les vers les uns sur les autres, et de créer, dans le besoin, des termes nouveaux, qui sont toujours adoptés chez vous lorsqu'ils sont sonores, intelligibles et nécessaires. Un poëte anglais, disais-je, est un homme libre qui asservit sa langue à son génie; le Français est un esclave de la rime, obligé de faire quelquefois quatre vers pour exprimer une pensée qu'un Anglais peut rendre en une seule ligne. L'Anglais dit tout ce qu'il veut, le Français ne dit que ce qu'il peut; l'un court dans une carrière vaste, et l'autre marche avec des entraves dans un chemin glissant et étroit.

Malgré toutes ces réflexions et toutes ces plaintes, nous ne pourrons jamais secouer le joug de la rime; elle est essentielle à la poésie française. Notre langue ne comporte que peu d'inversions; nos vers ne souffrent point d'enjambement, du moins cette liberté est très rare; nos syllabes ne peuvent produire une harmonie sensible par leurs mesures longues ou brèves; nos césures et un certain nombre de pieds ne suffiraient pas pour distinguer la prose d'avec la versification : la rime est donc nécessaire aux vers français. De plus, tant de grands maîtres qui ont fait des vers rimés, tels que les Corneille, les Racine, les Despréaux, ont tellement accoutumé nos oreilles à cette harmonie, que nous n'en pourrions pas supporter d'autres; et, je le répète encore, quiconque voudrait se délivrer d'un fardeau qu'a porté le grand Corneille, serait regardé avec raison, non pas comme un génie hardi qui s'ouvre une route nouvelle, mais comme un homme très faible qui ne peut marcher dans l'ancienne carrière.

On a tenté de nous donner des tragédies en prose; mais je ne crois pas que cette entreprise puisse désormais réussir : qui a le plus ne saurait se contenter du moins. On sera toujours mal venu à dire au public, je viens diminuer votre plaisir. Si, au milieu des tableaux de Rubens ou de Paul-Véronèse, quelqu'un venait placer ses dessins au crayon, n'aurait-il pas tort de s'égaler à ces peintres? On est accoutumé dans les fêtes à des danses et à des chants; serait-ce assez de marcher et de parler, sous prétexte qu'on marcherait et qu'on parlerait bien, et que cela serait plus aisé et plus naturel?

Il y a grande apparence qu'il faudra toujours des vers sur tous les théâtres tragiques, et, de plus, toujours des rimes sur le nôtre. C'est même à cette contrainte de la rime et à cette sévérité extrême de notre versification que nous devons ces excellents ouvrages que nous avons dans notre langue. Nous voulons que la rime ne coûte jamais rien aux pensées, qu'elle ne soit ni triviale ni trop recherchée; nous exigeons rigoureusement dans un vers la même pureté, la même exactitude que dans la prose. Nous ne permettons pas la moindre licence; nous demandons qu'un auteur porte sans discontinuer toutes ces chaînes, et cependant qu'il paraisse toujours libre; et nous ne reconnaissons pour poëtes, que ceux qui ont rempli toutes ces conditions.

Voilà pourquoi il est plus aisé de faire cent vers en toute autre langue, que quatre vers en français. L'exemple de notre abbé Regnier Desmarais, de l'académie française et de celle de la Crusca, en est une preuve bien évidente : il traduisit Anacréon en italien avec succès, et ses vers français sont, à l'exception de deux ou trois quatrains, au rang des plus médiocres. Notre Ménage était dans le même cas. Combien de nos beaux esprits ont fait de très beaux vers latins, et n'ont pu être supportables en leur langue !

Je sais combien de disputes j'ai essuyées sur notre versification en Angleterre, et quels reproches me fait souvent le savant évêque de Rochester sur cette contrainte puérile, qu'il prétend que nous nous imposons de gaieté de cœur. Mais soyez persuadé, mylord, que plus un étranger connaîtra notre langue, et plus il se réconciliera avec cette rime qui l'effraie d'abord. Non seulement elle est nécessaire à notre tragédie, mais elle embellit nos comédies mêmes. Un bon mot en vers en est retenu plus aisément : les portraits de la vie humaine seront toujours plus frappants en vers qu'en prose ; et qui dit *vers* en français dit nécessairement des vers rimés : en un mot, nous avons des comédies en prose du célèbre Molière, que l'on a été obligé de mettre en vers après sa mort, et qui ne sont plus jouées que de cette manière nouvelle.

Ne pouvant, mylord, hasarder sur le théâtre français des vers non rimés, tels qu'ils sont en usage en Italie et en Angleterre, j'aurais du moins voulu transporter sur notre scène certaines beautés de la vôtre. Il est vrai, et je l'avoue, que le théâtre anglais est bien défectueux. J'ai entendu de votre bouche que vous n'aviez pas une bonne tragédie ; mais en récompense, dans ces pièces si monstrueuses, vous avez des scènes admirables. Il a manqué jusqu'à présent à presque tous les auteurs tragiques de votre nation cette pureté, cette conduite régulière, ces bienséances de l'action et du style, cette élégance, et toutes ces finesses de l'art qui ont établi la réputation du théâtre français depuis le grand Corneille ; mais vos pièces les plus irrégulières ont un grand mérite, c'est celui de l'action.

Nous avons en France des tragédies estimées, qui sont plutôt des conversations qu'elles ne sont la représentation d'un évènement. Un auteur italien m'écrivait dans une lettre sur les théâtres : « Un critico del nostro Pastor Fido disse, che quel « componimento era un riassunto di bellissimi madrigali ; credo, se vivesse, che direbbe delle « tragedie francese, che sono un riassunto di belle « elegie e sontuosi epitalami. » J'ai bien peur que cet Italien n'ait trop raison. Notre délicatesse excessive nous force quelquefois à mettre en récit ce que nous voudrions exposer aux yeux. Nous craignons de hasarder sur la scène des spectacles nouveaux devant une nation accoutumée à tourner en ridicule tout ce qui n'est pas d'usage.

L'endroit où l'on joue la comédie, et les abus qui s'y sont glissés, sont encore une cause de cette sécheresse qu'on peut reprocher à quelques-unes de nos pièces. Les bancs qui sont sur le théâtre, destinés aux spectateurs, rétrécissent la scène, et rendent toute action presque impraticable [1]. Ce défaut est cause que les décorations, tant recommandées par les anciens, sont rarement convenables à la pièce. Il empêche surtout que les acteurs ne passent d'un appartement dans un autre aux yeux des spectateurs, comme les Grecs et les Romains le pratiquaient sagement, pour conserver à la fois l'unité de lieu et la vraisemblance.

Comment oserions-nous sur nos théâtres faire paraître, par exemple, l'ombre de Pompée, ou le génie de Brutus, au milieu de tant de jeunes gens qui ne regardent jamais les choses les plus sérieuses que comme l'occasion de dire un bon mot? Comment apporter au milieu d'eux sur la scène le corps de Marcus devant Caton son père, qui s'écrie: « Heureux jeune homme, tu es mort pour ton pays! « O mes amis, laissez-moi compter ces glorieuses « blessures! Qui ne voudrait mourir ainsi pour la « patrie? Pourquoi n'a-t-on qu'une vie à lui sacri- « fier?.... Mes amis, ne pleurez point ma perte, « ne regrettez point mon fils; pleurez Rome : la « maîtresse du monde n'est plus. O liberté! ô ma « patrie! ô vertu! etc. » Voilà ce que feu M. Addisson ne craignit point de faire représenter à Londres; voilà ce qui fut joué, traduit en italien,

---

[1] Enfin ces plaintes réitérées de M. de Voltaire ont opéré la réforme du théâtre en France, et ces abus ne subsistent plus.

dans plus d'une ville d'Italie. Mais si nous hasardions à Paris un tel spectacle, n'entendez-vous pas déja le parterre qui se récrie, et ne voyez-vous pas nos femmes qui détournent la tête?

Vous n'imagineriez pas à quel point va cette délicatesse. L'auteur de notre tragédie de Manlius prit son sujet de la pièce anglaise de M. Otway, ntitulée Venise sauvée. Le sujet est tiré de l'histoire de la conjuration du marquis de Bedmar, écrite par l'abbé de Saint-Réal ; et permettez-moi de dire en passant que ce morceau d'histoire, égal peut-être à Salluste, est fort au-dessus de la pièce d'Otway et de notre Manlius. Premièrement, vous remarquez le préjugé qui a forcé l'auteur français à déguiser sous des noms romains une aventure connue, que l'anglais a traitée naturellement sous les noms véritables. On n'a point trouvé ridicule au théâtre de Londres qu'un ambassadeur espagnol s'appelât Bedmar, et que des conjurés eussent le nom de Jaffier, de Jacques-Pierre, d'Elliot ; cela seul en France eût pu faire tomber la pièce.

Mais voyez qu'Otway ne craint point d'assembler tous les conjurés. Renaud prend leur serment, assigne à chacun son poste, prescrit l'heure du carnage, et jette de temps en temps des regards inquiets et soupçonneux sur Jaffier dont il se défie. Il leur fait à tous ce discours pathétique, traduit mot pour mot de l'abbé de Saint-Réal :
« Jamais repos si profond ne précéda un trouble

« si grand. Notre bonne destinée a aveuglé les plus
« clairvoyants de tous les hommes, rassuré les plus
« timides, endormi les plus soupçonneux, con-
« fondu les plus subtils : nous vivons encore, mes
« chers amis ; nous vivons, et notre vie sera bien-
« tôt funeste aux tyrans de ces lieux, etc. »

Qu'a fait l'auteur français ? il a craint de hasarder tant de personnages sur la scène ; il se contente
de faire réciter par Rénaud, sous le nom de Rutile,
une faible partie de ce même discours, qu'il vient,
dit-il, de tenir aux conjurés. Ne sentez-vous pas,
par ce seul exposé, combien cette scène anglaise
est au-dessus de la française, la pièce d'Otway fût-
elle d'ailleurs monstrueuse ?

Avec quel plaisir n'ai-je point vu à Londres
votre tragédie de Jules César, qui depuis cent cin-
quante années fait les délices de votre nation ! Je
ne prétends pas assurément approuver les irrégu-
larités barbares dont elle est remplie ; il est seulement étonnant qu'il ne s'en trouve pas davantage
dans un ouvrage composé dans un siècle d'ignorance, par un homme qui même ne savait pas le
latin, et qui n'eut de maître que son génie. Mais,
au milieu de tant de fautes grossières, avec quel
ravissement je voyais Brutus, tenant encore un
poignard teint du sang de César, assembler le peuple romain, et lui parler ainsi du haut de la tribune aux harangues :

« Romains, compatriotes, amis ; s'il est quel-
« qu'un de vous qui ait été attaché à César, qu'il

« sache que Brutus ne l'était pas moins : Oui, je
« l'aimais, Romains ; et si vous me demandez
« pourquoi j'ai versé son sang, c'est que j'aimais
« Rome davantage. Voudriez-vous voir César vi-
« vant, et mourir ses esclaves, plutôt que d'ache-
« ter votre liberté par sa mort? César était mon
« ami, je le pleure ; il était heureux, j'applaudis
« à ses triomphes ; il était vaillant, je l'honore ;
« mais il était ambitieux, je l'ai tué. Y a-t-il quel-
« qu'un parmi vous assez lâche pour regretter la
« servitude ? S'il en est un seul, qu'il parle, qu'il
« se montre ; c'est lui que j'ai offensé : y a-t-il
« quelqu'un assez infâme pour oublier qu'il est
« Romain ? qu'il parle ; c'est lui seul qui est mon
« ennemi. »

CHŒUR DES ROMAINS.

« Personne, non, Brutus, personne.

BRUTUS.

« Ainsi donc je n'ai offensé personne. Voici le
« corps du dictateur qu'on vous apporte ; les der-
« niers devoirs lui seront rendus par Antoine, par
« cet Antoine qui, n'ayant point eu de part au
« châtiment de César, en retirera le même avan-
« tage que moi : et que chacun de vous sente le
« bonheur inestimable d'être libre. Je n'ai plus
« qu'un mot à vous dire : J'ai tué de cette main
« mon meilleur ami pour le salut de Rome ; je
« garde ce même poignard pour moi, quand Rome
« demandera ma vie.

LE CHŒUR.

« Vivez, Brutus, vivez à jamais ! »

Après cette scène, Antoine vient émouvoir de pitié ces mêmes Romains à qui Brutus avait inspiré sa rigueur et sa barbarie. Antoine, par un discours artificieux, ramène insensiblement ces esprits superbes ; et quand il les voit radoucis, alors il leur montre le corps de César, et se servant des figures les plus pathétiques, il les excite au tumulte et à la vengeance. Peut-être les Français ne souffriraient pas que l'on fît paraître sur les théâtres un chœur composé d'artisans et de plébéiens romains ; que le corps sanglant de César y fût exposé aux yeux du peuple, et qu'on excitât ce peuple à la vengeance du haut de la tribune aux harangues : c'est à la coutume, qui est la reine de ce monde, à changer le goût des nations, et à tourner en plaisir les objets de notre aversion.

Les Grecs ont hasardé des spectacles non moins révoltants pour nous. Hippolyte, brisé par sa chute, vient compter ses blessures et pousser des cris douloureux. Philoctète tombe dans ses accès de souffrance ; un sang noir coule de sa plaie. OEdipe, couvert du sang qui dégoutte encore des restes de ses yeux qu'il vient d'arracher, se plaint des dieux et des hommes. On entend les cris de Clytemnestre que son propre fils égorge ; et Électre crie sur le théâtre : « Frappez, ne l'épargnez pas, « elle n'a pas épargné notre père. » Prométhée est attaché sur un rocher avec des clous qu'on lui enfonce dans l'estomac et dans les bras. Les furies répondent à l'ombre sanglante de Clytemnestre par des hurlements sans aucune articulation. Beaucoup de tragédies grecques, en un mot, sont remplies de cette terreur portée à l'excès.

Je sais bien que les tragiques grecs, d'ailleurs supérieurs aux anglais, ont erré en prenant souvent l'horreur pour la terreur, et le dégoûtant et l'incroyable pour le tragique et le merveilleux. L'art était dans son enfance du temps d'Eschyle, comme à Londres du temps de Shakespeare; mais, parmi les grandes fautes des poëtes grecs, et même des vôtres, on trouve un vrai pathétique et de singulières beautés; et si quelques Français qui ne connaissent les tragédies et les mœurs étrangères que par des traductions et sur des ouï-dire, les condamnent sans aucune restriction, ils sont, ce me semble, comme des aveugles qui assureraient qu'une rose ne peut avoir de couleurs vives, parce qu'ils en compteraient les épines à tâtons. Mais si les Grecs et vous, vous passez les bornes de la bienséance, et si les Anglais surtout ont donné des spectacles effroyables, voulant en donner de terribles; nous autres Français, aussi scrupuleux que vous avez été téméraires, nous nous arrêtons trop, de peur de nous emporter, et quelquefois nous n'arrivons pas au tragique, dans la crainte d'en passer les bornes.

Je suis bien loin de proposer que la scène devienne un lieu de carnage, comme elle l'est dans

Shakespeare, et dans ses successeurs, qui, n'ayant pas son génie, n'ont imité que ses défauts; mais j'ose croire qu'il y a des situations qui ne paraissent encore que dégoûtantes et horribles aux Français, et qui, bien ménagées, représentées avec art, et surtout adoucies par le charme des beaux vers, pourraient nous faire une sorte de plaisir dont nous ne nous doutons pas.

Il n'est point de serpent, ni de monstre odieux,
Qui, par l'art imité, ne puisse plaire aux yeux.

Du moins que l'on me dise pourquoi il est permis à nos héros et à nos héroïnes de théâtre de se tuer, et qu'il leur est défendu de tuer personne? La scène est-elle moins ensanglantée par la mort d'Atalide qui se poignarde pour son amant, qu'elle ne le serait par le meurtre de César? et si le spectacle du fils de Caton, qui paraît mort aux yeux de son père, est l'occasion d'un discours admirable de ce vieux Romain; si ce morceau a été applaudi en Angleterre et en Italie par ceux qui sont les plus grands partisans de la bienséance française; si les femmes les plus délicates n'en ont point été choquées, pourquoi les Français ne s'y accoutumeraient-ils pas? La nature n'est-elle pas la même dans tous les hommes?

Toutes ces lois, de ne point ensanglanter la scène, de ne point faire parler plus de trois interlocuteurs, etc. sont des lois qui, ce me semble, pourraient avoir quelques exceptions parmi nous;

comme elles en ont eu chez les Grecs. Il n'en est pas des règles de la bienséance, toujours un peu arbitraires, comme des règles fondamentales du théâtre, qui sont les trois unités : il y aurait de la faiblesse et de la stérilité à étendre une action au-delà de l'espace du temps et du lieu convenable. Demandez à quiconque aura inséré dans une pièce trop d'évènements la raison de cette faute : s'il est de bonne foi, il vous dira qu'il n'a pas eu assez de génie pour remplir sa pièce d'un seul fait ; et s'il prend deux jours et deux villes pour son action, croyez que c'est parce qu'il n'aurait pas eu l'adresse de la resserrer dans l'espace de trois heures et dans l'enceinte d'un palais, comme l'exige la vraisemblance. Il en est tout autrement de celui qui hasarderait un spectacle horrible sur le théâtre. Il ne choquerait point la vraisemblance ; et cette hardiesse, loin de supposer de la faiblesse dans l'auteur, demanderait au contraire un grand génie pour mettre par ses vers de la véritable grandeur dans une action qui, sans un style sublime, ne serait qu'atroce et dégoûtante.

Voilà ce qu'a osé tenter une fois notre grand Corneille, dans sa Rodogune. Il fait paraître une mère qui, en présence de la cour et d'un ambassadeur, veut empoisonner son fils et sa belle-fille, après avoir tué son autre fils de sa propre main. Elle leur présente la coupe empoisonnée, et, sur leurs refus et leurs soupçons, elle la boit elle-même, et meurt du poison qu'elle leur destinait.

Des coups aussi terribles ne doivent pas être prodigués, et il n'appartient pas à tout le monde d'oser les frapper. Ces nouveautés demandent une grande circonspection, et une exécution de maître. Les Anglais eux-mêmes avouent que Shakespeare, par exemple, a été le seul parmi eux qui ait su évoquer et faire parler des ombres avec succès :

Within that circle none durst move but he.

Plus une action théâtrale est majestueuse ou effrayante, plus elle deviendrait insipide si elle était souvent répétée; à peu près comme les détails des batailles, qui, étant par eux-mêmes ce qu'il y a de plus terrible, deviennent froids et ennuyeux, à force de reparaître souvent dans les histoires. La seule pièce où M. Racine ait mis du spectacle, c'est son chef-d'œuvre d'Athalie. On y voit un enfant sur un trône, sa nourrice et des prêtres qui l'environnent, une reine qui commande à ses soldats de le massacrer, des Lévites armés qui accourent pour le défendre. Toute cette action est pathétique; mais, si le style ne l'était pas aussi, elle ne serait que puérile.

Plus on veut frapper les yeux par un appareil éclatant, plus on s'impose la nécessité de dire de grandes choses; autrement on ne serait qu'un décorateur, et non un poëte tragique. Il y a près de trente années qu'on représenta la tragédie de Montezume, à Paris; la scène ouvrait par un spectacle nouveau; c'était un palais d'un goût magnifique et barbare ; Montezume paraissait avec un habit singulier ; des esclaves armés de flèches étaient dans le fond ; autour de lui étaient huit grands de sa cour, prosternés le visage contre terre : Montezume commençait la pièce en leur disant :

Levez-vous, votre roi vous permet aujourd'hui
Et de l'envisager, et de parler à lui.

Ce spectacle charma : mais voilà tout ce qu'il y eut de beau dans cette tragédie.

Pour moi, j'avoue que ce n'a pas été sans quelque crainte que j'ai introduit sur la scène française le sénat de Rome, en robes rouges, allant aux opinions. Je me souvenais que lorsque j'introduisis autrefois dans OEdipe un chœur de Thébains qui disait :

O mort, nous implorons ton funeste secours !
O mort, viens nous sauver, viens terminer nos jours !

le parterre, au lieu d'être frappé du pathétique qui pouvait être en cet endroit, ne sentit d'abord que le prétendu ridicule d'avoir mis ces vers dans la bouche d'acteurs peu accoutumés, et il fit un éclat de rire. C'est ce qui m'a empêché, dans Brutus, de faire parler les sénateurs quand Titus est accusé devant eux, et d'augmenter la terreur de la situation, en exprimant l'étonnement et la douleur de ces pères de Rome, qui sans doute devaient marquer leur surprise autrement que par un jeu muet, qui même n'a pas été exécuté.

Les Anglais donnent beaucoup plus à l'action

que nous, ils parlent plus aux yeux : les Français donnent plus à l'élégance, à l'harmonie, aux charmes des vers. Il est certain qu'il est plus difficile de bien écrire, que de mettre sur le théâtre des assassinats, des roues, des potences, des sorciers et des revenants. Aussi, la tragédie de Caton, qui fait tant d'honneur à M. Addisson, votre successeur dans le ministère, cette tragédie, la seule bien écrite d'un bout à l'autre chez votre nation, à ce que je vous ai entendu dire à vous-même, ne doit sa grande réputation qu'à ses beaux vers, c'est-à-dire à des pensées fortes et vraies, exprimées en vers harmonieux. Ce sont les beautés de détail qui soutiennent les ouvrages en vers, et qui les font passer à la postérité. C'est souvent la manière singulière de dire des choses communes; c'est cet art d'embellir par la diction ce que pensent et ce que sentent tous les hommes, qui fait les grands poëtes. Il n'y a ni sentiments recherchés, ni aventure romanesque dans le quatrième livre de Virgile; il est tout naturel, et c'est l'effort de l'esprit humain. M. Racine n'est si au-dessus des autres qui ont tous dit les mêmes choses que lui, que parce qu'il les a mieux dites. Corneille n'est véritablement grand, que quand il s'exprime aussi-bien qu'il pense. Souvenons-nous de ce précepte de Despréaux :

> Et que tout ce qu'il dit, facile à retenir,
> De son ouvrage en nous laisse un long souvenir.

Voilà ce que n'ont point tant d'ouvrages dramatiques, que l'art d'un acteur, et la figure et la voix d'une actrice ont fait valoir sur nos théâtres. Combien de pièces mal écrites ont eu plus de représentations que Cinna et Britannicus? Mais on n'a jamais retenu deux vers de ces faibles poëmes, au lieu qu'on sait une partie de Britannicus et de Cinna par cœur. En vain le Régulus de Pradon a fait verser des larmes par quelques situations touchantes; cet ouvrage et tous ceux qui lui ressemblent sont méprisés, tandis que leurs auteurs s'applaudissent dans leurs préfaces.

Des critiques judicieux pourraient me demander pourquoi j'ai parlé d'amour dans une tragédie dont le titre est Junius Brutus; pourquoi j'ai mêlé cette passion avec l'austère vertu du sénat romain et la politique d'un ambassadeur.

On reproche à notre nation d'avoir amolli le théâtre par trop de tendresse; et les Anglais méritent bien le même reproche depuis près d'un siècle, car vous avez toujours un peu pris nos modes et nos vices. Mais me permettez-vous de vous dire mon sentiment sur cette matière?

Vouloir de l'amour dans toutes les tragédies me paraît un goût efféminé; l'en proscrire toujours est une mauvaise humeur bien déraisonnable.

Le théâtre, soit tragique, soit comique, est la peinture vivante des passions humaines. L'ambition d'un prince est représentée dans la tragédie;

la comédie tourne en ridicule la vanité d'un bourgeois. Ici vous riez de la coquetterie et des intrigues d'une citoyenne; là vous pleurez la malheureuse passion de Phèdre : de même, l'amour vous amuse dans un roman, et il vous transporte dans la Didon de Virgile. L'amour dans une tragédie n'est pas plus un défaut essentiel que dans l'Énéide; il n'est à reprendre que quand il est amené mal à propos, ou traité sans art.

Les Grecs ont rarement hasardé cette passion sur le théâtre d'Athènes; premièrement parce que leurs tragédies n'ayant roulé d'abord que sur des sujets terribles, l'esprit des spectateurs était plié à ce genre de spectacles; secondement parce que les femmes menaient une vie beaucoup plus retirée que les nôtres, et qu'ainsi, le langage de l'amour n'étant pas, comme aujourd'hui, le sujet de toutes les conversations, les poëtes en étaient moins invités à traiter cette passion, qui de toutes est la plus difficile à représenter, par les ménagements délicats qu'elle demande. Une troisième raison, qui me paraît assez forte, c'est que l'on n'avait point de comédiennes; les rôles des femmes étaient joués par des hommes masqués : il semble que l'amour eût été ridicule dans leur bouche.

C'est tout le contraire à Londres et à Paris; et il faut avouer que les auteurs n'auraient guère entendu leurs intérêts, ni connu leur auditoire, s'ils n'avaient jamais fait parler les Oldfield, ou les Duclos et les Le Couvreur, que d'ambition et de politique.

Le mal est que l'amour n'est souvent chez nos héros de théâtre que de la galanterie, et que chez les vôtres il dégénère quelquefois en débauche. Dans notre Alcibiade, pièce très suivie, mais faiblement écrite, et ainsi peu estimée, on a admiré long-temps ces mauvais vers que récitait d'un ton séduisant l'Esopus [1] du dernier siècle.

Ah! lorsque, pénétré d'un amour véritable,
Et gémissant aux pieds d'un objet adorable,
J'ai connu dans ses yeux timides et distraits
Que mes soins de son cœur ont pu troubler la paix ;
Que, par l'aveu secret d'une ardeur mutuelle,
La mienne a pris encore une force nouvelle :
Dans ces moments si doux, j'ai cent fois éprouvé
Qu'un mortel peut goûter un bonheur achevé.

Dans votre Venise sauvée, le vieux Renaud veut violer la femme de Jaffier, et elle s'en plaint en termes assez indécents, jusqu'à dire qu'il est venu à elle *unbutton'd*, déboutonné.

Pour que l'amour soit digne du théâtre tragique, il faut qu'il soit le nœud nécessaire de la pièce, et non qu'il soit amené par force, pour remplir le vide de vos tragédies et des nôtres, qui sont toutes trop longues ; il faut que ce soit une passion véritablement tragique, regardée comme une faiblesse, et combattue par des remords. Il faut, ou que l'amour conduise aux malheurs et aux crimes, pour faire voir combien il est dange-

---

[1] Le comédien Baron.

reux, ou que la vertu en triomphe, pour montrer qu'il n'est pas invincible; sans cela ce n'est plus qu'un amour d'églogue ou de comédie.

C'est à vous, mylord, à décider si j'ai rempli quelques-unes de ces conditions; mais que vos amis daignent surtout ne point juger du génie et du goût de notre nation par ce discours et par cette tragédie que je vous envoie. Je suis peut-être un de ceux qui cultivent les lettres en France avec le moins de succès; et si les sentiments que je soumets ici à votre censure sont désapprouvés, c'est à moi seul qu'en appartient le blâme.

PERSONNAGES.

JUNIUS BRUTUS, } consuls.
VALÉRIUS PUBLICOLA,
TITUS, fils de Brutus.
TULLIE, fille de Tarquin.
ALGINE, confidente de Tullie.
ARONS, ambassadeur de Porsenna.
MESSALA, ami de Titus.
PROCULUS, tribun militaire.
ALBIN, confident d'Arons.
SÉNATEURS.
LICTEURS.

La scène est à Rome.

BRUTUS,
TRAGÉDIE.

ACTE PREMIER.

SCÈNE I.

Le théâtre représente une partie de la maison des consuls sur le mont Tarpéien; le temple du Capitole se voit dans le fond. Les sénateurs sont assemblés entre le temple et la maison, devant l'autel de Mars. Brutus et Valérius Publicola, consuls, président à cette assemblée : les sénateurs sont rangés en demi-cercle. Des licteurs avec leurs faisceaux sont debout derrière les sénateurs.

BRUTUS, VALÉRIUS PUBLICOLA, LES SÉNATEURS.

BRUTUS.

Destructeurs des tyrans, vous qui n'avez pour rois
Que les dieux de Numa, vos vertus et nos lois,
Enfin notre ennemi commence à nous connaître.
Ce superbe Toscan qui ne parlait qu'en maître,
Porsenna, de Tarquin ce formidable appui,
Ce tyran, protecteur d'un tyran comme lui,
Qui couvre de son camp les rivages du Tibre,
Respecte le sénat et craint un peuple libre.
Aujourd'hui, devant vous, abaissant sa hauteur,
Il demande à traiter par un ambassadeur.

Arons, qu'il nous députe, en ce moment s'avance ;
Aux sénateurs de Rome il demande audience :
Il attend dans ce temple, et c'est à vous de voir
S'il le faut refuser, s'il le faut recevoir.

VALÉRIUS PUBLICOLA.

Quoi qu'il vienne annoncer, quoi qu'on puisse en attendre,
Il le faut à son roi renvoyer sans l'entendre :
Tel est mon sentiment. Rome ne traite plus
Avec ses ennemis que quand ils sont vaincus.
Votre fils, il est vrai, vengeur de sa patrie,
A deux fois repoussé le tyran d'Étrurie ;
Je sais tout ce qu'on doit à ses vaillantes mains ;
Je sais qu'à votre exemple il sauva les Romains :
Mais ce n'est point assez ; Rome assiégée encore,
Voit dans les champs voisins ces tyrans qu'elle abhorre.
Que Tarquin satisfasse aux ordres du sénat ;
Exilé par nos lois, qu'il sorte de l'état ;
De son coupable aspect qu'il purge nos frontières,
Et nous pourrons ensuite écouter ses prières.
Ce nom d'ambassadeur a paru vous frapper ;
Tarquin n'a pu nous vaincre, il cherche à nous tromper.
L'ambassadeur d'un roi m'est toujours redoutable ;
Ce n'est qu'un ennemi sous un titre honorable,
Qui vient, rempli d'orgueil ou de dextérité,
Insulter ou trahir avec impunité.
Rome, n'écoute point leur séduisant langage :
Tout art t'est étranger ; combattre est ton partage :
Confonds tes ennemis de ta gloire irrités ;
Tombe, ou punis les rois : ce sont là tes traités.

BRUTUS.

Rome sait à quel point sa liberté m'est chère :
Mais, plein du même esprit, mon sentiment diffère.

Je vois cette ambassade, au nom des souverains,
Comme un premier hommage aux citoyens romains.
Accoutumons des rois la fierté despotique
A traiter en égale avec la république ;
Attendant que, du ciel remplissant les décrets,
Quelque jour avec elle ils traitent en sujets.
Arons vient voir ici Rome encor chancelante,
Découvrir les ressorts de sa grandeur naissante,
Épier son génie, observer son pouvoir ;
Romains, c'est pour cela qu'il le faut recevoir.
L'ennemi du sénat connaîtra qui nous sommes,
Et l'esclave d'un roi va voir enfin des hommes.
Que dans Rome à loisir il porte ses regards ;
Il la verra dans vous : vous êtes ses remparts.
Qu'il révère en ces lieux le dieu qui nous rassemble ;
Qu'il paraisse au sénat, qu'il écoute, et qu'il tremble.

(*Les sénateurs se lèvent, et s'approchent un moment pour donner leurs voix.*)

VALÉRIUS PUBLICOLA.

Je vois tout le sénat passer à votre avis ;
Rome, et vous, l'ordonnez : à regret j'y souscris.
Licteurs, qu'on l'introduise ; et puisse sa présence
N'apporter en ces lieux rien dont Rome s'offense !

(*à Brutus.*)

C'est sur vous seul ici que nos yeux sont ouverts ;
C'est vous qui le premier avez rompu nos fers ;
De notre liberté soutenez la querelle ;
Brutus en est le père, et doit parler pour elle.

SCÈNE II.

LE SÉNAT, ARONS, ALBIN, SUITE.

(Arons entre par le côté du théâtre, précédé de deux licteurs et d'Albin son confident; il passe devant les consuls et le sénat, qu'il salue; et il va s'asseoir sur un siège préparé pour lui sur le devant du théâtre.)

ARONS.

Consuls, et vous sénat, qu'il m'est doux d'être admis
Dans ce conseil sacré de sages ennemis,
De voir tous ces héros dont l'équité sévère
N'eut jusques aujourd'hui qu'un reproche à se faire;
Témoin de leurs exploits, d'admirer leurs vertus;
D'écouter Rome enfin par la voix de Brutus!
Loin des cris de ce peuple indocile et barbare,
Que la fureur conduit, réunit et sépare,
Aveugle dans sa haine, aveugle en son amour,
Qui menace et qui craint, règne et sert en un jour;
Dont l'audace...

BRUTUS.

Arrêtez, sachez qu'il faut qu'on nomme
Avec plus de respect les citoyens de Rome.
La gloire du sénat est de représenter
Ce peuple vertueux que l'on ose insulter.
Quittez l'art avec nous, quittez la flatterie;
Ce poison qu'on prépare à la cour d'Étrurie
N'est point encor connu dans le sénat romain.
Poursuivez

ARONS.

Moins piqué d'un discours si hautain,

Que touché des malheurs où cet état s'expose,
Comme un de ses enfants j'embrasse ici sa cause.

  Vous voyez quel orage éclate autour de vous;
C'est en vain que Titus en détourna les coups :
Je vois avec regret sa valeur et son zèle
N'assurer aux Romains qu'une chute plus belle.
Sa victoire affaiblit vos remparts désolés;
Du sang qui les inonde ils semblent ébranlés.
Ah! ne refusez plus une paix nécessaire :
Si du peuple romain le sénat est le père,
Porsenna l'est des rois que vous persécutez.

  Mais vous, du nom romain vengeurs si redoutés,
Vous, des droits des mortels éclairés interprètes,
Vous, qui jugez les rois, regardez où vous êtes.
Voici ce capitole et ces mêmes autels
Où jadis, attestant tous les dieux immortels,
J'ai vu chacun de vous, brûlant d'un autre zèle,
A Tarquin votre roi jurer d'être fidèle.
Quels dieux ont donc changé les droits des souverains?
Quel pouvoir a rompu des nœuds jadis si saints?
Qui du front de Tarquin ravit le diadème?
Qui peut de vos serments vous dégager?

BRUTUS.

         Lui-même.
N'alléguez point ces nœuds que le crime a rompus,
Ces dieux qu'il outragea, ces droits qu'il a perdus.
Nous avons fait, Arons, en lui rendant hommage,
Serment d'obéissance et non point d'esclavage;
Et puisqu'il vous souvient d'avoir vu dans ces lieux
Le sénat à ses pieds faisant pour lui des vœux,
Songez qu'en ce lieu même, à cet autel auguste,
Devant ces mêmes dieux, il jura d'être juste.

De son peuple et de lui tel était le lien :
Il nous rend nos serments lorsqu'il trahit le sien ;
Et dès qu'aux lois de Rome il ose être infidèle,
Rome n'est plus sujette, et lui seul est rebelle.

ARONS.

Ah! quand il serait vrai que l'absolu pouvoir
Eût entraîné Tarquin par-delà son devoir,
Qu'il en eût trop suivi l'amorce enchanteresse,
Quel homme est sans erreur ? et quel roi sans faiblesse ?
Est-ce à vous de prétendre au droit de le punir ?
Vous, nés tous ses sujets ; vous, faits pour obéir !
Un fils ne s'arme point contre un coupable père ;
Il détourne les yeux, le plaint, et le révère.
Les droits des souverains sont-ils moins précieux ?
Nous sommes leurs enfants ; leurs juges sont les dieux.
Si le ciel quelquefois les donne en sa colère,
N'allez pas mériter un présent plus sévère,
Trahir toutes les lois en voulant les venger,
Et renverser l'état au lieu de le changer.
Instruit par le malheur, ce grand maître de l'homme,
Tarquin sera plus juste et plus digne de Rome.
Vous pouvez raffermir, par un accord heureux,
Des peuples et des rois les légitimes nœuds ;
Et faire encor fleurir la liberté publique
Sous l'ombrage sacré du pouvoir monarchique.

BRUTUS.

Arons, il n'est plus temps : chaque état a ses lois,
Qu'il tient de sa nature, ou qu'il change à son choix.
Esclaves de leurs rois, et même de leurs prêtres,
Les Toscans semblent nés pour servir sous des maîtres,
Et de leur chaîne antique adorateurs heureux,
Voudraient que l'univers fût esclave comme eux.

La Grèce entière est libre, et la molle Ionie
Sous un joug odieux languit assujettie.
Rome eut ses souverains, mais jamais absolus:
Son premier citoyen fut le grand Romulus;
Nous partagions le poids de sa grandeur suprême.
Numa, qui fit nos lois, y fut soumis lui-même.
Rome enfin, je l'avoue, a fait un mauvais choix :
Chez les Toscans, chez vous elle a choisi ses rois;
Ils nous ont apporté du fond de l'Étrurie
Les vices de leur cour avec la tyrannie.
   (il se lève.)
Pardonnez-nous, grands dieux, si le peuple romain
A tardé si long-temps à condamner Tarquin !
Le sang qui regorgea sous ses mains meurtrières
De notre obéissance a rompu les barrières.
Sous un sceptre de fer tout ce peuple abattu
A force de malheurs a repris sa vertu.
Tarquin nous a remis dans nos droits légitimes;
Le bien public est né de l'excès de ses crimes,
Et nous donnons l'exemple à ces mêmes Toscans,
S'ils pouvaient à leur tour être las des tyrans.
(Les consuls descendent vers l'autel, et le sénat se lève.)
O Mars, dieu des héros, de Rome, et des batailles,
Qui combats avec nous, qui défends ces murailles,
Sur ton autel sacré, Mars, reçois nos serments
Pour ce sénat, pour moi, pour tes dignes enfants.
Si dans le sein de Rome il se trouvait un traître
Qui regrettât les rois et qui voulût un maître,
Que le perfide meure au milieu des tourments !
Que sa cendre coupable, abandonnée aux vents,
Ne laisse ici qu'un nom plus odieux encore
Que le nom des tyrans, que Rome entière abhorre !

ARONS, *avançant vers l'autel.*

Et moi, sur cet autel qu'ainsi vous profanez,
Je jure au nom du roi, que vous abandonnez,
Au nom de Porsenna, vengeur de sa querelle,
A vous, à vos enfants, une guerre immortelle.
    (Les sénateurs font un pas vers le capitole.)
Sénateurs, arrêtez, ne vous séparez pas ;
Je ne me suis pas plaint de tous vos attentats.
La fille de Tarquin, dans vos mains demeurée,
Est-elle une victime à Rome consacrée ?
Et donnez-vous des fers à ses royales mains
Pour mieux braver son père et tous les souverains ?
Que dis-je ! tous ces biens, ces trésors, ces richesses
Que des Tarquins dans Rome épuisaient les largesses,
Sont-ils votre conquête, ou vous sont-ils donnés ?
Est-ce pour les ravir que vous le détrônez ?
Sénat, si vous l'osez, que Brutus les dénie.

BRUTUS, *se tournant vers Arons.*

Vous connaissez bien mal et Rome et son génie.
Ces pères des Romains, vengeurs de l'équité,
Ont blanchi dans la pourpre et dans la pauvreté ;
Au-dessus des trésors, que sans peine ils vous cèdent,
Leur gloire est de domter les rois qui les possèdent.
Prenez cet or, Arons ; il est vil à nos yeux.
Quant au malheureux sang d'un tyran odieux,
Malgré la juste horreur que j'ai pour sa famille,
Le sénat à mes soins a confié sa fille.
Elle n'a point ici de ces respects flatteurs
Qui des enfants des rois empoisonnent les cœurs ;
Elle n'a point trouvé la pompe et la mollesse
Dont la cour des Tarquins enivra sa jeunesse ;
Mais je sais ce qu'on doit de bontés et d'honneur

A son sexe, à son âge, et surtout au malheur.
Dès ce jour, en son camp que Tarquin la revoie ;
Mon cœur même en conçoit une secrète joie :
Qu'aux tyrans désormais rien ne reste en ces lieux
Que la haine de Rome et le courroux des dieux.
Pour emporter au camp l'or qu'il faut y conduire,
Rome vous donne un jour ; ce temps doit vous suffire :
Ma maison cependant est votre sûreté ;
Jouissez-y des droits de l'hospitalité.
Voilà ce que par moi le sénat vous annonce.
Ce soir à Porsenna rapportez ma réponse :
Reportez-lui la guerre, et dites à Tarquin
Ce que vous avez vu dans le sénat romain.
(aux sénateurs.)
Et nous, du capitole allons orner le faîte
Des lauriers dont mon fils vient de ceindre sa tête ;
Suspendons ces drapeaux et ces dards tout sanglants
Que ses heureuses mains ont ravis aux Toscans.
Ainsi puisse toujours, plein du même courage,
Mon sang, digne de vous, vous servir d'âge en âge !
Dieux, protégez ainsi contre nos ennemis
Le consulat du père et les armes du fils !

SCÈNE III.

ARONS, ALBIN,

(qui sont supposés être entrés de la salle d'audience dans un autre appartement de la maison de Brutus.)

ARONS.

As-tu bien remarqué cet orgueil inflexible,
Cet esprit d'un sénat qui se croit invincible ?

ACTE I, SCÈNE III.

Il le serait, Albin, si Rome avait le temps
D'affermir cette audace au cœur de ses enfants.
Crois-moi, la liberté, que tout mortel adore,
Que je veux leur ôter, mais que j'admire encore,
Donne à l'homme un courage, inspire une grandeur,
Qu'il n'eût jamais trouvés dans le fond de son cœur.
Sous le joug des Tarquins, la cour et l'esclavage
Amollissaient leurs mœurs, énervaient leur courage ;
Leurs rois, trop occupés à domter leurs sujets,
De nos heureux Toscans ne troublaient point la paix :
Mais si ce fier sénat réveille leur génie,
Si Rome est libre, Albin, c'est fait de l'Italie.
Ces lions, que leur maître avait rendus plus doux,
Vont reprendre leur rage et s'élancer sur nous.
Étouffons dans leur sang la semence féconde
Des maux de l'Italie et des troubles du monde ;
Affranchissons la terre, et donnons aux Romains
Ces fers qu'ils destinaient au reste des humains.
Messala viendra-t-il ? Pourrai-je ici l'entendre ?
Osera-t-il... ?

ALBIN.
Seigneur, il doit ici se rendre ;
A toute heure il y vient : Titus est son appui.

ARONS.
As-tu pu lui parler ? Puis-je compter sur lui ?

ALBIN.
Seigneur, ou je me trompe, ou Messala conspire
Pour changer ses destins plus que ceux de l'empire :
Il est ferme, intrépide, autant que si l'honneur
Ou l'amour du pays excitait sa valeur ;
Maître de son secret, et maître de lui-même,
Impénétrable, et calme en sa fureur extrême.

ARONS.

Tel autrefois dans Rome il parut à mes yeux,
Lorsque Tarquin régnant, me reçut dans ces lieux;
Et ses lettres depuis... Mais je le vois paraître.

SCÈNE IV.

ARONS, MESSALA, ALBIN.

ARONS.

Généreux Messala, l'appui de votre maître,
Eh bien! l'or de Tarquin, les présents de mon roi,
Des sénateurs romains n'ont pu tenter la foi ?
Les plaisirs d'une cour, l'espérance, la crainte,
A ces cœurs endurcis n'ont pu porter d'atteinte ?
Ces fiers patriciens sont-ils autant de dieux,
Jugeant tous les mortels, et ne craignant rien d'eux?
Sont-ils sans passions, sans intérêt, sans vice ?

MESSALA.

Ils osent s'en vanter; mais leur feinte justice,
Leur âpre austérité que rien ne peut gagner,
N'est dans ces cœurs hautains que la soif de régner;
Leur orgueil foule aux pieds l'orgueil du diadème;
Ils ont brisé le joug pour l'imposer eux-même.
De notre liberté ces illustres vengeurs,
Armés pour la défendre, en sont les oppresseurs.
Sous les noms séduisants de patrons et de pères,
Ils affectent des rois les démarches altières.
Rome a changé de fers; et, sous le joug des grands,
Pour un roi qu'elle avait, a trouvé cent tyrans.

ARONS.

Parmi vos citoyens, en est-il d'assez sage
Pour détester tout bas cet indigne esclavage ?

MESSALA.

Peu sentent leur état; leurs esprits égarés
De ce grand changement sont encore enivrés;
Le plus vil citoyen, dans sa bassesse extrême,
Ayant chassé les rois pense être roi lui-même.
Mais, je vous l'ai mandé, seigneur, j'ai des amis,
Qui sous ce joug nouveau sont à regret soumis;
Qui, dédaignant l'erreur des peuples imbécilles,
Dans ce torrent fougueux restent seuls immobiles;
Des mortels éprouvés, dont la tête et les bras
Sont faits pour ébranler ou changer les états.

ARONS.

De ces braves Romains que faut-il que j'espère?
Serviront-ils leur prince?

MESSALA.

     Ils sont prêts à tout faire;
Tout leur sang est à vous : mais ne prétendez pas
Qu'en aveugles sujets ils servent des ingrats;
Ils ne se piquent point du devoir fanatique
De servir de victime au pouvoir despotique,
Ni du zèle insensé de courir au trépas
Pour venger un tyran qui ne les connaît pas.
Tarquin promet beaucoup, mais, devenu leur maître,
Il les oubliera tous, ou les craindra peut-être.
Je connais trop les grands : dans le malheur amis,
Ingrats dans la fortune, et bientôt ennemis :
Nous sommes de leur gloire un instrument servile,
Rejeté par dédain, dès qu'il est inutile,
Et brisé sans pitié, s'il devient dangereux.
A des conditions on peut compter sur eux :
Ils demandent un chef digne de leur courage,
Dont le nom seul impose à ce peuple volage;

Un chef assez puissant pour obliger le roi,
Même, après le succès, à nous tenir sa foi ;
Ou, si de nos desseins la trame est découverte,
Un chef assez hardi pour venger notre perte.

ARONS.

Mais vous m'aviez écrit que l'orgueilleux Titus...

MESSALA.

Il est l'appui de Rome, il est fils de Brutus ;
Cependant...

ARONS.

De quel œil voit-il les injustices
Dont ce sénat superbe a payé ses services ?
Lui seul a sauvé Rome, et toute sa valeur
En vain du consulat lui mérita l'honneur ;
Je sais qu'on le refuse.

MESSALA.

Et je sais qu'il murmure ;
Son cœur altier et prompt est plein de cette injure ;
Pour toute récompense il n'obtient qu'un vain bruit,
Qu'un triomphe frivole, un éclat qui s'enfuit.
J'observe d'assez près son ame impérieuse,
Et de son fier courroux la fougue impétueuse :
Dans le champ de la gloire il ne fait que d'entrer ;
Il y marche en aveugle, on l'y peut égarer.
La bouillante jeunesse est facile à séduire :
Mais que de préjugés nous aurions à détruire !
Rome, un consul, un père, et la haine des rois,
Et l'horreur de la honte, et surtout ses exploits.
Connaissez donc Titus ; voyez toute son ame,
Le courroux qui l'aigrit, le poison qui l'enflamme ;
Il brûle pour Tullie.

ACTE I, SCÈNE IV.

ARONS.
Il l'aimerait ?
MESSALA.
Seigneur,
A peine ai-je arraché ce secret de son cœur :
Il en rougit lui-même, et cette ame inflexible
N'ose avouer qu'elle aime, et craint d'être sensible.
Parmi les passions dont il est agité
Sa plus grande fureur est pour la liberté.
ARONS.
C'est donc des sentiments et du cœur d'un seul homme
Qu'aujourd'hui, malgré moi, dépend le sort de Rome !
(à Albin.)
Ne nous rebutons pas. Préparez-vous, Albin,
A vous rendre sur l'heure aux tentes de Tarquin.
(à Messala.)
Entrons chez la princesse. Un peu d'expérience
M'a pu du cœur humain donner quelque science :
Je lirai dans son ame, et peut-être ses mains
Vont former l'heureux piège où j'attends les Romains.

FIN DU PREMIER ACTE.

ACTE SECOND.

SCÈNE I.

(Le théatre représente, ou est supposé représenter un appartement du palais des consuls.)

TITUS, MESSALA.

MESSALA.

Non, c'est trop offenser ma sensible amitié;
Qui peut de son secret me cacher la moitié,
En dit trop et trop peu, m'offense et me soupçonne.

TITUS.

Va, mon cœur à ta foi tout entier s'abandonne;
Ne me reproche rien.

MESSALA.

Quoi! vous dont la douleur
Du sénat avec moi détesta la rigueur,
Qui versiez dans mon sein ce grand secret de Rome,
Ces plaintes d'un héros, ces larmes d'un grand homme!
Comment avez-vous pu dévorer si long-temps
Une douleur plus tendre, et des maux plus touchants?
De vos feux devant moi vous étouffiez la flamme.
Quoi donc! l'ambition qui domine en votre ame
Éteignait-elle en vous de si chers sentiments?
Le sénat a-t-il fait vos plus cruels tourments?
Le haïssez-vous plus que vous n'aimez Tullie?

TITUS.

Ah! j'aime avec transport, je hais avec furie :

Je suis extrême en tout, je l'avoue, et mon cœur
Voudrait en tout se vaincre, et connaît son erreur.

MESSALA.

Et pourquoi, de vos mains déchirant vos blessures,
Déguiser votre amour, et non pas vos injures ?

TITUS.

Que veux-tu, Messala ? J'ai, malgré mon courroux,
Prodigué tout mon sang pour ce sénat jaloux :
Tu le sais, ton courage eut part à ma victoire.
Je sentais du plaisir à parler de ma gloire ;
Mon cœur, enorgueilli du succès de mon bras,
Trouvait de la grandeur à venger des ingrats ;
On confie aisément des malheurs qu'on surmonte :
Mais qu'il est accablant de parler de sa honte !

MESSALA.

Quelle est donc cette honte et ce grand repentir ?
Et de quels sentiments auriez-vous à rougir ?

TITUS.

Je rougis de moi-même et d'un feu téméraire,
Inutile, imprudent, à mon devoir contraire.

MESSALA.

Quoi donc ! l'ambition, l'amour et ses fureurs,
Sont-ce des passions indignes des grands cœurs ?

TITUS.

L'ambition, l'amour, le dépit, tout m'accable ;
De ce conseil de rois l'orgueil insupportable
Méprise ma jeunesse et me refuse un rang
Brigué par ma valeur, et payé par mon sang.
Au milieu du dépit dont mon ame est saisie,
Je perds tout ce que j'aime, on m'enlève Tullie.
On te l'enlève, hélas ! trop aveugle courroux !
Tu n'osais y prétendre, et ton cœur est jaloux.

Je l'avouerai, ce feu, que j'avais su contraindre,
S'irrite en s'échappant, et ne peut plus s'éteindre.
Ami, c'en était fait, elle partait; mon cœur
De sa funeste flamme allait être vainqueur;
Je rentrais dans mes droits, je sortais d'esclavage.
Le ciel a-t-il marqué ce terme à mon courage?
Moi, le fils de Brutus, moi, l'ennemi des rois,
C'est du sang de Tarquin que j'attendrais des lois!
Elle refuse encor de m'en donner, l'ingrate!
Et partout dédaigné, partout ma honte éclate.
Le dépit, la vengeance, et la honte, et l'amour,
De mes sens soulevés disposent tour à tour.

MESSALA.

Puis-je ici vous parler, mais avec confiance?

TITUS.

Toujours de tes conseils j'ai chéri la prudence.
Eh bien! fais-moi rougir de mes égarements.

MESSALA.

J'approuve et votre amour et vos ressentiments.
Faudra-t-il donc toujours que Titus autorise
Ce sénat de tyrans dont l'orgueil nous maîtrise?
Non; s'il vous faut rougir, rougissez en ce jour
De votre patience et non de votre amour.
Quoi! pour prix de vos feux et de tant de vaillance,
Citoyen sans pouvoir, amant sans espérance,
Je vous verrais languir victime de l'état.
Oublié de Tullie, et bravé du sénat?
Ah! peut-être, seigneur, un cœur tel que le vôtre
Aurait pu gagner l'une, et se venger de l'autre.

TITUS.

De quoi viens-tu flatter mon esprit éperdu?
Moi, j'aurais pu fléchir sa haine ou sa vertu!

N'en parlons plus : tu vois les fatales barrières
Qu'élèvent entre nous nos devoirs et nos pères ;
Sa haine désormais égale mon amour.
Elle va donc partir ?

MESSALA.

Oui, seigneur, dès ce jour.

TITUS.

Je n'en murmure point. Le ciel lui rend justice ;
Il la fit pour régner.

MESSALA.

Ah ! ce ciel plus propice
Lui destinait peut-être un empire plus doux ;
Et sans ce fier sénat, sans la guerre, sans vous....
Pardonnez : vous savez quel est son héritage ;
Son frère ne vit plus, Rome était son partage.
Je m'emporte, seigneur ; mais si pour vous servir,
Si pour vous rendre heureux il ne faut que périr ;
Si mon sang.....

TITUS.

Non, ami, mon devoir est le maître.
Non, crois-moi, l'homme est libre au moment qu'il veut l'être.
Je l'avoue, il est vrai, ce dangereux poison
A pour quelques moments égaré ma raison ;
Mais le cœur d'un soldat sait domter la mollesse ;
Et l'amour n'est puissant que par notre faiblesse.

MESSALA.

Vous voyez des Toscans venir l'ambassadeur ;
Cet honneur qu'il vous rend....

TITUS.

Ah, quel funeste honneur !
Que me veut-il ? C'est lui qui m'enlève Tullie ;
C'est lui qui met le comble au malheur de ma vie.

SCÈNE II.
TITUS, ARONS.

ARONS.

Après avoir en vain près de votre sénat
Tenté ce que j'ai pu pour sauver cet état,
Souffrez qu'à la vertu rendant un juste hommage
J'admire en liberté ce généreux courage,
Ce bras qui venge Rome, et soutient son pays
Au bord du précipice où le sénat l'a mis.
Ah! que vous étiez digne et d'un prix plus auguste,
Et d'un autre adversaire, et d'un parti plus juste!
Et que ce grand courage, ailleurs mieux employé,
D'un plus digne salaire aurait été payé!
Il est, il est des rois, j'ose ici vous le dire,
Qui mettraient en vos mains le sort de leur empire,
Sans craindre ces vertus qu'ils admirent en vous,
Dont j'ai vu Rome éprise, et le sénat jaloux.
Je vous plains de servir sous ce maître farouche,
Que le mérite aigrit, qu'aucun bienfait ne touche;
Qui, né pour obéir, se fait un lâche honneur
D'appesantir sa main sur son libérateur;
Lui qui, s'il n'usurpait les droits de la couronne,
Devrait prendre de vous les ordres qu'il vous donne.

TITUS.

Je rends grâce à vos soins, seigneur, et mes soupçons
De vos bontés pour moi respectent les raisons.
Je n'examine point si votre politique
Pense armer mes chagrins contre ma république,
Et porter mon dépit, avec un art si doux,
Aux indiscrétions qui suivent le courroux.
Perdez moins d'artifice à tromper ma franchise;

Ce cœur est tout ouvert, et n'a rien qu'il déguise.
Outragé du senat, j'ai droit de le haïr;
Je le hais : mais mon bras est prêt à le servir.
Quand la cause commune au combat nous appelle,
Rome au cœur de ses fils éteint toute querelle;
Vainqueurs de nos débats, nous marchons réunis;
Et nous ne connaissons que vous pour ennemis.
Voilà ce que je suis, et ce que je veux etre.
Soit grandeur, soit vertu, soit préjugé peut-être,
Né parmi les Romains, je périrai pour eux :
J'aime encor mieux, seigneur, ce sénat rigoureux,
Tout injuste pour moi, tout jaloux qu'il peut être,
Que l'éclat d'une cour et le sceptre d'un maître.
Je suis fils de Brutus, et je porte en mon cœur
La liberté gravée, et les rois en horreur.

ARONS.

Ne vous flattez-vous point d'un charme imaginaire?
Seigneur, ainsi qu'à vous la liberté m'est chère :
Quoique né sous un roi, j'en goûte les appas;
Vous vous perdez pour elle, et n'en jouissez pas.
Est-il donc, entre nous, rien de plus despotique
Que l'esprit d'un état qui passe en république?
Vos lois sont vos tyrans; leur barbare rigueur
Devient sourde au mérite, au sang, à la faveur :
Le sénat vous opprime, et le peuple vous brave;
Il faut s'en faire craindre, où ramper leur esclave.
Le citoyen de Rome, insolent ou jaloux,
Ou hait votre grandeur, ou marche égal à vous.
Trop d'éclat l'effarouche; il voit d'un œil sévère,
Dans le bien qu'on lui fait, le mal qu'on lui peut faire;
Et d'un bannissement le décret odieux
Devient le prix du sang qu'on a versé pour eux.

Je sais bien que la cour, seigneur, a ses naufrages ;
Mais ses jours sont plus beaux, son ciel a moins d'orages.
Souvent la liberté, dont on se vante ailleurs,
Étale auprès d'un roi ses dons les plus flatteurs ;
Il récompense, il aime, il prévient les services :
La gloire auprès de lui ne fuit point les délices.
Aimé du souverain, de ses rayons couvert,
Vous ne servez qu'un maître, et le reste vous sert.
Ébloui d'un éclat qu'il respecte et qu'il aime,
Le vulgaire applaudit jusqu'à nos fautes même ;
Nous ne redoutons rien d'un sénat trop jaloux ;
Et les sévères lois se taisent devant nous.
Ah ! que, né pour la cour, ainsi que pour les armes,
Des faveurs de Tarquin vous goûteriez les charmes !
Je vous l'ai déja dit, il vous aimait, seigneur ;
Il aurait avec vous partagé sa grandeur :
Du sénat à vos pieds la fierté prosternée
Aurait....

TITUS.

J'ai vu sa cour, et je l'ai dédaignée.
Je pourrais, il est vrai, mendier son appui,
Et, son premier esclave, être tyran sous lui.
Grâce au ciel, je n'ai point cette indigne faiblesse ;
Je veux de la grandeur, et la veux sans bassesse :
Je sens que mon destin n'était point d'obéir ;
Je combattrai vos rois ; retournez les servir.

ARONS.

Je ne puis qu'approuver cet excès de constance ;
Mais songez que lui-même éleva votre enfance.
Il s'en souvient toujours : hier encor, seigneur,
En pleurant avec moi son fils et son malheur,

ACTE II, SCÈNE II.

Titus, me disait-il, soutiendrait ma famille,
Et lui seul méritait mon empire et ma fille.
   TITUS, *en se détournant.*
Sa fille ! dieux ! Tullie ! O vœux infortunés !
   ARONS, *en regardant Titus.*
Je la ramène au roi que vous abandonnez ;
Elle va, loin de vous et loin de sa patrie,
Accepter pour époux le roi de Ligurie :
Vous cependant ici servez votre sénat,
Persécutez son père, opprimez son état.
J'espère que bientôt ces voûtes embrasées,
Ce capitole en cendre, et ces tours écrasées,
Du sénat et du peuple éclairant les tombeaux,
A cet hymen heureux vont servir de flambeaux.

SCÈNE III.

TITUS, MESSALA.

TITUS.

Ah ! mon cher Messala, dans quel trouble il me laisse !
Tarquin me l'eût donnée ! ô douleur qui me presse !
Moi, j'aurais pu...! mais non, ministre dangereux,
Tu venais épier le secret de mes feux.
Hélas ! en me voyant se peut-il qu'on l'ignore ?
Il a lu dans mes yeux l'ardeur qui me dévore.
Certain de ma faiblesse, il retourne à sa cour
Insulter aux projets d'un téméraire amour.
J'aurais pu l'épouser, lui consacrer ma vie !
Le ciel à mes désirs eût destiné Tullie !
Malheureux que je suis !
   MESSALA.
  Vous pourriez être heureux ;

Arons pourrait servir vos légitimes feux,
Croyez-moi.

TITUS.

Bannissons un espoir si frivole :
Rome entière m'appelle aux murs du capitole ;
Le peuple, rassemblé sous ces arcs triomphaux,
Tout chargés de ma gloire et pleins de mes travaux,
M'attend pour commencer les serments redoutables,
De notre liberté garants inviolables.

MESSALA.

Allez servir ces rois.

TITUS.

Oui, je les veux servir ;
Oui, tel est mon devoir, et je le veux remplir.

MESSALA.

Vous gémissez pourtant !

TITUS.

Ma victoire est cruelle.

MESSALA.

Vous l'achetez trop cher.

TITUS.

Elle en sera plus belle.
Ne m'abandonne point dans l'état où je suis.

MESSALA.

Allons, suivons ses pas ; aigrissons ses ennuis ;
Enfonçons dans son cœur le trait qui le déchire.

SCÈNE IV.

BRUTUS, MESSALA.

BRUTUS.

Arrêtez, Messala ; j'ai deux mots à vous dire.

MESSALA.

A moi, seigneur ?

BRUTUS.

A vous. Un funeste poison
Se répand en secret sur toute ma maison.
Tibérinus, mon fils, aigri contre son frère,
Laisse éclater déja sa jalouse colère ;
Et Titus, animé d'un autre emportement,
Suit contre le sénat son fier ressentiment.
L'ambassadeur toscan, témoin de leur faiblesse,
En profite avec joie autant qu'avec adresse ;
Il leur parle, et je crains les discours séduisants
D'un ministre vieilli dans l'art des courtisans.
Il devait dès demain retourner vers son maître ;
Mais un jour quelquefois est beaucoup pour un traître.
Messala, je prétends ne rien craindre de lui ;
Allez lui commander de partir aujourd'hui :
Je le veux.

MESSALA.

C'est agir sans doute avec prudence,
Et vous serez content de mon obéissance.

BRUTUS.

Ce n'est pas tout : mon fils avec vous est lié ;
Je sais sur son esprit ce que peut l'amitié.
Comme sans artifice, il est sans défiance :
Sa jeunesse est livrée à votre expérience.

Plus il se fie à vous, plus je dois espérer
Qu'habile à le conduire, et non à l'égarer,
Vous ne voudrez jamais, abusant de son âge,
Tirer de ses erreurs un indigne avantage,
Le rendre ambitieux, et corrompre son cœur.

MESSALA.

C'est de quoi dans l'instant je lui parlais, seigneur.
Il sait vous imiter, servir Rome et lui plaire;
Il aime aveuglément sa patrie et son père.

BRUTUS.

Il le doit : mais surtout il doit aimer les lois ;
Il doit en être esclave, en porter tout le poids.
Qui veut les violer n'aime point sa patrie.

MESSALA.

Nous avons vu tous deux si son bras l'a servie.

BRUTUS.

Il a fait son devoir.

MESSALA.

    Et Rome eût fait le sien
En rendant plus d'honneurs à ce cher citoyen.

BRUTUS.

Non, non : le consulat n'est point fait pour son âge;
J'ai moi-même à mon fils refusé mon suffrage.
Croyez-moi, le succès de son ambition
Serait le premier pas vers la corruption :
Le prix de la vertu serait héréditaire.
Bientôt l'indigne fils du plus vertueux père,
Trop assuré d'un rang d'autant moins mérité,
L'attendrait dans le luxe et dans l'oisiveté :
Le dernier des Tarquins en est la preuve insigne.
Qui naquit dans la pourpre en est rarement digne.
Nous préservent les cieux d'un si funeste abus,

Berceau de la mollesse et tombeau des vertus!
Si vous aimez mon fils, je me plais à le croire,
Représentez-lui mieux sa véritable gloire;
Étouffez dans son cœur un orgueil insensé :
C'est en servant l'état qu'il est récompensé.
De toutes les vertus mon fils doit un exemple :
C'est l'appui des Romains que dans lui je contemple;
Plus il a fait pour eux, plus j'exige aujourd'hui.
Connaissez à mes vœux l'amour que j'ai pour lui;
Tempérez cette ardeur de l'esprit d'un jeune homme :
Le flatter, c'est le perdre, et c'est outrager Rome.

MESSALA.

Je me bornais, seigneur, à le suivre aux combats;
J'imitais sa valeur, et ne l'instruisais pas.
J'ai peu d'autorité; mais, s'il daigne me croire,
Rome verra bientôt comme il chérit la gloire.

BRUTUS.

Allez donc, et jamais n'encensez ses erreurs;
Si je hais les tyrans, je hais plus les flatteurs.

SCÈNE V.

MESSALA.

Il n'est point de tyran plus dur, plus haïssable,
Que la sévérité de ton cœur intraitable.
Va, je verrai peut-être à mes pieds abattu
Cet orgueil insultant de ta fausse vertu.
Colosse, qu'un vil peuple éleva sur nos têtes,
Je pourrai t'écraser, et les foudres sont prêtes.

FIN DU SECOND ACTE.

ACTE TROISIÈME.

SCÈNE I.
ARONS, ALBIN, MESSALA.

ARONS, *une lettre à la main.*

Je commence à goûter une juste espérance ;
Vous m'avez bien servi par tant de diligence.
Tout succède à mes vœux. Oui, cette lettre, Albin,
Contient le sort de Rome, et celui de Tarquin.
Avez-vous dans le camp réglé l'heure fatale ?
A-t-on bien observé la porte Quirinale ?
L'assaut sera-t-il prêt, si par nos conjurés
Les remparts cette nuit ne nous sont point livrés ?
Tarquin est-il content ? crois-tu qu'on l'introduise
Ou dans Rome sanglante, ou dans Rome soumise ?

ALBIN.

Tout sera prêt, seigneur, au milieu de la nuit.
Tarquin de vos projets goûte déja le fruit ;
Il pense de vos mains tenir son diadème ;
Il vous doit, a-t-il dit, plus qu'à Porsenna même.

ARONS.

Ou les dieux, ennemis d'un prince malheureux,
Confondront des desseins si grands, si dignes d'eux ;
Ou demain sous ses lois Rome sera rangée ;
Rome en cendres peut-être, et dans son sang plongée.
Mais il vaut mieux qu'un roi, sur le trône remis
Commande à des sujets malheureux et soumis,

Que d'avoir à domter, au sein de l'abondance,
D'un peuple trop heureux l'indocile arrogance.
  (à Albin.)
Allez ; j'attends ici la princesse en secret.
  (à Messala.)
Messala, demeurez.

SCÈNE II.

ARONS, MESSALA.

ARONS.

Eh bien ! qu'avez-vous fait ?
Avez-vous de Titus fléchi le fier courage ?
Dans le parti des rois pensez-vous qu'il s'engage ?

MESSALA.

Je vous l'avais prédit ; l'inflexible Titus
Aime trop sa patrie, et tient trop de Brutus.
Il se plaint du sénat, il brûle pour Tullie ;
L'orgueil, l'ambition, l'amour, la jalousie,
Le feu de son jeune âge et de ses passions,
Semblaient ouvrir son ame à mes séductions.
Cependant, qui l'eût cru ? la liberté l'emporte ;
Son amour est au comble, et Rome est la plus forte.
J'ai tenté par degrés d'effacer cette horreur
Que pour le nom de roi Rome imprime en son cœur.
En vain j'ai combattu ce préjugé sévère ;
Le seul nom des Tarquins irritait sa colère ;
De son entretien même il m'a soudain privé ;
Et je hasardais trop, si j'avais achevé.

ARONS.

Ainsi de le fléchir Messala désespère.

MESSALA.

J'ai trouvé moins d'obstacle à vous donner son frère,
Et j'ai du moins séduit un des fils de Brutus.

ARONS.

Quoi! vous auriez déja gagné Tibérinus?
Par quels ressorts secrets, par quelle heureuse intrigue?

MESSALA.

Son ambition seule a fait toute ma brigue.
Avec un œil jaloux il voit, depuis long-temps,
De son frère et de lui les honneurs différents;
Ces drapeaux suspendus à ces voûtes fatales,
Ces festons de lauriers, ces pompes triomphales,
Tous les cœurs des Romains et celui de Brutus
Dans ces solennités volant devant Titus,
Sont pour lui des affronts qui, dans son ame aigrie,
Échauffent le poison de sa secrète envie.
Et cependant Titus, sans haine et sans courroux,
Trop au-dessus de lui pour en être jaloux,
Lui tend encor la main de son char de victoire,
Et semble en l'embrassant l'accabler de sa gloire.
J'ai saisi ces moments; j'ai su peindre à ses yeux
Dans une cour brillante un rang plus glorieux;
J'ai pressé, j'ai promis, au nom de Tarquin même,
Tous les honneurs de Rome après le rang suprême :
Je l'ai vu s'éblouir, je l'ai vu s'ébranler;
Il est à vous, seigneur, et cherche à vous parler.

ARONS.

Pourra-t-il nous livrer la porte Quirinale?

MESSALA.

Titus seul y commande, et sa vertu fatale
N'a que trop arrêté le cours de vos destins;
C'est un dieu qui préside au salut des Romains.

ACTE III, SCÈNE II.

Gardez de hasarder cette attaque soudaine,
Sûre avec son appui, sans lui trop incertaine.

ARONS.

Mais si du consulat il a brigué l'honneur,
Pourrait-il dédaigner la suprême grandeur,
Et Tullie, et le trône, offerts à son courage ?

MESSALA.

Le trône est un affront à sa vertu sauvage.

ARONS.

Mais il aime Tullie.

MESSALA.

Il l'adore, seigneur ;
Il l'aime d'autant plus qu'il combat son ardeur.
Il brûle pour la fille en détestant le père ;
Il craint de lui parler, il gémit de se taire ;
Il la cherche, il la fuit, il dévore ses pleurs ;
Et de l'amour encore il n'a que les fureurs.
Dans l'agitation d'un si cruel orage,
Un moment quelquefois renverse un grand courage.
Je sais quel est Titus : ardent, impétueux,
S'il se rend, il ira plus loin que je ne veux.
La fière ambition qu'il renferme dans l'ame
Au flambeau de l'amour peut rallumer sa flamme.
Avec plaisir sans doute il verrait à ses pieds
Des sénateurs tremblants les fronts humiliés :
Mais je vous tromperais, si j'osais vous promettre
Qu'à cet amour fatal il veuille se soumettre.
Je peux parler encore, et je vais aujourd'hui...

ARONS.

Puisqu'il est amoureux, je compte encor sur lui.
Un regard de Tullie, un seul mot de sa bouche
Peut plus pour amollir cette vertu farouche

Que les subtils détours et tout l'art séducteur
D'un chef de conjurés et d'un ambassadeur.
N'espérons des humains rien que par leur faiblesse.
L'ambition de l'un, de l'autre la tendresse,
Voilà les conjurés qui serviront mon roi ;
C'est d'eux que j'attends tout : ils sont plus forts que moi.

(Tullie entre. Messala se retire.)

SCÈNE III.

TULLIE, ARONS, ALGINE.

ARONS.

Madame, en ce moment je reçois cette lettre
Qu'en vos augustes mains mon ordre est de remettre,
Et que jusqu'en la mienne a fait passer Tarquin.

TULLIE.

Dieux ! protégez mon père, et changez son destin !

(Elle lit.)

« Le trône des Romains peut sortir de sa cendre :
« Le vainqueur de son roi peut en être l'appui :
« Titus est un héros ; c'est à lui de défendre
« Un sceptre que je veux partager avec lui.
« Vous, songez que Tarquin vous a donné la vie ;
« Songez que mon destin va dépendre de vous.
« Vous pourriez refuser le roi de Ligurie ;
« Si Titus vous est cher, il sera votre époux. »

Ai-je bien lu ?.. Titus ?.. seigneur... est-il possible ?
Tarquin, dans ses malheurs jusqu'alors inflexible,
Pourrait..? mais d'où sait-il..? et comment..? Ah seigneur !
Ne veut-on qu'arracher les secrets de mon cœur ?

ACTE III, SCÈNE III.

Épargnez les chagrins d'une triste princesse ;
Ne tendez point de piège à ma faible jeunesse.

ARONS.

Non, madame, à Tarquin je ne sais qu'obéir,
Écouter mon devoir, me taire, et vous servir ;
Il ne m'appartient point de chercher à comprendre
Des secrets qu'en mon sein vous craignez de répandre.
Je ne veux point lever un œil présomptueux
Vers le voile sacré que vous jetez sur eux ;
Mon devoir seulement m'ordonne de vous dire
Que le ciel veut par vous relever cet empire,
Que ce trône est un prix qu'il met à vos vertus.

TULLIE.

Je servirais mon père, et serais à Titus !
Seigneur, il se pourrait....

ARONS.

N'en doutez point, princesse ;
Pour le sang de ses rois ce héros s'intéresse.
De ces républicains la triste austérité
De son cœur généreux révolte la fierté ;
Les refus du sénat ont aigri son courage ;
Il penche vers son prince : achevez cet ouvrage.
Je n'ai point dans son cœur prétendu pénétrer ;
Mais puisqu'il vous connaît, il vous doit adorer.
Quel œil, sans s'éblouir, peut voir un diadème
Présenté par vos mains, embelli par vous-même ?
Parlez-lui seulement, vous pourrez tout sur lui ;
De l'ennemi des rois triomphez aujourd'hui ;
Arrachez au sénat, rendez à votre père
Ce grand appui de Rome et son dieu tutélaire ;
Et méritez l'honneur d'avoir entre vos mains
Et la cause d'un père, et le sort des Romains.

SCÈNE IV.

TULLIE, ALGINE.

TULLIE.

Ciel ! que je dois d'encens à ta bonté propice !
Mes pleurs t'ont désarmé, tout change ; et ta justice,
Aux feux dont j'ai rougi rendant leur pureté,
En les récompensant, les met en liberté.

(à Algine.)

Va le chercher, va, cours. Dieux ! il m'évite encore :
Faut-il qu'il soit heureux, hélas ! et qu'il l'ignore ?
Mais.... n'écouté-je point un espoir trop flatteur ?
Titus pour le sénat a-t-il donc tant d'horreur ?
Que dis-je ? hélas ! devrais-je au dépit qui le presse
Ce que j'aurais voulu devoir à sa tendresse ?

ALGINE.

Je sais que le sénat alluma son courroux,
Qu'il est ambitieux, et qu'il brûle pour vous.

TULLIE.

Il fera tout pour moi, n'en doute point ; il m'aime.
Va, dis-je....

(Algine sort.)

Cependant ce changement extrême....
Ce billet !.... De quels soins mon cœur est combattu !
Éclatez, mon amour, ainsi que ma vertu !
La gloire, la raison, le devoir, tout l'ordonne.
Quoi ! mon père à mes feux va devoir sa couronne !
De Titus et de lui je serais le lien !
Le bonheur de l'état va donc naître du mien !
Toi que je peux aimer, quand pourrai-je t'apprendre
Ce changement du sort où nous n'osions prétendre ?

Quand pourrai-je, Titus, dans mes justes transports,
T'entendre sans regrets, te parler sans remords ?
Tous mes maux sont finis : Rome, je te pardonne;
Rome, tu vas servir, si Titus t'abandonne;
Sénat, tu vas tomber, si Titus est à moi :
Ton héros m'aime; tremble, et reconnais ton roi.

SCÈNE V.

TITUS, TULLIE.

TITUS.

MADAME, est-il bien vrai ? daignez-vous voir encore
Cet odieux Romain que votre cœur abhorre,
Si justement haï, si coupable envers vous,
Cet ennemi ?

TULLIE.

Seigneur, tout est changé pour nous.
Le destin me permet.... Titus.... il faut me dire
Si j'avais sur votre ame un véritable empire.

TITUS.

Eh ! pouvez-vous douter de ce fatal pouvoir,
De mes feux, de mon crime, et de mon désespoir ?
Vous ne l'avez que trop cet empire funeste;
L'amour vous a soumis mes jours, que je déteste :
Commandez, épuisez votre juste courroux;
Mon sort est en vos mains.

TULLIE.

Le mien dépend de vous.

TITUS.

De moi ! Titus tremblant ne vous en croit qu'à peine;
Moi, je ne serais plus l'objet de votre haine !

Ah ! princesse, achevez ; quel espoir enchanteur
M'élève en un moment au faîte du bonheur !

TULLIE, *en donnant la lettre.*

Lisez, rendez heureux, vous, Tullie, et mon père.

(*tandis qu'il lit.*)

Je puis donc me flatter... Mais quel regard sévère !
D'où vient ce morne accueil, et ce front consterné ?
Dieux !...

TITUS.

Je suis des mortels le plus infortuné ;
Le sort, dont la rigueur à m'accabler s'attache,
M'a montré mon bonheur et soudain me l'arrache ;
Et, pour combler les maux que mon cœur a soufferts,
Je puis vous posséder, je vous aime, et vous perds.

TULLIE.

Vous, Titus ?

TITUS.

Ce moment a condamné ma vie
Au comble des horreurs ou de l'ignominie,
A trahir Rome ou vous ; et je n'ai désormais
Que le choix des malheurs, ou celui des forfaits.

TULLIE.

Que dis-tu ? quand ma main te donne un diadème,
Quand tu peux m'obtenir, quand tu vois que je t'aime !
Je ne m'en cache plus ; un trop juste pouvoir,
Autorisant mes vœux, m'en a fait un devoir.
Hélas ! j'ai cru ce jour le plus beau de ma vie ;
Et le premier moment où mon ame ravie
Peut de ses sentiments s'expliquer sans rougir,
Ingrat, est le moment qu'il m'en faut repentir !
Que m'oses-tu parler de malheur et de crime ?
Ah ! servir des ingrats contre un roi légitime,

M'opprimer, me chérir, détester mes bienfaits;
Ce sont là mes malheurs, et voilà tes forfaits.
Ouvre les yeux, Titus, et mets dans la balance
Les refus du sénat, et la toute-puissance.
Choisis de recevoir ou de donner la loi,
D'un vil peuple ou d'un trône, et de Rome ou de moi.
Inspirez-lui, grands dieux! le parti qu'il doit prendre.

   TITUS, *en lui rendant la lettre.*

Mon choix est fait.

   TULLIE.

     Eh bien! crains-tu de me l'apprendre?
Parle, ose mériter ta grâce ou mon courroux.
Quel sera ton destin?...

   TITUS.

     D'être digne de vous,
Digne encor de moi-même, à Rome encor fidèle;
Brûlant d'amour pour vous, de combattre pour elle;
D'adorer vos vertus, mais de les imiter;
De vous perdre, madame, et de vous mériter.

   TULLIE.

Ainsi donc pour jamais...

   TITUS.

     Ah! pardonnez, princesse:
Oubliez ma fureur, épargnez ma faiblesse;
Ayez pitié d'un cœur de soi-même ennemi,
Moins malheureux cent fois quand vous l'avez haï.
Pardonnez, je ne puis vous quitter ni vous suivre:
Ni pour vous, ni sans vous, Titus ne saurait vivre;
Et je mourrai plutôt qu'un autre ait votre foi.

   TULLIE.

Je te pardonne tout, elle est encore à toi.

TITUS.

Eh bien! si vous m'aimez, ayez l'ame romaine,
Aimez ma république, et soyez plus que reine;
Apportez-moi pour dot, au lieu du rang des rois,
L'amour de mon pays, et l'amour de mes lois.
Acceptez aujourd'hui Rome pour votre mère,
Son vengeur pour époux, Brutus pour votre père :
Que les Romains, vaincus en générosité,
A la fille des rois doivent leur liberté.

TULLIE.

Qui? moi, j'irai trahir...?

TITUS.

Mon désespoir m'égare :
Non, toute trahison est indigne et barbare.
Je sais ce qu'est un père, et ses droits absolus;
Je sais... que je vous aime... et ne me connais plus.

TULLIE.

Écoute au moins ce sang qui m'a donné la vie.

TITUS.

Eh! dois-je écouter moins mon sang et ma patrie?

TULLIE.

Ta patrie! ah! barbare! en est-il donc sans moi?

TITUS.

Nous sommes ennemis... La nature, la loi
Nous impose à tous deux un devoir si farouche.

TULLIE.

Nous ennemis! ce nom peut sortir de ta bouche!

TITUS.

Tout mon cœur la dément.

TULLIE.

Ose donc me servir;
Tu m'aimes, venge-moi.

SCÈNE VI.

BRUTUS, ARONS, TITUS, TULLIE, MESSALA, ALBIN, PROCULUS, LICTEURS.

BRUTUS, *à Tullie.*

MADAME, il faut partir.
Dans les premiers éclats des tempêtes publiques
Rome n'a pu vous rendre à vos dieux domestiques;
Tarquin même en ce temps, prompt à vous oublier,
Et du soin de nous perdre occupé tout entier,
Dans nos calamités confondant sa famille,
N'a pas même aux Romains redemandé sa fille.
Souffrez que je rappelle un triste souvenir :
Je vous privai d'un père, et dus vous en servir.
Allez, et que du trône où le ciel vous appelle,
L'inflexible équité soit la garde éternelle.
Pour qu'on vous obéisse, obéissez aux lois;
Tremblez en contemplant tout le devoir des rois;
Et si de vos flatteurs la funeste malice
Jamais dans votre cœur ébranlait la justice;
Prête alors d'abuser du pouvoir souverain,
Souvenez-vous de Rome, et songez à Tarquin :
Et que ce grand exemple, où mon espoir se fonde,
Soit la leçon des rois et le bonheur du monde.

(*à Arons.*)

Le sénat vous la rend, seigneur; et c'est à vous
De la remettre aux mains d'un père et d'un époux.
Proculus va vous suivre à la porte sacrée.

TITUS, *éloigné.*

O de ma passion fureur désespérée !

(il va vers Arons.)

Je ne souffrirai point, non... permettez, seigneur...
(Brutus et Tullie sortent avec leur suite.)
(Arons et Messala restent.)

Dieux ! ne mourrai-je point de honte et de douleur ?
(à Arons.)
Pourrai-je vous parler ?

ARONS.

Seigneur, le temps me presse,
Il me faut suivre ici Brutus et la princesse ;
Je puis d'une heure encor retarder son départ ;
Craignez, seigneur, craignez de me parler trop tard.
Dans son appartement nous pouvons l'un et l'autre
Parler de ses destins, et peut-être du vôtre.
(il sort.)

SCÈNE VII.

TITUS, MESSALA.

TITUS.

Sort qui nous as rejoints, et qui nous désunis !
Sort, ne nous as-tu faits que pour être ennemis ?
Ah ! cache, si tu peux, ta fureur et tes larmes.

MESSALA.

Je plains tant de vertus, tant d'amour et de charmes ;
Un cœur tel que le sien méritait d'être à vous.

TITUS.

Non, c'en est fait ; Titus n'en sera point l'époux.

MESSALA.

Pourquoi ? Quel vain scrupule à vos désirs s'oppose ?

TITUS.

Abominables lois que la cruelle impose !

Tyrans que j'ai vaincus, je pourrais vous servir !
Peuples que j'ai sauvés, je pourrais vous trahir !
L'amour dont j'ai six mois vaincu la violence,
L'amour aurait sur moi cette affreuse puissance !
J'exposerais mon père à ses tyrans cruels !
Et quel père ? un héros, l'exemple des mortels,
L'appui de son pays, qui m'instruisit à l'être,
Que j'imitai, qu'un jour j'eusse égalé peut-être.
Après tant de vertus quel horrible destin !

MESSALA.

Vous eûtes les vertus d'un citoyen romain ;
Il ne tiendra qu'à vous d'avoir celles d'un maître :
Seigneur, vous serez roi dès que vous voudrez l'être.
Le ciel met dans vos mains, en ce moment heureux,
La vengeance, l'empire et l'objet de vos feux.
Que dis-je ? ce consul, ce héros que l'on nomme
Le père, le soutien, le fondateur de Rome,
Qui s'enivre à vos yeux de l'encens des humains
Sur les débris d'un trône écrasé par vos mains,
S'il eût mal soutenu cette grande querelle,
S'il n'eût vaincu par vous, il n'était qu'un rebelle.
Seigneur, embellissez ce grand nom de vainqueur
Du nom plus glorieux de pacificateur ;
Daignez nous ramener ces jours où nos ancêtres
Heureux, mais gouvernés, libres, mais sous des maîtres,
Pesaient dans la balance, avec un même poids,
Les intérêts du peuple et la grandeur des rois.
Rome n'a point pour eux une haine immortelle ;
Rome va les aimer si vous régnez sur elle.
Ce pouvoir souverain que j'ai vu tour à tour
Attirer de ce peuple et la haine et l'amour,
Qu'on craint en des états, et qu'ailleurs on désire,

Est des gouvernements le meilleur ou le pire;
Affreux sous un tyran, divin sous un bon roi.

TITUS.

Messala, songez-vous que vous parlez à moi?
Que désormais en vous je ne vois plus qu'un traître,
Et qu'en vous épargnant je commence de l'être?

MESSALA.

Eh bien! apprenez donc que l'on va vous ravir
L'inestimable honneur dont vous n'osez jouir;
Qu'un autre accomplira ce que vous pouviez faire.

TITUS.

Un autre! arrête; dieux! parle... qui?

MESSALA.

Votre frère.

TITUS.

Mon frère?

MESSALA.

A Tarquin même il a donné sa foi.

TITUS.

Mon frère trahit Rome?

MESSALA.

Il sert Rome et son roi.
Et Tarquin, malgré vous, n'acceptera pour gendre
Que celui des Romains qui l'aura pu défendre.

TITUS.

Ciel!.. perfide!.. écoutez : mon cœur long-temps séduit
A méconnu l'abîme où vous m'avez conduit.
Vous pensez me réduire au malheur nécessaire
D'être ou le délateur, ou complice d'un frère :
Mais plutôt votre sang...

MESSALA.

Vous pouvez m'en punir;

Frappez, je le mérite en voulant vous servir :
Du sang de votre ami que cette main fumante
Y joigne encor le sang d'un frère et d'une amante ;
Et, leur tête à la main, demandez au sénat,
Pour prix de vos vertus, l'honneur du consulat ;
Ou moi-même à l'instant, déclarant les complices,
Je m'en vais commencer ces affreux sacrifices.

TITUS.

Demeure, malheureux, ou crains mon désespoir.

SCÈNE VIII.

TITUS, MESSALA, ALBIN.

ALBIN.

L'AMBASSADEUR toscan peut maintenant vous voir ;
Il est chez la princesse.

TITUS.

... Oui, je vais chez Tullie...
J'y cours. O dieux de Rome ! O dieux de ma patrie !
Frappez, percez ce cœur de sa honte alarmé,
Qui serait vertueux, s'il n'avait point aimé.
C'est donc à vous, sénat, que tant d'amour s'immole ?
A vous, ingrats !.. Allons...
    (à Messala.)
                Tu vois ce capitole
Tout plein des monuments de ma fidélité.

MESSALA.

Songez qu'il est rempli d'un sénat détesté.

TITUS.

Je le sais. Mais... du ciel qui tonne sur ma tête
J'entends la voix qui crie : Arrête, ingrat, arrête !

Tu trahis ton pays... Non, Rome! non, Brutus!
Dieux qui me secourez, je suis encor Titus.
La gloire a de mes jours accompagné la course;
Je n'ai point de mon sang déshonoré la source,
Votre victime est pure; et s'il faut qu'aujourd'hui
Titus soit aux forfaits entraîné malgré lui,
S'il faut que je succombe au destin qui m'opprime,
Dieux! sauvez les Romains, frappez avant le crime!

FIN DU TROISIÈME ACTE.

ACTE QUATRIÈME.
SCÈNE I.

TITUS, ARONS, MESSALA.

TITUS.

Oui, j'y suis résolu, partez; c'est trop attendre :
Honteux, désespéré, je ne veux rien entendre;
Laissez-moi ma vertu, laissez-moi mes malheurs.
Fort contre vos raisons, faible contre ses pleurs,
Je ne la verrai plus. Ma fermeté trahie
Craint moins tous vos tyrans qu'un regard de Tullie.
Je ne la verrai plus! oui, qu'elle parte.... Ah dieux!

ARONS.

Pour vos intérêts seuls arrêté dans ces lieux,
J'ai bientôt passé l'heure avec peine accordée,
Que vous-même, seigneur, vous m'aviez demandée.

TITUS.

Moi, je l'ai demandée?

ARONS.

Hélas! que pour vous deux
J'attendais en secret un destin plus heureux!
J'espérais couronner des ardeurs si parfaites;
Il n'y faut plus penser.

TITUS.

Ah, cruel que vous êtes!
Vous avez vu ma honte et mon abaissement;
Vous avez vu Titus balancer un moment.

Allez, adroit témoin de mes lâches tendresses,
Allez à vos deux rois annoncer mes faiblesses;
Contez à ces tyrans terrassés par mes coups
Que le fils de Brutus a pleuré devant vous.
Mais ajoutez au moins que, parmi tant de larmes,
Malgré vous et Tullie, et ses pleurs et ses charmes,
Vainqueur encor de moi, libre, et toujours Romain,
Je ne suis point soumis par le sang de Tarquin;
Que rien ne me surmonte, et que je jure encore
Une guerre éternelle à ce sang que j'adore.

ARONS.

J'excuse la douleur où vos sens sont plongés;
Je respecte en partant vos tristes préjugés.
Loin de vous accabler, avec vous je soupire :
Elle en mourra, c'est tout ce que je peux vous dire.
Adieu, seigneur.

MESSALA.

O ciel!

SCÈNE II.

TITUS, MESSALA.

TITUS.

Non, je ne puis souffrir
Que des remparts de Rome on la laisse sortir :
Je veux la retenir au péril de ma vie.

MESSALA.

Vous voulez....

TITUS.

Je suis loin de trahir ma patrie.
Rome l'emportera, je le sais; mais enfin
Je ne puis séparer Tullie et mon destin.

ACTE IV, SCÈNE II.

Je respire, je vis, je périrai pour elle.
Prends pitié de mes maux, courons, et que ton zèle
Soulève nos amis, rassemble nos soldats :
En dépit du sénat je retiendrai ses pas ;
Je prétends que dans Rome elle reste en otage :
Je le veux.

MESSALA.

Dans quels soins votre amour vous engage !
Et que prétendez-vous par ce coup dangereux,
Que d'avouer sans fruit un amour malheureux ?

TITUS.

Eh bien ! c'est au sénat qu'il faut que je m'adresse.
Va de ces rois de Rome adoucir la rudesse ;
Dis-leur que l'intérêt de l'état, de Brutus....
Hélas, que je m'emporte en desseins superflus !

MESSALA.

Dans la juste douleur où votre ame est en proie,
Il faut, pour vous servir....

TITUS.

Il faut que je la voie ;
Il faut que je lui parle. Elle passe en ces lieux ;
Elle entendra du moins mes éternels adieux.

MESSALA.

Parlez-lui, croyez-moi.

TITUS.

Je suis perdu, c'est elle.

SCÈNE III.

TITUS, MESSALA, TULLIE, ALGINE.

ALGINE.

On vous attend, madame.

TULLIE.

Ah, sentence cruelle !
L'ingrat me touche encore, et Brutus à mes yeux
Paraît un dieu terrible armé contre nous deux.
J'aime, je crains, je pleure, et tout mon cœur s'égare.
Allons.

TITUS.

Non, demeurez.

TULLIE.

Que me veux-tu, barbare ?
Me tromper, me braver ?

TITUS.

Ah ! dans ce jour affreux
Je sais ce que je dois, et non ce que je veux ;
Je n'ai plus de raison, vous me l'avez ravie.
Eh bien ! guidez mes pas, gouvernez ma furie ;
Régnez donc en tyran sur mes sens éperdus ;
Dictez, si vous l'osez, les crimes de Titus.
Non, plutôt que je livre aux flammes, au carnage,
Ces murs, ces citoyens qu'a sauvés mon courage ;
Qu'un père, abandonné par un fils furieux,
Sous le fer de Tarquin....

TULLIE.

M'en préservent les dieux !
La nature te parle, et sa voix m'est trop chère ;
Tu m'as trop bien appris à trembler pour un père ;

ACTE IV, SCÈNE III.

Rassure-toi : Brutus est désormais le mien ;
Tout mon sang est à toi, qui te répond du sien ;
Notre amour, mon hymen, mes jours en sont le gage :
Je serai dans tes mains sa fille, son otage.
Peux-tu délibérer ? Penses-tu qu'en secret
Brutus te vît au trône avec tant de regret ?
Il n'a point sur son front placé le diadème ;
Mais, sous un autre nom, n'est-il pas roi lui-même ?
Son règne est d'une année, et bientôt.... Mais, hélas !
Que de faibles raisons, si tu ne m'aimes pas !
Je ne dis plus qu'un mot. Je pars.... et je t'adore.
Tu pleures, tu frémis, il en est temps encore ;
Achève, parle, ingrat ! que te faut-il de plus ?

TITUS.

Votre haine ; elle manque au malheur de Titus.

TULLIE.

Ah ! c'est trop essuyer tes indignes murmures,
Tes vains engagements, tes plaintes, tes injures ;
Je te rends ton amour dont le mien est confus,
Et tes trompeurs serments, pires que tes refus.
Je n'irai point chercher au fond de l'Italie
Ces fatales grandeurs que je te sacrifie,
Et pleurer loin de Rome, entre les bras d'un roi,
Cet amour malheureux que j'ai senti pour toi.
J'ai réglé mon destin ; Romain dont la rudesse
N'affecte de vertu que contre ta maîtresse,
Héros pour m'accabler, timide à me servir :
Incertain dans tes vœux, apprends à les remplir.
Tu verras qu'une femme, à tes yeux méprisable,
Dans ses projets au moins était inébranlable ;
Et par la fermeté dont ce cœur est armé,
Titus, tu connaîtras comme il t'aurait aimé.

Au pied de ces murs même où régnaient mes ancêtres,
De ces murs que ta main défend contre leurs maîtres,
Où tu m'oses trahir, et m'outrager comme eux,
Où ma foi fut séduite, où tu trompas mes feux,
Je jure à tous les dieux qui vengent les parjures,
Que mon bras, dans mon sang effaçant mes injures,
Plus juste que le tien, mais moins irrésolu,
Ingrat, va me punir de t'avoir mal connu;
Et je vais....

TITUS, *l'arrêtant.*

Non, madame, il faut vous satisfaire :
Je le veux, j'en frémis, et j'y cours pour vous plaire ;
D'autant plus malheureux, que, dans ma passion,
Mon cœur n'a pour excuse aucune illusion ;
Que je ne goûte point, dans mon désordre extrême,
Le triste et vain plaisir de me tromper moi-même ;
Que l'amour aux forfaits me force de voler ;
Que vous m'avez vaincu sans pouvoir m'aveugler,
Et qu'encore indigné de l'ardeur qui m'anime,
Je chéris la vertu, mais j'embrasse le crime.
Haïssez-moi, fuyez, quittez un malheureux
Qui meurt d'amour pour vous et déteste ses feux ;
Qui va s'unir à vous sous ces affreux augures,
Parmi les attentats, le meurtre, et les parjures.

TULLIE.

Vous insultez, Titus, à ma funeste ardeur ;
Vous sentez à quel point vous régnez dans mon cœur.
Oui, je vis pour toi seul, oui, je te le confesse ;
Mais malgré ton amour, mais malgré ma faiblesse
Sois sûr que le trépas m'inspire moins d'effroi
Que la main d'un époux qui craindrait d'être à moi;

Qui se repentirait d'avoir servi son maître ;
Que je fais souverain, et qui rougit de l'être.
　　Voici l'instant affreux qui va nous éloigner.
Souviens-toi que je t'aime, et que tu peux régner.
L'ambassadeur m'attend ; consulte, délibère :
Dans une heure avec moi tu reverras mon père.
Je pars, et je reviens sous ces murs odieux
Pour y rentrer en reine, ou périr à tes yeux.

　　　　　　　TITUS.
Vous ne périrez point. Je vais....

　　　　　　　TULLIE.
　　　　　　　　　　Titus, arrête ;
En me suivant plus loin tu hasardes ta tête ;
On peut te soupçonner ; demeure : adieu ; résous
D'être mon meurtrier ou d'être mon époux.

SCÈNE IV.

TITUS.

Tu l'emportes, cruelle, et Rome est asservie ;
Reviens régner sur elle ainsi que sur ma vie ;
Reviens ; je vais me perdre, ou vais te couronner :
Le plus grand des forfaits est de t'abandonner.
Qu'on cherche Messala ; ma fougueuse imprudence
A de son amitié lassé la patience.
Maîtresse, amis, Romains, je perds tout en un jour.

SCÈNE V.

TITUS, MESSALA.

TITUS.

Sens ma fureur enfin, sers mon fatal amour ;
Viens, suis-moi.

MESSALA.

Commandez, tout est prêt ; mes cohortes
Sont au mont Quirinal et livreront les portes.
Tous nos braves amis vont jurer avec moi
De reconnaître en vous l'héritier de leur roi.
Ne perdez point de temps ; déja la nuit plus sombre
Voile nos grands desseins du secret de son ombre.

TITUS.

L'heure approche ; Tullie en compte les moments...
Et Tarquin, après tout, eut mes premiers serments.
Le sort en est jeté.
(Le fond du théâtre s'ouvre.)
Que vois-je ? c'est mon père.

SCÈNE VI.

BRUTUS, TITUS, MESSALA, LICTEURS.

BRUTUS.

Viens, Rome est en danger ; c'est en toi que j'espère.
Par un avis secret le sénat est instruit
Qu'on doit attaquer Rome au milieu de la nuit.
J'ai brigué pour mon sang, pour le héros que j'aime,
L'honneur de commander dans ce péril extrême :
Le sénat te l'accorde : arme-toi, mon cher fils ;
Une seconde fois va sauver ton pays ;

ACTE IV, SCÈNE VI.

Pour notre liberté va prodiguer ta vie;
Va, mort ou triomphant, tu feras mon envie.

TITUS.

Ciel!..

BRUTUS.

Mon fils!..

TITUS.

Remettez, seigneur, en d'autres mains
Les faveurs du sénat et le sort des Romains.

MESSALA.

Ah! quel désordre affreux de son ame s'empare!

BRUTUS.

Vous pourriez refuser l'honneur qu'on vous prépare?

TITUS.

Qui? moi, seigneur!

BRUTUS.

Eh quoi! votre cœur égaré
Des refus du sénat est encore ulcéré!
De vos prétentions je vois les injustices.
Ah! mon fils, est-il temps d'écouter vos caprices?
Vous avez sauvé Rome et n'êtes pas heureux?
Cet immortel honneur n'a pas comblé vos vœux?
Mon fils au consulat a-t-il osé prétendre
Avant l'âge où les lois permettent de l'attendre?
Va, cesse de briguer une indigne faveur;
La place où je t'envoie est ton poste d'honneur;
Va, ce n'est qu'aux tyrans que tu dois ta colère :
De l'état et de toi je sens que je suis père.
Donne ton sang à Rome et n'en exige rien;
Sois toujours un héros; sois plus, sois citoyen.
Je touche, mon cher fils, au bout de ma carrière;
Tes triomphantes mains vont fermer ma paupière;

Mais, soutenu du tien, mon nom ne mourra plus;
Je renaîtrai pour Rome, et vivrai dans Titus.
Que dis-je? je te suis. Dans mon âge débile
Les dieux ne m'ont donné qu'un courage inutile;
Mais je te verrai vaincre, ou mourrai, comme toi,
Vengeur du nom romain, libre encore, et sans roi.

TITUS.

Ah, Messala!

SCÈNE VII.

BRUTUS, VALÉRIUS, TITUS, MESSALA.

VALÉRIUS.

Seigneur, faites qu'on se retire.

BRUTUS, *à son fils.*

Cours, vole...

(*Titus et Messala sortent.*)

VALÉRIUS.

On trahit Rome.

BRUTUS.

Ah! qu'entends-je?

VALÉRIUS.

On conspire,
Je n'en saurais douter; on nous trahit, seigneur.
De cet affreux complot j'ignore encor l'auteur;
Mais le nom de Tarquin vient de se faire entendre,
Et d'indignes Romains ont parlé de se rendre.

BRUTUS.

Des citoyens romains ont demandé des fers!

VALÉRIUS.

Les perfides m'ont fui par des chemins divers;

On les suit. Je soupçonne et Ménas et Lélie,
Ces partisans des rois et de la tyrannie,
Ces secrets ennemis du bonheur de l'état,
Ardents à désunir le peuple et le sénat.
Messala les protège ; et, dans ce trouble extrême,
J'oserais soupçonner jusqu'à Messala même,
Sans l'étroite amitié dont l'honore Titus.

BRUTUS.

Observons tous leurs pas ; je ne puis rien de plus :
La liberté, la loi dont nous sommes les pères,
Nous défend des rigueurs peut-être nécessaires :
Arrêter un Romain sur de simples soupçons,
C'est agir en tyrans, nous qui les punissons.
Allons parler au peuple, enhardir les timides,
Encourager les bons, étonner les perfides.
Que les pères de Rome et de la liberté
Viennent rendre aux Romains leur intrépidité ;
Quels cœurs en nous voyant ne reprendront courage ?
Dieux ! donnez-nous la mort plutôt que l'esclavage ;
Que le sénat nous suive.

SCÈNE VIII.

BRUTUS, VALÉRIUS, PROCULUS.

PROCULUS.

Un esclave, seigneur,
D'un entretien secret implore la faveur.

BRUTUS.

Dans la nuit ? à cette heure ?

PROCULUS.

Oui, d'un avis fidèle
Il apporte, dit-il, la pressante nouvelle.

BRUTUS.

Peut-être des Romains le salut en dépend :
Allons, c'est les trahir que tarder un moment.
    (à Proculus.)
Vous, allez vers mon fils ; qu'à cette heure fatale
Il défende surtout la porte Quirinale,
Et que la terre avoue, au bruit de ses exploits,
Que le sort de mon sang est de vaincre les rois.

FIN DU QUATRIÈME ACTE.

ACTE CINQUIÈME.

SCÈNE I.

BRUTUS, LES SÉNATEURS, PROCULUS, LICTEURS, L'ESCLAVE VINDEX.

BRUTUS.

Oui, Rome n'était plus ; oui, sous la tyrannie
L'auguste liberté tombait anéantie ;
Vos tombeaux se rouvraient ; c'en était fait : Tarquin
Rentrait dès cette nuit, la vengeance à la main.
C'est cet ambassadeur, c'est lui dont l'artifice
Sous les pas des Romains creusait ce précipice.
Enfin, le croirez-vous? Rome avait des enfants
Qui conspiraient contre elle, et servaient les tyrans ;
Messala conduisait leur aveugle furie,
A ce perfide Arons il vendait sa patrie :
Mais le ciel a veillé sur Rome et sur vos jours ;
Cet esclave a d'Arons écouté les discours ;
(en montrant l'esclave.)
Il a prévu le crime, et son avis fidèle
A réveillé ma crainte, a ranimé mon zèle.
Messala, par mon ordre arrêté cette nuit,
Devant vous à l'instant allait être conduit ;
J'attendais que du moins l'appareil des supplices
De sa bouche infidèle arrachât ses complices ;
Mes licteurs l'entouraient, quand Messala soudain,
Saisissant un poignard qu'il cachait dans son sein,

Et qu'à vous, sénateurs, il destinait peut-être :
Mes secrets, a-t-il dit, que l'on cherche à connaître,
C'est dans ce cœur sanglant qu'il faut les découvrir ;
Et qui sait conspirer, sait se taire et mourir.
On s'écrie, on s'avance : il se frappe, et le traître
Meurt encore en Romain, quoiqu'indigne de l'être.
Déja des murs de Rome Arons était parti ;
Assez loin vers le camp nos gardes l'ont suivi ;
On arrête à l'instant Arons avec Tullie.
Bientôt, n'en doutez point, de ce complot impie
Le ciel va découvrir toutes les profondeurs ;
Publicola partout en cherche les auteurs.
Mais quand nous connaîtrons le nom des parricides,
Prenez garde, Romains, point de grâce aux perfides ;
Fussent-ils nos amis, nos frères, nos enfants,
Ne voyez que leur crime, et gardez vos serments.
Rome, la liberté, demandent leur supplice ;
Et qui pardonne au crime, en devient le complice.

(*à l'esclave.*)

Et toi, dont la naissance, et l'aveugle destin
N'avait fait qu'un esclave, et dut faire un Romain,
Par qui le sénat vit, par qui Rome est sauvée,
Reçois la liberté que tu m'as conservée ;
Et prenant désormais des sentiments plus grands,
Sois l'égal de mes fils, et l'effroi des tyrans.
Mais qu'est-ce que j'entends ? quelle rumeur soudaine ?

PROCULUS.

Arons est arrêté, seigneur, et je l'amène.

BRUTUS.

De quel front pourra-t-il... ?

SCÈNE II.

BRUTUS, LES SÉNATEURS, ARONS, LICTEURS.

ARONS.

Jusques à quand, Romains,
Voulez-vous profaner tous les droits des humains ?
D'un peuple révolté conseils vraiment sinistres,
Pensez-vous abaisser les rois dans leurs ministres ?
Vos licteurs insolents viennent de m'arrêter :
Est-ce mon maître ou moi que l'on veut insulter ?
Et chez les nations ce rang inviolable...

BRUTUS.

Plus ton rang est sacré, plus il te rend coupable ;
Cesse ici d'attester des titres superflus.

ARONS.

L'ambassadeur d'un roi,...!

BRUTUS.

Traître, tu ne l'es plus ;
Tu n'es qu'un conjuré, paré d'un nom sublime,
Que l'impunité seule enhardissait au crime.
Les vrais ambassadeurs, interprètes des lois,
Sans les déshonorer savent servir leurs rois ;
De la foi des humains discrets dépositaires,
La paix seule est le fruit de leurs saints ministères ;
Des souverains du monde ils sont les nœuds sacrés,
Et, partout bienfaisants, sont partout révérés.
A ces traits, si tu peux, ose te reconnaître :
Mais si tu veux au moins rendre compte à ton maître
Des ressorts, des vertus, des lois de cet état,
Comprends l'esprit de Rome, et connais le sénat.
Ce peuple auguste et saint sait respecter encore
Les lois des nations que ta main déshonore ;

Plus tu les méconnais, plus nous les protégeons:
Et le seul châtiment qu'ici nous t'imposons,
C'est de voir expirer les citoyens perfides
Qui liaient avec toi leurs complots parricides.
Tout couvert de leur sang répandu devant toi,
Va d'un crime inutile entretenir ton roi;
Et montre en ta personne aux peuples d'Italie
La sainteté de Rome et ton ignominie.
Qu'on l'emmène, licteurs.

SCÈNE III.

Les sénateurs, BRUTUS, VALÉRIUS, PROCULUS.

BRUTUS.

Eh bien! Valérius,
Ils sont saisis sans doute, ils sont au moins connus?
Quel sombre et noir chagrin, couvrant votre visage,
De maux encor plus grands semble être le présage?
Vous frémissez.

VALÉRIUS.

Songez que vous êtes Brutus.

BRUTUS.

Expliquez-vous...

VALÉRIUS.

Je tremble à vous en dire plus.
(*Il lui donne des tablettes.*)
Voyez, seigneur; lisez, connaissez les coupables.

BRUTUS, *prenant les tablettes.*

Me trompez-vous, mes yeux? O jours abominables!
O père infortuné! Tibérinus? mon fils!
Sénateurs, pardonnez... Le perfide est-il pris?

ACTE V, SCÈNE III.

VALÉRIUS.

Avec deux conjurés il s'est osé défendre ;
Ils ont choisi la mort plutôt que de se rendre ;
Percé de coups, seigneur, il est tombé près d'eux :
Mais il reste à vous dire un malheur plus affreux,
Pour vous, pour Rome entière et pour moi plus sensible.

BRUTUS.

Qu'entends-je ?

VALÉRIUS.

Reprenez cette liste terrible
Que chez Messala même a saisi Proculus.

BRUTUS.

Lisons donc... Je frémis, je tremble. Ciel ! Titus !
  (*Il se laisse tomber entre les bras de Proculus.*)

VALÉRIUS.

Assez près de ces lieux je l'ai trouvé sans armes,
Errant, désespéré, plein d'horreur et d'alarmes.
Peut-être il détestait cet horrible attentat.

BRUTUS.

Allez, pères conscrits, retournez au sénat ;
Il ne m'appartient plus d'oser y prendre place :
Allez, exterminez ma criminelle race ;
Punissez-en le père, et jusque dans mon flanc
Recherchez sans pitié la source de leur sang.
Je ne vous suivrai point, de peur que ma présence
Ne suspendît de Rome ou fléchît la vengeance.

SCÈNE IV.

BRUTUS.

GRANDS dieux ! à vos décrets tous mes vœux sont soumis !
Dieux vengeurs de nos lois, vengeurs de mon pays,

C'est vous qui par mes mains fondiez sur la justice
De notre liberté l'éternel édifice :
Voulez-vous renverser ses sacrés fondements ?
Et contre votre ouvrage armez-vous mes enfants ?
Ah ! que Tibérinus, en sa lâche furie,
Ait servi nos tyrans, ait trahi sa patrie,
Le coup en est affreux, le traître était mon fils !
Mais Titus ! un héros ! l'amour de son pays !
Qui dans ce même jour, heureux et plein de gloire,
A vu par un triomphe honorer sa victoire !
Titus, qu'au capitole ont couronné mes mains !
L'espoir de ma vieillesse et celui des Romains !
Titus ! dieux !

SCÈNE V.

BRUTUS, VALÉRIUS, SUITE, LICTEURS.

VALÉRIUS.

Du sénat la volonté suprême
Est que sur votre fils vous prononciez vous-même.

BRUTUS.

Moi ?

VALÉRIUS.

Vous seul.

BRUTUS.

Et du reste en a-t-il ordonné ?

VALÉRIUS.

Des conjurés, seigneur, le reste est condamné ;
Au moment où je parle ils ont vécu peut-être.

BRUTUS.

Et du sort de mon fils le sénat me rend maître ?

ACTE V, SCÈNE V.

VALÉRIUS.

Il croit à vos vertus devoir ce rare honneur.

BRUTUS.

O patrie !

VALÉRIUS.

Au sénat que dirai-je, seigneur ?

BRUTUS.

Que Brutus voit le prix de cette grâce insigne ;
Qu'il ne la cherchait pas... mais qu'il s'en rendra digne...
Mais mon fils s'est rendu sans daigner résister ;
Il pourrait... Pardonnez si je cherche à douter ;
C'était l'appui de Rome, et je sens que je l'aime.

VALÉRIUS.

Seigneur, Tullie...

BRUTUS.

Eh bien...

VALÉRIUS.

Tullie au moment même
N'a que trop confirmé ces soupçons odieux.

BRUTUS.

Comment, seigneur ?

VALÉRIUS.

A peine elle a revu ces lieux,
A peine elle aperçoit l'appareil des supplices,
Que, sa main consommant ces tristes sacrifices,
Elle tombe, elle expire, elle immole à nos lois
Ce reste infortuné de nos indignes rois.
Si l'on nous trahissait, seigneur, c'était pour elle.
Je respecte en Brutus la douleur paternelle ;
Mais, tournant vers ces lieux ses yeux appesantis,
Tullie en expirant a nommé votre fils.

BRUTUS.
Justes dieux!
VALÉRIUS.
C'est à vous à juger de son crime.
Condamnez, épargnez, ou frappez la victime;
Rome doit approuver ce qu'aura fait Brutus.
BRUTUS.
Licteurs, que devant moi l'on amène Titus.
VALÉRIUS.
Plein de votre vertu, seigneur, je me retire :
Mon esprit étonné vous plaint et vous admire;
Et je vais au sénat apprendre avec terreur
La grandeur de votre ame et de votre douleur.

SCÈNE VI.
BRUTUS, PROCULUS.

BRUTUS.
Non, plus j'y pense encore, et moins je m'imagine
Que mon fils des Romains ait tramé la ruine :
Pour son père et pour Rome il avait trop d'amour;
On ne peut à ce point s'oublier en un jour.
Je ne le puis penser, mon fils n'est point coupable.
PROCULUS.
Messala, qui forma ce complot détestable,
Sous ce grand nom peut-être a voulu se couvrir;
Peut-être on hait sa gloire, on cherche à la flétrir.
BRUTUS.
Plût au ciel!
PROCULUS.
De vos fils c'est le seul qui vous reste.
Qu'il soit coupable ou non de ce complot funeste,

ACTE V, SCÈNE VI.

Le sénat indulgent vous remet ses destins :
Ses jours sont assurés puisqu'ils sont dans vos mains ;
Vous saurez à l'état conserver ce grand homme,
Vous êtes père enfin.

BRUTUS.

Je suis consul de Rome.

SCÈNE VII.

BRUTUS, PROCULUS, TITUS, *dans le fond du théâtre, avec des licteurs.*

PROCULUS.

Le voici.

TITUS.

C'est Brutus ! O douloureux moments !
O terre, entr'ouvre-toi sous mes pas chancelants !
Seigneur, souffrez qu'un fils...

BRUTUS.

Arrête, téméraire.

De deux fils que j'aimai les dieux m'avaient fait père ;
J'ai perdu l'un ; que dis-je ? ah, malheureux Titus !
Parle ; ai-je encore un fils ?

TITUS.

Non, vous n'en avez plus.

BRUTUS.

Réponds donc à ton juge, opprobre de ma vie.

(*Il s'assied.*)

Avais-tu résolu d'opprimer ta patrie ?
D'abandonner ton père au pouvoir absolu ?
De trahir tes serments ?

TITUS.

Je n'ai rien résolu.

Plein d'un mortel poison dont l'horreur me dévore,
Je m'ignorais moi-même, et je me cherche encore;
Mon cœur, encor surpris de son égarement,
Emporté loin de soi, fut coupable un moment :
Ce moment m'a couvert d'une honte éternelle ;
A mon pays que j'aime il m'a fait infidèle :
Mais, ce moment passé, mes remords infinis
Ont égalé mon crime et vengé mon pays.
Prononcez mon arrêt. Rome, qui vous contemple,
A besoin de ma perte et veut un grand exemple ;
Par mon juste supplice il faut épouvanter
Les Romains, s'il en est qui puissent m'imiter.
Ma mort servira Rome autant qu'eût fait ma vie :
Et ce sang, en tout temps utile à sa patrie,
Dont je n'ai qu'aujourd'hui souillé la pureté,
N'aura coulé jamais que pour la liberté.

BRUTUS.

Quoi ! tant de perfidie avec tant de courage ?
De crimes, de vertus, quel horrible assemblage !
Quoi ! sous ces lauriers même, et parmi ces drapeaux,
Que ton sang à mes yeux rendait encor plus beaux !
Quel démon t'inspira cette horrible inconstance ?

TITUS.

Toutes les passions, la soif de la vengeance,
L'ambition, la haine, un instant de fureur....

BRUTUS.

Achève, malheureux.

TITUS.

Une plus grande erreur,
Un feu qui de mes sens est même encor le maître,
Qui fit tout mon forfait, qui l'augmente peut-être.
C'est trop vous offenser par cet aveu honteux,

Inutile pour Rome, indigne de nous deux.
Mon malheur est au comble ainsi que ma furie :
Terminez mes forfaits, mon désespoir, ma vie,
Votre opprobre et le mien. Mais si dans les combats
J'avais suivi la trace où m'ont conduit vos pas,
Si je vous imitai, si j'aimai ma patrie,
D'un remords assez grand si ma faute est suivie,
   (*il se jette à genoux.*)
A cet infortuné daignez ouvrir les bras ;
Dites du moins, Mon fils, Brutus ne te hait pas ;
Ce mot seul, me rendant mes vertus et ma gloire,
De la honte où je suis défendra ma mémoire :
On dira que Titus, descendant chez les morts,
Eut un regard de vous pour prix de ses remords,
Que vous l'aimiez encore, et que, malgré son crime,
Votre fils dans la tombe emporta votre estime.
    BRUTUS.
Son remords me l'arrache. O Rome ! ô mon pays !
Proculus.... à la mort que l'on mène mon fils.
Lève-toi, triste objet d'horreur et de tendresse ;
Lève-toi, cher appui qu'espérait ma vieillesse ;
Viens embrasser ton père ; il t'a dû condamner :
Mais, s'il n'était Brutus, il t'allait pardonner.
Mes pleurs, en te parlant, inondent ton visage :
Va, porte à ton supplice un plus mâle courage ;
Va, ne t'attendris point, sois plus Romain que moi,
Et que Rome t'admire en se vengeant de toi.
    TITUS.
Adieu : je vais périr digne encor de mon père.
     (*On l'emmène.*)

SCÈNE VIII.

BRUTUS, PROCULUS.

PROCULUS.

Seigneur, tout le sénat, dans sa douleur sincère,
En frémissant du coup qui doit vous accabler....

BRUTUS.

Vous connaissez Brutus et l'osez consoler !
Songez qu'on nous prépare une attaque nouvelle :
Rome seule a mes soins ; mon cœur ne connaît qu'elle.
Allons ; que les Romains, dans ces moments affreux,
Me tiennent lieu du fils que j'ai perdu pour eux ;
Que je finisse au moins ma déplorable vie
Comme il eût dû mourir, en vengeant la patrie.

SCÈNE IX.

BRUTUS, PROCULUS, UN SÉNATEUR.

LE SÉNATEUR.

Seigneur...

BRUTUS.

Mon fils n'est plus ?

LE SÉNATEUR.

C'en est fait... et mes yeux...

BRUTUS.

Rome est libre : il suffit.... Rendons grâces aux dieux.

FIN DE BRUTUS.

ZAÏRE,

TRAGÉDIE,

Représentée, pour la première fois, le 13 auguste 1732.

LETTRE

A M. DE LA ROQUE,

SUR LA TRAGÉDIE DE ZAÏRE. (1732.)

Quoique pour l'ordinaire vous vouliez bien prendre la peine, monsieur, de faire les extraits des pièces nouvelles, cependant vous me privez de cet avantage, et vous voulez que ce soit moi qui parle de Zaïre. Il me semble que je vois M. le Normand ou M. Cochin réduire un de leurs clients à plaider sa cause. L'entreprise est dangereuse; mais je vais mériter au moins la confiance que vous avez en moi par la sincérité avec laquelle je m'expliquerai.

Zaïre est la première pièce de théâtre dans laquelle j'aie osé m'abandonner à toute la sensibilité de mon cœur; c'est la seule tragédie tendre que j'aie faite. Je croyais, dans l'âge même des passions les plus vives, que l'amour n'était point fait pour le théâtre tragique; je ne regardais cette faiblesse que comme un défaut charmant qui avilissait l'art des Sophocle. Les connaisseurs qui se plaisent plus à la douceur élégante de Racine qu'à la force de Corneille, me paraissent ressembler aux curieux qui préfèrent les nudités du Corrège au chaste et noble pinceau de Raphaël.

Le public qui fréquente les spectacles est aujourd'hui plus que jamais dans le goût du Corrège.

Il faut de la tendresse et du sentiment ; c'est même ce que les acteurs jouent le mieux. Vous trouverez vingt comédiens qui plairont dans les rôles d'Andronic et d'Hippolyte, et à peine un seul qui réussisse dans ceux de Cinna et d'Horace. Il a donc fallu me plier aux mœurs du temps, et commencer tard à parler d'amour.

J'ai cherché du moins à couvrir cette passion de toute la bienséance possible ; et, pour l'ennoblir, j'ai voulu la mettre à côté de ce que les hommes ont de plus respectable. L'idée me vint de faire contraster dans un même tableau, d'un côté, l'honneur, la naissance, la patrie, la religion ; et de l'autre, l'amour le plus tendre et le plus malheureux ; les mœurs des mahométans et celles des chrétiens ; la cour d'un soudan et celle d'un roi de France ; et de faire paraître pour la première fois des Français sur la scène tragique. Je n'ai pris dans l'histoire que l'époque de la guerre de saint Louis ; tout le reste est entièrement d'invention. L'idée de cette pièce, étant si neuve et si fertile, s'arrangea d'elle-même ; et au lieu que le plan d'Ériphile m'avait beaucoup coûté, celui de Zaïre fut fait en un seul jour ; et l'imagination, échauffée par l'intérêt qui régnait dans ce plan, acheva la pièce en vingt-deux jours.

Il entre peut-être un peu de vanité dans cet aveu (car où est l'artiste sans amour propre?) mais je devais cette excuse au public des fautes et des négligences qu'on a trouvées dans ma tragédie. Il aurait été mieux sans doute d'attendre à la faire représenter que j'en eusse châtié le style; mais des raisons, dont il est inutile de fatiguer le public, n'ont pas permis qu'on différât. Voici, monsieur, le sujet de cette pièce.

La Palestine avait été enlevée aux princes chrétiens par le conquérant Saladin. Noradin, Tartare d'origine, s'en était ensuite rendu maître. Orosmane, fils de Noradin, jeune homme plein de grandeur, de vertus, et de passions, commençait à régner avec gloire dans Jérusalem. Il avait porté sur le trône de la Syrie la franchise et l'esprit de liberté de ses ancêtres. Il méprisait les règles austères du sérail, et n'affectait point de se rendre invisible aux étrangers et à ses sujets pour devenir plus respectable. Il traitait avec douceur les esclaves chrétiens, dont son sérail et ses états étaient remplis. Parmi ses esclaves il s'était trouvé un enfant, pris autrefois au sac de Césarée, sous le règne de Noradin. Cet enfant, ayant été racheté par des chrétiens à l'âge de neuf ans, avait été amené en France au roi saint Louis, qui avait daigné prendre soin de son éducation et de sa fortune. Il avait pris en France le nom de Nérestan; et, étant retourné en Syrie, il avait été fait prisonnier encore une fois, et avait été enfermé parmi les esclaves d'Orosmane. Il retrouva dans la captivité une jeune personne avec qui il avait été prisonnier dans son enfance lorsque les chrétiens avaient perdu Césarée. Cette jeune personne, à qui on avait donné le nom de Zaïre, ignorait sa naissance, aussi-bien que Nérestan et que tous ces enfants de tribut qui sont enlevés de bonne heure des mains de leurs parents, et qui ne connaissent de famille et de patrie que le sérail. Zaïre savait seulement qu'elle était née chrétienne; Nérestan et quelques autres esclaves, un peu plus âgés qu'elle, l'en assuraient. Elle avait toujours conservé un ornement qui renfermait une croix, seule preuve qu'elle eût de sa religion. Une autre esclave nommée Fatime, née chrétienne, et mise au sérail à l'âge de dix ans, tâchait d'instruire Zaïre du peu qu'elle savait de la religion de ses pères. Le jeune Nérestan, qui avait la liberté de voir Zaïre et Fatime, animé du zèle qu'avaient alors les chevaliers français, touché d'ailleurs pour Zaïre de la plus tendre amitié, la disposait au christianisme. Il se proposa de racheter Zaïre, Fatime, et dix chevaliers chrétiens du bien qu'il avait acquis en France, et de les ramener à la cour de saint Louis. Il eut la hardiesse de demander au soudan Orosmane la permission de retourner en France sur sa seule parole, et le soudan eut la générosité de le permettre. Nérestan partit, et fut deux ans hors de Jérusalem.

Cependant la beauté de Zaïre croissait avec son âge, et la naïveté touchante de son caractère la rendait encore plus aimable que sa beauté. Orosmane la vit, et lui parla. Un cœur comme le sien ne pouvait l'aimer qu'éperdument. Il résolut de bannir la mollesse qui avait efféminé tant de rois de l'Asie, et d'avoir dans Zaïre une amie, une maîtresse, une femme, qui lui tiendrait lieu de tous les plaisirs, et qui partagerait son cœur avec les devoirs d'un prince et d'un guerrier. Les faibles idées du christianisme, tracées à peine dans le cœur de Zaïre, s'évanouirent bientôt à la vue du soudan; elle l'aima autant qu'elle en était aimée, sans que l'ambition se mêlât en rien à la pureté de sa tendresse.

Nérestan ne revenait point de France. Zaïre ne voyait qu'Orosmane et son amour; elle était prête d'épouser le sultan, lorsque le jeune Français arriva. Orosmane le fait entrer en présence même de Zaïre. Nérestan apportait avec la rançon de Zaïre et de Fatime, celle de dix chevaliers qu'il devait choisir. J'ai satisfait à mes serments, dit-il au soudan; c'est à toi de tenir ta promesse, de me remettre Zaïre, Fatime, et les dix chevaliers: mais apprends que j'ai épuisé ma fortune à payer leur rançon: « Une pauvreté noble est tout ce qui me reste »; je viens me remettre dans tes fers. Le soudan, satisfait du grand courage de ce chrétien, et né pour être plus généreux encore, lui rendit toutes les rançons qu'il apportait, lui donna cent chevaliers au lieu de dix, et le combla de présents; mais il lui fit entendre que Zaïre n'était pas faite pour être rachetée, et qu'elle était d'un prix au-dessus de toutes rançons. Il refusa aussi de lui rendre, parmi les chevaliers qu'il délivrait, un prince de Lusignan, fait esclave depuis long-temps dans Césarée.

Ce Lusignan, le dernier de la branche des rois de Jérusalem, était un vieillard respecté dans l'orient, l'amour de tous les chrétiens, et dont le nom seul pouvait être dangereux aux Sarrasins. C'était lui principalement que Nérestan avait voulu racheter; il parut devant Orosmane accablé du refus qu'on lui faisait de Lusignan et de Zaïre. Le soudan remarqua ce trouble; il sentit dès ce moment un commencement de jalousie, que la générosité de son caractère lui fit étouffer: cependant il ordonna que les cent chevaliers fussent prêts à partir le lendemain avec Nérestan.

Zaïre, sur le point d'être sultane, voulut donner au moins à Nérestan une preuve de sa reconnaissance; elle se jette aux pieds d'Orosmane pour obtenir la liberté du vieux Lusignan. Orosmane ne pouvait rien refuser à Zaïre, on alla tirer Lusignan des fers. Les chrétiens délivrés étaient avec Nérestan dans les appartements extérieurs du sérail; ils pleuraient la destinée de Lusignan: surtout le chevalier de Chatillon, ami tendre de ce malheureux prince, ne pouvait se résoudre à accepter une liberté qu'on refusait à son ami et à son maître, lorsque Zaïre arrive, et leur amène celui qu'ils n'espéraient plus.

Lusignan, ébloui de la lumière qu'il revoyait après vingt années de prison, pouvant se soutenir à peine, ne sachant où il est et où on le conduit, voyant enfin qu'il était avec des Français, et reconnaissant Chatillon, s'abandonne à cette joie mêlée d'amertume que les malheureux éprouvent dans leur consolation. Il demande à qui il doit sa délivrance; Zaïre prend la parole en lui présentant Nérestan : C'est à ce jeune Français, dit-elle, que vous et tous les chrétiens devez votre liberté. Alors le vieillard apprend que Nérestan a été élevé dans le sérail avec Zaïre; et se tournant vers eux: Hélas! dit-il, puisque vous avez pitié de mes malheurs, achevez votre ouvrage; instruisez-moi du sort de mes enfants. Deux me furent enlevés au berceau, lorsque je fus pris dans Césarée; deux autres furent massacrés devant moi avec leur mère. O mes fils! ô martyrs! veillez du haut du ciel sur mes autres enfants, s'ils sont vivants encore. Hélas! j'ai su que mon dernier fils et ma fille furent conduits dans ce sérail. Vous qui m'écoutez, Nérestan, Zaïre, Chatillon, n'avez-vous nulle connaissance de ces tristes restes du sang de Godefroi et de Lusignan?

Au milieu de ces questions, qui déja remuaient le cœur de Nérestan et de Zaïre, Lusignan aperçut au bras de Zaïre un ornement qui renfermait une croix : il se ressouvint que l'on avait mis cette parure à sa fille, lorsqu'on la portait au baptême : Chatillon l'en avait ornée lui-même, et Zaïre avait été arrachée de ses bras avant que d'être baptisée. La ressemblance des traits, l'âge, toutes les circonstances, une cicatrice de la blessure que son jeune fils avait reçue, tout confirme à Lusignan qu'il est père encore; et la nature parlant à la fois au cœur de tous les trois, et s'expliquant par des larmes : Embrassez-moi, mes chers enfants, s'écria Lusignan, et revoyez votre père. Zaïre et Nérestan ne pouvaient s'arracher de ses bras. Mais hélas ! dit ce vieillard infortuné, goûterai-je une joie pure ? Grand Dieu, qui me rends ma fille, me la rends-tu chrétienne ? Zaïre rougit et frémit à ces paroles. Lusignan vit sa honte et son malheur, et Zaïre avoua qu'elle était musulmane. La douleur, la religion, et la nature, donnèrent en ce moment des forces à Lusignan ; il embrassa sa fille, et lui montrant d'une main le tombeau de Jésus-Christ, et le ciel de l'autre, animé de son désespoir, de son zèle, aidé de tant de chrétiens, de son fils, et du Dieu qui l'inspire, il touche sa fille, il l'ébranle ; elle se jette à ses pieds et lui promet d'être chrétienne.

Au moment arrive un officier du sérail, qui sépare Zaïre de son père et de son frère, et qui arrête tous les chevaliers français. Cette rigueur inopinée était le fruit d'un conseil qu'on venait de tenir en présence d'Orosmane. La flotte de saint Louis était partie de Chypre, et on craignait pour les côtes de Syrie ; mais un second courrier ayant apporté la nouvelle du départ de saint Louis pour l'Egypte, Orosmane fut rassuré ; il était lui-même ennemi du soudan d'Egypte. Ainsi, n'ayant rien à craindre ni du roi ni des Français qui étaient à Jérusalem, il commanda qu'on les renvoyât à leur roi, et ne songea plus qu'à réparer, par la pompe et la magnificence de son mariage, la rigueur dont il avait usé envers Zaïre.

Pendant que le mariage se préparait, Zaïre désolée demanda au soudan la permission de revoir Nérestan encore une fois. Orosmane, trop heureux de trouver une occasion de plaire à Zaïre, eut l'indulgence de permettre cette entrevue. Nérestan revit donc Zaïre; mais ce fut pour lui apprendre que son père était près d'expirer; qu'il mourait entre la joie d'avoir retrouvé ses enfants, et l'amertume d'ignorer si Zaïre serait chrétienne; et qu'il lui ordonnait en mourant d'être baptisée ce jour-là même de la main du pontife de Jérusalem. Zaïre attendrie et vaincue promit tout, et jura à son frère qu'elle ne trahirait point le sang dont elle était née, qu'elle serait chrétienne, qu'elle n'épouserait point Orosmane, qu'elle ne prendrait aucun parti avant que d'avoir été baptisée.

A peine avait-elle prononcé ce serment, qu'Orosmane, plus amoureux et plus aimé que jamais, vient la prendre pour la conduire à la mosquée. Jamais on n'eut le cœur plus déchiré que Zaïre; elle était partagée entre son Dieu, sa famille, et son nom, qui la retenaient, et le plus aimable de tous les hommes, qui l'adorait. Elle ne se connut plus; elle céda à la douleur, et s'échappa des mains de son amant, le quittant avec désespoir, et le laissant dans l'accablement de la surprise, de la douleur et de la colère.

Les impressions de jalousie se réveillèrent dans le cœur d'Orosmane : l'orgueil les empêcha de paraître, et l'amour les adoucit. Il prit la fuite de Zaïre pour un caprice, pour un artifice innocent, pour la crainte naturelle à une jeune fille, pour tout autre chose enfin que pour une trahison. Il vit encore Zaïre, lui pardonna, et l'aima plus que jamais. L'amour de Zaïre augmentait par la tendresse indulgente de son amant. Elle se jette en larmes à ses genoux, le supplie de différer le mariage jusqu'au lendemain. Elle comptait que son frère serait alors parti, qu'elle aurait reçu le baptême, que Dieu lui donnerait la force de résister : elle se flattait même quelquefois que la religion chrétienne lui permettrait d'aimer un homme si tendre, si généreux, si vertueux, à qui il ne manquait que d'être chrétien. Frappée de toutes ces idées, elle parlait à Orosmane avec une tendresse si naïve et une douleur si vraie, qu'Orosmane céda encore, et lui accorda le sacrifice de vivre sans elle ce jour-là. Il était sûr d'être aimé ; il était heureux dans cette idée, et fermait les yeux sur le reste.

Cependant, dans les premiers mouvements de jalousie, il avait ordonné que le sérail fût fermé à tous les chrétiens. Nérestan, trouvant le sérail fermé, et n'en soupçonnant pas la cause, écrivit une lettre pressante à Zaïre ; il lui mandait d'ouvrir une porte secrète qui conduisait vers la mosquée, et lui recommandait d'être fidèle.

La lettre tomba entre les mains d'un garde, qui la porta à Orosmane. Le soudan en crut à peine ses yeux. Il se vit trahi ; il ne douta pas de son malheur et du crime de Zaïre. Avoir comblé un étranger, un captif, de bienfaits ; avoir donné son cœur, sa couronne, à une fille esclave ; lui avoir

tout sacrifié, ne vivre que pour elle, et en être
trahi pour ce captif même; être trompé par les
apparences du plus tendre amour; éprouver en
un moment ce que l'amour a de plus violent, ce
que l'ingratitude a de plus noir, ce que la perfidie
a de plus traître : c'était sans doute un état horrible; mais Orosmane aimait, et il souhaitait de
trouver Zaïre innocente. Il lui fait rendre ce billet
par un esclave inconnu; il se flatte que Zaïre pouvait ne point écouter Nérestan : Nérestan seul lui
paraissait coupable. Il ordonne qu'on l'arrête et
qu'on l'enchaîne, et il va à l'heure et à la place du
rendez-vous attendre l'effet de la lettre.

La lettre est rendue à Zaïre : elle la lit en tremblant, et, après avoir long-temps hésité, elle dit
enfin à l'esclave qu'elle attendra Nérestan, et donne
ordre qu'on l'introduise. L'esclave rend compte
de tout à Orosmane.

Le malheureux soudan tombe dans l'excès d'une
douleur mêlée de fureur et de larmes. Il tire son
poignard, et il pleure. Zaïre vient au rendez-vous
dans l'obscurité de la nuit : Orosmane entend sa
voix, et son poignard lui échappe; elle approche,
elle appelle Nérestan, et à ce nom Orosmane la
poignarde.

Dans l'instant on lui amène Nérestan enchaîné,
avec Fatime complice de Zaïre. Orosmane hors de
lui s'adresse à Nérestan, en le nommant son rival:
C'est toi qui m'arraches Zaïre, dit-il, regarde-la
avant que de mourir; que ton supplice commence

avec le sien ; regarde-la, te dis-je. Nérestan approche de ce corps expirant : Ah! que vois-je! ah, ma sœur! barbare, qu'as-tu fait?... A ce mot de sœur, Orosmane est comme un homme qui revient d'un songe funeste ; il connaît son erreur ; il voit ce qu'il a perdu ; il est trop abîmé dans l'horreur de son état pour se plaindre. Nérestan et Fatime lui parlent, mais de tout ce qu'ils disent il n'entend autre chose sinon qu'il était aimé. Il prononce le nom de Zaïre, il court à elle ; on l'arrête, il retombe dans l'engourdissement de son désespoir. Qu'ordonnes-tu de moi? lui dit Nérestan. Le soudan, après un long silence, fait ôter les fers à Nérestan, le comble de largesses, lui et tous les chrétiens, et se tue auprès de Zaïre.

Voilà, monsieur, le plan exact de la conduite de cette tragédie que j'expose avec toutes ses fautes. Je suis bien loin de m'enorgueillir du succès passager de quelques représentations. Qui ne connaît l'illusion du théâtre? qui ne sait qu'une situation intéressante, mais triviale, une nouveauté brillante et hasardée, la seule voix d'une actrice, suffisent pour tromper quelque temps le public? Quelle distance immense entre un ouvrage souffert au théâtre et un bon ouvrage! j'en sens malheureusement toute la différence. Je vois combien il est difficile de réussir au gré des connaisseurs. Je ne suis pas plus indulgent qu'eux pour moi-même ; et si j'ose travailler, c'est que mon goût extrême pour cet art l'emporte encore sur la connaissance que j'ai de mon peu de talent.

ÉPITRE DÉDICATOIRE
A M. FALKENER,

NÉGOCIANT ANGLAIS, DEPUIS AMBASSADEUR
A CONSTANTINOPLE.

Vous êtes Anglais, mon cher ami, et je suis né en France; mais ceux qui aiment les arts sont tous concitoyens. Les honnêtes gens qui pensent ont à peu près les mêmes principes, et ne composent qu'une république : ainsi il n'est pas plus étrange de voir aujourd'hui une tragédie française dédiée à un Anglais ou à un Italien, que si un citoyen d'Ephèse ou d'Athènes avait autrefois adressé son ouvrage à un Grec d'une autre ville. Je vous offre donc cette tragédie comme à mon compatriote dans la littérature, et comme à mon ami intime.

Je jouis en même temps du plaisir de pouvoir dire à ma nation de quel œil les négociants sont regardés chez vous, quelle estime on sait avoir en Angleterre pour une profession qui fait la grandeur de l'état, et avec quelle supériorité quelques-uns d'entre vous représentent leur patrie dans le parlement, et sont au rang des législateurs.

Je sais bien que cette profession est méprisée de nos petits-maîtres; mais vous savez aussi que nos petits-maîtres et les vôtres sont l'espèce la plus ridicule qui rampe avec orgueil sur la surface de la terre.

Une raison encore qui m'engage à m'entretenir de belles-lettres avec un Anglais plutôt qu'avec un autre, c'est votre heureuse liberté de penser : elle en communique à mon esprit, mes idées se trouvent plus hardies avec vous.

> Quiconque avec moi s'entretient
> Semble disposer de mon ame :
> S'il sent vivement, il m'enflamme;
> Et s'il est fort, il me soutient.
> Un courtisan, pétri de feinte,
> Fait dans moi tristement passer
> Sa défiance et sa contrainte;
> Mais un esprit libre et sans crainte
> M'enhardit, et me fait penser :
> Mon feu s'échauffe à sa lumière,
> Ainsi qu'un jeune peintre, instruit
> Sous le Moine et sous Largillière,
> De ces maîtres qui l'ont conduit
> Se rend la touche familière :

Il prend, malgré lui, leur manière,
Et compose avec leur esprit.
C'est pourquoi Virgile se fit
Un devoir d'admirer Homère :
Il le suivit dans sa carrière,
Et son émule il se rendit,
Sans se rendre son plagiaire.

Ne craignez pas qu'en vous envoyant ma pièce je vous en fasse une longue apologie. Je pourrais vous dire pourquoi je n'ai pas donné à Zaïre une vocation plus déterminée au christianisme avant qu'elle reconnût son père, et pourquoi elle cache son secret à son amant, etc. ; mais les esprits sages, qui aiment à rendre justice, verront bien mes raisons sans que je les indique : pour les critiques déterminés, qui sont disposés à ne me pas croire, ce serait peine perdue que de les leur dire.

Je me vanterai avec vous d'avoir fait seulement une pièce assez simple, qualité dont on doit faire cas de toutes façons.

Cette heureuse simplicité
Fut un des plus dignes partages
De la savante antiquité.
Anglais, que cette nouveauté
S'introduise dans vos usages.

Sur votre théâtre infecté
D'horreurs, de gibets, de carnages,
Mettez donc plus de vérité,
Avec de plus nobles images.
Addisson l'a déja tenté :
C'était le poëte des sages ;
Mais il était trop concerté :
Et, dans son Caton si vanté,
Ses deux filles, en vérité,
Sont d'insipides personnages.
Imitez du grand Addisson
Seulement ce qu'il a de bon ;
Polissez la rude action
De vos Melpomènes sauvages ;
Travaillez pour les connaisseurs
De tous les temps, de tous les âges ;
Et répandez dans vos ouvrages
La simplicité de vos mœurs.

Que messieurs les poëtes anglais ne s'imaginent pas que je veuille leur donner Zaïre pour modèle : je leur prêche la simplicité naturelle et la douceur des vers, mais je ne me fais point du tout le saint de mon sermon. Si Zaïre a eu quelques succès, je le dois beaucoup moins à la bonté de mon ouvrage qu'à la prudence que j'ai eue de parler d'amour le plus tendrement qu'il m'a été possible. J'ai flatté en cela le goût de mon auditoire : on est assez sûr de réussir quand on parle aux passions des gens plus qu'à leur raison. On veut de l'amour, quelque bon chrétien que l'on soit; et je suis très persuadé que bien en prit au grand Corneille de ne s'être pas borné, dans son Polyeucte, à faire casser les statues de Jupiter par les néophytes. Car telle est la corruption du genre humain, que peut-être

>De Polyeucte la belle ame
>Aurait faiblement attendri,
>Et les vers chrétiens qu'il déclame
>Seraient tombés dans le décri,
>N'eût été l'amour de sa femme
>Pour ce païen son favori,
>Qui méritait bien mieux sa flamme
>Que son bon dévot de mari.

Même aventure à peu près est arrivée à Zaïre. Tous ceux qui vont aux spectacles m'ont assuré que, si elle n'avait été que convertie, elle aurait peu intéressé; mais elle est amoureuse de la meilleure foi du monde, et voilà ce qui a fait sa fortune. Cependant il s'en faut bien que j'aie échappé à la censure.

>Plus d'un éplucheur intraitable,
>M'a vétillé, m'a critiqué;

Plus d'un railleur impitoyable
Prétendait que j'avais croqué,
Et peu clairement expliqué,
Un roman très peu vraisemblable,
Dans ma cervelle fabriqué;
Que le sujet en est tronqué,
Que la fin n'est pas raisonnable;
Même on m'avait pronostiqué
Ce sifflet tant épouvantable,
Avec quoi le public choqué
Régale un auteur misérable.
Cher ami, je me suis moqué
De leur censure insupportable :
J'ai mon drame en public risqué;
Et le parterre favorable,
Au lieu de siffler, m'a claqué.
Des larmes même ont offusqué
Plus d'un œil, que j'ai remarqué
Pleurer de l'air le plus aimable.
Mais je ne suis point requinqué
Par un succès si désirable :
Car j'ai, comme un autre, marqué
Tous les *déficit* de ma fable.
Je sais qu'il est indubitable
Que, pour former œuvre parfait,
Il faudrait se donner au diable;
Et c'est ce que je n'ai pas fait.

Je n'ose me flatter que les Anglais fassent à Zaïre le même honneur qu'ils ont fait à Brutus, dont on a joué la traduction sur le théâtre de Londres. Vous avez ici la réputation de n'être ni assez dévots pour vous soucier beaucoup du vieux Lusignan, ni assez tendres pour être touchés de Zaïre. Vous passez pour aimer mieux une intrigue de conjurés qu'une intrigue d'amants. On croit qu'à votre théâtre on bat des mains au mot de *patrie*, et chez nous à celui d'*amour*; cependant la vérité est que vous mettez de l'amour tout comme nous dans vos tragédies. Si vous n'avez pas la réputation d'être tendres, ce n'est pas que vos héros de théâtre ne soient amoureux, mais c'est qu'ils expriment rarement leur passion d'une manière naturelle. Nos amants parlent en amants, et les vôtres ne parlent encore qu'en poëtes.

Si vous permettez que les Français soient vos maîtres en galanterie, il y a bien des choses en récompense que nous pourrions prendre de vous. C'est au théâtre anglais que je dois la hardiesse que j'ai eue de mettre sur la scène les noms de nos rois et des anciennes familles du royaume. Il me paraît que cette nouveauté pourrait être la source d'un genre de tragédie qui nous est inconnu jusqu'ici, et dont nous avons besoin. Il se trouvera sans doute des génies heureux qui perfectionneront cette idée, dont Zaïre n'est qu'une faible ébauche. Tant que l'on continuera en France de protéger les lettres, nous aurons assez d'écrivains. La nature forme presque toujours des hommes en tout genre de talent : il ne s'agit que de les encourager et de les employer. Mais si ceux qui se distinguent un peu n'étaient soutenus par quelque récompense honorable, et par l'attrait plus flatteur de la considération, tous les beaux arts pourraient bien dépérir au milieu des abris élevés pour eux, et ces arbres plantés par Louis XIV dégénéreraient faute de culture : le public aurait toujours du goût, mais les grands maîtres manqueraient. Un sculpteur, dans son académie, verrait des hommes médiocres à côté de lui, et n'élèverait pas sa pensée jusqu'à Girardon et au Puget; un peintre se contenterait de se croire supérieur à son confrère, et ne songerait pas à égaler le Poussin. Puissent les successeurs de Louis XIV suivre toujours l'exemple de ce grand roi, qui donnait d'un coup-d'œil une noble émulation à tous les artistes! Il encourageait à la fois un

Racine et un van-Robais... Il portait notre commerce et notre gloire par-delà les Indes; il étendait ses grâces sur des étrangers, étonnés d'être connus et récompensés par notre cour. Partout où était le mérite, il avait un protecteur dans Louis XIV.

> Car, de son astre bienfaisant
> Les influences libérales,
> Du Caire au bord de l'Occident,
> Et sous les glaces boréales,
> Cherchaient le mérite indigent.
> Avec plaisir ses mains royales
> Répandaient la gloire et l'argent,
> Le tout sans brigue et sans cabales.
> Guillelmini, Viviani,
> Et le céleste Cassini,
> Auprès des lis venaient se rendre;
> Et quelque forte pension
> Vous aurait pris le grand Newton,
> Si Newton avait pu se prendre.
> Ce sont là les heureux succès
> Qui faisaient la gloire immortelle
> De Louis et du nom français.
> Ce Louis était le modèle
> De l'Europe et de vos Anglais.
> On craignait que, par ses progrès,
> Il n'envahît à tout jamais
> La monarchie universelle;
> Mais il l'obtint par ses bienfaits.

Vous n'avez pas chez vous des fondations pareilles aux monuments de la munificence de nos rois, mais votre nation y supplée. Vous n'avez pas besoin des regards du maître pour honorer et récompenser les grands talents en tout genre. Le chevalier Steele et le chevalier Wambruck étaient en même temps auteurs comiques et membres du parlement. La primatie du docteur Tillotson, l'ambassade de M. Prior, la charge de M. Newton, le ministère de M. Addisson, ne sont que les suites ordinaires de la considération qu'ont chez vous les grands hommes. Vous les comblez de biens pendant leur vie, vous leur élevez des mausolées et des statues après leur mort : il n'y a point jusqu'aux actrices célèbres qui n'aient chez vous leur place dans les temples à côté des grands poëtes.

>Votre Oldfields [1], et sa devancière
>Bracegirdle la minaudière,
>Pour avoir su, dans leurs beaux jours,
>Réussir au grand art de plaire,
>Ayant achevé leur carrière,
>S'en furent avec le concours
>De votre république entière,

---

[1] Fameuse actrice, mariée à un seigneur d'Angleterre.

Sous un grand poële de velours,
Dans votre église, pour toujours,
Loger de superbe manière.
Leur ombre en paraît encor fière,
Et s'en vante avec les Amours :
Tandis que le divin Molière,
Bien plus digne d'un tel honneur,
A peine obtint le froid bonheur
De dormir dans un cimetière;
Et que l'aimable le Couvreur,
A qui j'ai fermé la paupière,
N'a pas eu même la faveur
De deux cierges et d'une bière;
Et que monsieur de Laubinière
Porta la nuit, par charité,
Ce corps autrefois si vanté,
Dans un vieux fiacre empaqueté,
Vers le bord de notre rivière.
Voyez-vous pas, à ce récit,
L'amour irrité qui gémit,
Qui s'envole en brisant ses armes,
Et Melpomène, toute en larmes,
Qui m'abandonne, et se bannit
Des lieux ingrats qu'elle embellit
Si long-temps de ses nobles charmes?

Tout semble ramener les Français à la barbarie dont Louis XIV et le cardinal de Richelieu les ont tirés. Malheur aux politiques qui ne connaissent pas le prix des beaux arts! La terre est couverte de nations aussi puissantes que nous : d'où vient cependant que nous les regardons presque toutes avec peu d'estime? c'est par la raison qu'on méprise dans la société un homme riche dont l'esprit est sans goût et sans culture. Surtout ne croyez pas que cet empire de l'esprit, et cet honneur d'être le modèle des autres peuples, soit une gloire frivole; ce sont les marques infaillibles de la grandeur d'un peuple. C'est toujours sous les plus grands princes que les arts ont fleuri, et leur décadence est quelquefois l'époque de celle d'un état : l'histoire est pleine de ces exemples. Mais ce sujet me mènerait trop loin ; il faut que je finisse cette lettre, déja trop longue, en vous envoyant un petit ouvrage qui trouve naturellement sa place à la tête de cette tragédie. C'est une épître en vers [1] à celle qui a joué le rôle de Zaïre : je lui devais au moins un compliment pour la façon dont elle s'en est acquittée :

> Car le prophète de la Mecque
> Dans son sérail n'a jamais eu

---

[1] Voyez page 281.

Si gentille Arabesque ou Grecque;
Son œil noir, tendre, et bien fendu,
Sa voix, et sa grâce intrinsèque,
Ont mon ouvrage défendu
Contre l'auditeur qui rebèque :
Mais quand le lecteur morfondu
L'aura dans sa bibliothèque,
Tout mon honneur sera perdu.

Adieu, mon ami : cultivez toujours les lettres et la philosophie, sans oublier d'envoyer des vaisseaux dans les Echelles du Levant.

Je vous embrasse de tout mon cœur.

VOLTAIRE.

SECONDE LETTRE
A M. FALKENER,

ALORS AMBASSADEUR A CONSTANTINOPLE;

Tirée d'une seconde édition de Zaïre.

Mon cher ami, (car votre nouvelle dignité d'ambassadeur rend seulement notre amitié plus respectable et ne m'empêche pas de me servir ici d'un titre plus sacré que le titre de ministre : le nom d'ami est bien au-dessus de celui d'excellence :)

Je dédie à l'ambassadeur d'un grand roi et d'une nation libre le même ouvrage que j'ai dédié au simple citoyen, au négociant anglais.

Ceux qui savent combien le commerce est honoré dans votre patrie n'ignorent pas aussi qu'un négociant y est quelquefois un législateur, un bon officier, un ministre public.

Quelques personnes, corrompues par l'indigne usage de ne rendre hommage qu'à la grandeur, ont essayé de jeter un ridicule sur la nouveauté d'une dédicace faite à un homme qui n'avait alors que du mérite. On a osé, sur un théâtre consacré au mauvais goût et à la médisance, insulter à l'auteur de cette dédicace et à celui qui l'avait reçue ; on a osé lui reprocher d'être un négociant. Il ne faut point imputer à notre nation une grossièreté si honteuse, dont les peuples les moins civilisés rougiraient. Les magistrats qui veillent parmi nous sur les mœurs, et qui sont continuellement occupés à réprimer le scandale, furent surpris alors ; mais le mépris et l'horreur du public pour l'auteur connu de cette indignité sont une nouvelle preuve de la politesse des Français.

Les vertus qui forment le caractère d'un peuple sont souvent démenties par les vices d'un particulier. Il y a eu quelques hommes voluptueux à Lacédémone. Il y a eu des esprits légers et bas en Angleterre. Il y a eu dans Athènes des hommes sans goût, impolis et grossiers, et on en trouve dans Paris.

Oublions-les comme ils sont oubliés du public, et recevez ce second hommage : je le dois d'autant plus à un Anglais, que cette tragédie vient d'être embellie à Londres; elle y a été traduite et jouée avec tant de succès, on a parlé de moi sur votre théâtre avec tant de politesse et de bonté, que j'en dois ici un remerciement public à votre nation.

Je ne peux mieux faire, je crois, pour l'honneur des lettres, que d'apprendre ici à mes compatriotes les singularités de la traduction et de la représentation de Zaïre sur le théâtre de Londres.

M. Hill, homme de lettres, qui paraît connaître le théâtre mieux qu'aucun auteur anglais, me fit l'honneur de traduire ma pièce, dans le dessein d'introduire sur votre scène quelques nouveautés et pour la manière d'écrire les tragédies et pour celle de les réciter. Je parlerai d'abord de la représentation.

L'art de déclamer était chez vous un peu hors de la nature; la plupart de vos acteurs tragiques s'exprimaient souvent plus en poëtes saisis d'enthousiasme qu'en hommes que la passion inspire. Beaucoup de comédiens avaient encore outré ce défaut ; ils déclamaient des vers ampoulés avec une fureur et une impétuosité qui est au beau naturel ce que les convulsions sont à l'égard d'une démarche noble et aisée.

Cet air d'empressement semblait étranger à votre nation; car elle est naturellement sage, et cette sagesse est quelquefois prise pour de la froideur par les étrangers. Vos prédicateurs ne se permettent jamais un ton de déclamateur. On rirait chez vous d'un avocat qui s'échaufferait dans son plaidoyer. Les seuls comédiens étaient outrés. Nos acteurs et surtout nos actrices de Paris avaient ce défaut il y a quelques années; ce fut mademoiselle le Couvreur qui les en corrigea. Voyez ce qu'en dit un auteur italien de beaucoup d'esprit et de sens.

« La legiadra Couvreur sola non trotta
« Per quella strada dove i suoi compagni
« Van di galoppo tutti quanti in frotta,
« Se avvien ch'ella pianga, o che si lagni
« Senza quegli urli spaventosi loro,
« Ti muove sì che in pianger l'accompagni. »

Ce même changement que mademoiselle le Couvreur avait fait sur notre scène, mademoiselle Cibber vient de l'introduire sur le théâtre anglais dans le rôle de Zaïre. Chose étrange, que dans tous les arts ce ne soit qu'après bien du temps qu'on vienne enfin au naturel et au simple !

Une nouveauté qui va paraître plus singulière aux Français, c'est qu'un gentilhomme de votre pays qui a de la fortune et de la considération n'a pas dédaigné de jouer sur votre théâtre le rôle d'Orosmane. C'était un spectacle assez intéressant de voir les deux principaux personnages remplis, l'un par un homme de condition, et l'autre par une jeune actrice de dix-huit ans qui n'avait pas encore récité un vers en sa vie.

Cet exemple d'un citoyen qui a fait usage de son talent pour la déclamation n'est pas le premier parmi vous : tout ce qu'il y a de surprenant en cela, c'est que nous nous en étonnions.

Nous devrions faire réflexion que toutes les choses de ce monde dépendent de l'usage et de l'opinion. La cour de France a dansé sur le théâtre avec les acteurs de l'opéra, et on n'a rien trouvé en cela d'étrange, sinon que la mode de ces divertissements ait fini. Pourquoi sera-t-il plus étonnant de réciter que de danser en public? Y a-t-il d'autre différence entre ces deux arts, sinon que l'un est autant au-dessus de l'autre que les talents où l'esprit a quelque part sont au-dessus de ceux du corps? Je le répète encore et je le dirai toujours, aucun des beaux arts n'est méprisable; et il n'est véritablement honteux que d'attacher de la honte aux talents.

Venons à présent à la traduction de Zaïre, et au changement qui vient de se faire chez vous dans l'art dramatique.

Vous aviez une coutume à laquelle M. Addisson, le plus sage de vos écrivains, s'est asservi lui-même : tant l'usage tient lieu de raison et de loi! Cette coutume peu raisonnable était de finir chaque acte par des vers d'un goût différent du reste de la pièce, et ces vers devaient nécessairement renfermer une comparaison. Phèdre, en sortant du théâtre, se comparait poétiquement à une biche, Caton à un rocher, Cléopâtre à des enfants qui pleurent jusqu'à ce qu'ils soient endormis.

Le traducteur de Zaïre est le premier qui ait osé maintenir les droits de la nature contre un goût si éloigné d'elle. Il a proscrit cet usage; il a senti que la passion doit parler un langage vrai, et que le poëte doit se cacher toujours pour ne laisser paraître que le héros.

C'est sur ce principe qu'il a traduit avec naïveté et sans aucune enflure tous les vers simples de la pièce, que l'on gâterait si on voulait les rendre beaux.

On ne peut désirer ce qu'on ne connaît pas.
* * *

J'eusse été, près du Gange, esclave des faux dieux,
Chrétienne dans Paris, musulmane en ces lieux.
* * *

Mais Orosmane m'aime, et j'ai tout oublié.
* * *

Non, la reconnaissance est un faible retour,
Un tribut offensant, trop peu fait pour l'amour.
* * *

Je me croirais haï d'être aimé faiblement.
* * *

Je veux avec excès vous aimer et vous plaire.

* * *

L'art n'est pas fait pour toi, tu n'en as pas besoin.

* * *

L'art le plus innocent tient de la perfidie.

Tous les vers qui sont dans ce goût simple et vrai sont rendus mot à mot dans l'anglais. Il eût été aisé de les orner : mais le traducteur a jugé autrement que quelques-uns de mes compatriotes ; il a aimé et il a rendu toute la naïveté de ces vers. En effet le style doit être conforme au sujet. Alzire, Brutus, et Zaïre, demandaient, par exemple, trois sortes de versifications différentes.

Si Bérénice se plaignait de Titus, et Ariane de Thésée, dans le style de Cinna, Bérénice et Ariane ne toucheraient point.

Jamais on ne parlera bien d'amour, si l'on cherche d'autres ornements que la simplicité et la vérité.

Il n'est pas question ici d'examiner s'il est bien de mettre tant d'amour dans les pièces de théâtre. Je veux que ce soit une faute, elle est et sera universelle : et je ne sais quel nom donner aux fautes qui font le charme du genre humain.

Ce qui est certain, c'est que, dans ce défaut, les Français ont réussi plus que toutes les autres nations anciennes et modernes mises ensemble. L'amour paraît sur nos théâtres avec des bienséances, une délicatesse, une vérité qu'on ne trouve point ailleurs. C'est que de toutes les nations, la française est celle qui a le plus connu la société.

Le commerce continuel, si vif et si poli des deux sexes, a introduit en France une politesse assez ignorée ailleurs.

La société dépend des femmes. Tous les peuples qui ont le malheur de les enfermer sont insociables. Et des mœurs encore austères parmi vous, des querelles politiques, des guerres de religion, qui vous avaient rendus farouches, vous ôtèrent, jusqu'au temps de Charles II, la douceur de la société au milieu même de la liberté. Les poëtes ne devaient donc savoir, ni dans aucun pays, ni même chez les Anglais, la manière dont les honnêtes gens traitent l'amour.

La bonne comédie fut ignorée jusqu'à Molière, comme l'art d'exprimer sur le théâtre des sentiments vrais et délicats fut ignoré jusqu'à Racine; parce que la société ne fut pour ainsi dire dans sa perfection que de leur temps. Un poëte, du fond de son cabinet, ne peut peindre des mœurs qu'il n'a point vues; il aura plus tôt fait cent odes et cent épîtres qu'une scène où il faut faire parler la nature.

Votre Dryden, qui d'ailleurs était un très grand génie, mettait dans la bouche de ses héros amoureux, ou des hyperboles de rhétorique, ou des indécences, deux choses également opposées à la tendresse.

Si M. Racine fait dire à Titus :

« Depuis cinq ans entiers chaque jour je la vois,
« Et crois toujours la voir pour la première fois, »

votre Dryden fait dire à Antoine :

« Ciel ! comme j'aimai ! Témoin les jours
« et les nuits qui suivaient en dansant sous
« vos pieds. Ma seule affaire était de vous
« parler de ma passion; un jour venait et ne
« voyait rien qu'amour; un autre venait, et
« c'était de l'amour encore. Les soleils étaient
« las de nous regarder, et moi je n'étais point
« las d'aimer. »

Il est bien difficile d'imaginer qu'Antoine ait en effet tenu de pareils discours à Cléopâtre,

Dans la même pièce Cléopâtre parle ainsi à Antoine:

« Venez à moi, venez dans mes bras, mon
« cher soldat : j'ai été trop long-temps privée
« de vos caresses; mais quand je vous embras-
« serai, quand vous serez tout à moi, je vous
« punirai de vos cruautés en laissant sur vos
« lèvres l'impression de mes ardents baisers. »

Il est très vraisemblable que Cléopâtre parlait souvent dans ce goût; mais ce n'est point cette indécence qu'il faut représenter devant une audience respectable.

Quelques-uns de vos compatriotes ont beau dire, C'est là la pure nature; on doit leur répondre que c'est précisément cette nature qu'il faut voiler avec soin.

Ce n'est pas même connaître le cœur humain de penser qu'on doit plaire davantage en présentant ces images licencieuses; au contraire c'est fermer l'entrée de l'ame aux vrais plaisirs. Si tout est d'abord à découvert, on est rassasié; il ne reste plus rien à chercher, rien à désirer, et on arrive tout d'un coup à la langueur en croyant courir à la volupté. Voilà pourquoi la bonne compagnie a des plaisirs que les gens grossiers ne connaissent pas.

Les spectateurs, en ce cas, sont comme les amants qu'une jouissance trop prompte dégoûte : ce n'est qu'à travers cent nuages qu'on doit entrevoir ces idées qui feraient rougir, présentées de trop près ; c'est ce voile qui fait le charme des honnêtes gens ; il n'y a point pour eux de plaisir sans bienséance.

Les Français ont connu cette règle plus tôt que les autres peuples, non parce qu'ils sont sans génie et sans hardiesse, comme le dit ridiculement l'inégal et impétueux Dryden, mais parce que, depuis la régence d'Anne d'Autriche, ils ont été le peuple le plus sociable et le plus poli de la terre : et cette politesse n'est point une chose arbitraire comme ce qu'on appelle civilité ; c'est une loi de la nature qu'ils ont heureusement cultivée plus que les autres peuples.

Le traducteur de Zaïre a respecté presque partout ces bienséances théâtrales, qui vous doivent être communes comme à nous ; mais il y a quelques endroits où il s'est livré encore à d'anciens usages.

Par exemple, lorsque, dans la pièce anglaise, Orosmane vient annoncer à Zaïre qu'il croit ne la plus aimer, Zaïre lui répond en se roulant par terre. Le sultan n'est point ému de la voir en cette posture ridicule et de désespoir, et le moment d'après il est tout étonné que Zaïre pleure.

Il lui dit cet hémistiche :

Zaïre, vous pleurez!

Il aurait dû lui dire auparavant :

Zaïre, vous vous roulez par terre!

Aussi ces trois mots, *Zaïre, vous pleurez*, qui font un grand effet sur notre théâtre, n'en ont fait aucun sur le vôtre, parce qu'ils étaient déplacés. Ces expressions familières et naïves tirent toute leur force de la seule manière dont elles sont amenées. *Seigneur, vous changez de visage*, n'est rien par soi-même; mais le moment où ces paroles si simples sont prononcées dans Mithridate fait frémir.

Ne dire que ce qu'il faut et de la manière dont il le faut est, ce me semble, un mérite dont les Français, si vous m'en exceptez, ont plus approché que les écrivains des autres pays. C'est, je crois, sur cet art que notre nation doit être crue. Vous nous apprenez des choses plus grandes et plus utiles : il serait honteux à nous de ne le pas avouer. Les Français qui ont écrit contre les découvertes du chevalier Newton sur la lumière en rougissent; ceux qui combattent la gravitation en rougiront bientôt.

Vous devez vous soumettre aux règles de notre théâtre, comme nous devons embrasser votre philosophie. Nous avons fait d'aussi bonnes expériences sur le cœur humain que vous sur la physique. L'art de plaire semble l'art des Français, et l'art de penser paraît le vôtre. Heureux, monsieur, qui comme vous les réunit! etc.

ÉPITRE

A MADEMOISELLE GAUSSIN,

Jeune actrice, qui a représenté le rôle de Zaïre
avec beaucoup de succès.

Jeune Gaussin, reçois mon tendre hommage,
Reçois mes vers, au théâtre applaudis ;
Protège-les : Zaïre est ton ouvrage ;
Il est à toi, puisque tu l'embellis.
Ce sont tes yeux, ces yeux si pleins de charmes,
Ta voix touchante, et tes sons enchanteurs,
Qui du critique ont fait tomber les armes.
Ta seule vue adoucit les censeurs.
L'illusion, cette reine des cœurs,
Marche à ta suite, inspire les alarmes,
Le sentiment, les regrets, les douleurs,
Et le plaisir de répandre des larmes.
   Le dieu des vers, qu'on allait dédaigner,
Est, par ta voix, aujourd'hui sûr de plaire ;
Le dieu d'amour, à qui tu fus plus chère,
Est, par tes yeux, bien plus sûr de régner.
Entre ces dieux désormais tu vas vivre :
Hélas ! long-temps je les servis tous deux ;
Il en est un que je n'ose plus suivre.
Heureux cent fois le mortel amoureux,
Qui tous les jours peut te voir et t'entendre,
Que tu reçois avec un souris tendre,
Qui voit son sort écrit dans tes beaux yeux ;
Qui, pénétré de leurs feux qu'il adore,
A tes genoux oubliant l'univers,
Parle d'amour, et t'en reparle encore !
Et malheureux qui n'en parle qu'en vers !

PERSONNAGES.

OROSMANE, soudan de Jérusalem.
LUSIGNAN, prince du sang des rois de Jérusalem.
ZAIRE,
FATIME, } esclaves du soudan.
NÉRESTAN,
CHATILLON, } chevaliers français.
CORASMIN,
MÉLÉDOR, } officiers du soudan.
UN ESCLAVE.
SUITE.

La scène est au sérail de Jérusalem.

ZAÏRE,
TRAGÉDIE.

ACTE PREMIER.

SCÈNE I.
ZAIRE, FATIME.

FATIME.

Je ne m'attendais pas, jeune et belle Zaïre,
Aux nouveaux sentiments que ce lieu vous inspire.
Quel espoir si flatteur, ou quels heureux destins
De vos jours ténébreux ont fait des jours sereins ?
La paix de votre cœur augmente avec vos charmes.
Cet éclat de vos yeux n'est plus terni de larmes :
Vous ne les tournez plus vers ces heureux climats
Où ce brave Français devait guider nos pas !
Vous ne me parlez plus de ces belles contrées
Où d'un peuple poli les femmes adorées
Reçoivent cet encens que l'on doit à vos yeux.
Compagnes d'un époux et reines en tous lieux,
Libres sans déshonneur, et sages sans contrainte,
Et ne devant jamais leurs vertus à la crainte !
Ne soupirez-vous plus pour cette liberté ?
Le sérail d'un soudan, sa triste austérité,
Ce nom d'esclave enfin, n'ont-ils rien qui vous gêne ?
Préférez-vous Solyme aux rives de la Seine ?

ZAÏRE.

On ne peut désirer ce qu'on ne connaît pas.
Sur les bords du Jourdain le ciel fixa nos pas.
Au sérail des soudans dès l'enfance enfermée,
Chaque jour ma raison s'y voit accoutumée.
Le reste de la terre anéanti pour moi
M'abandonne au soudan qui nous tient sous sa loi;
Je ne connais que lui, sa gloire, sa puissance;
Vivre sous Orosmane est ma seule espérance;
Le reste est un vain songe.

FATIME.

     Avez-vous oublié
Ce généreux Français dont la tendre amitié
Nous promit si souvent de rompre notre chaîne?
Combien nous admirions son audace hautaine!
Quelle gloire il acquit dans ces tristes combats
Perdus par les chrétiens sous les murs de Damas!
Orosmane vainqueur, admirant son courage,
Le laissa sur sa foi partir de ce rivage.
Nous l'attendons encor; sa générosité
Devait payer le prix de notre liberté.
N'en aurions-nous conçu qu'une vaine espérance?

ZAÏRE.

Peut-être sa promesse a passé sa puissance;
Depuis plus de deux ans il n'est point revenu.
Un étranger, Fatime, un captif inconnu,
Promet beaucoup, tient peu, permet à son courage
Des serments indiscrets pour sortir d'esclavage.
Il devait délivrer dix chevaliers chrétiens,
Venir rompre leurs fers, ou reprendre les siens:
J'admirai trop en lui cet inutile zèle;
Il n'y faut plus penser.

FATIME.
Mais s'il était fidèle,
S'il revenait enfin dégager ses serments,
Ne voudriez-vous pas....?
ZAÏRE.
Fatime, il n'est plus temps;
Tout est changé....
FATIME.
Comment? que prétendez-vous dire?
ZAÏRE.
Va, c'est trop te celer le destin de Zaïre;
Le secret du soudan doit encor se cacher;
Mais mon cœur dans le tien se plaît à s'épancher.
Depuis près de trois mois qu'avec d'autres captives
On te fit du Jourdain abandonner les rives,
Le ciel, pour terminer les malheurs de nos jours,
D'une main plus puissante a choisi le secours.
Ce superbe Orosmane....
FATIME.
Eh bien?
ZAÏRE.
Ce soudan même,
Ce vainqueur des chrétiens... chère Fatime... il m'aime.
Tu rougis... je t'entends... garde-toi de penser
Qu'à briguer ses soupirs je puisse m'abaisser,
Que d'un maître absolu la superbe tendresse
M'offre l'honneur honteux du rang de sa maîtresse,
Et que j'essuie enfin l'outrage et le danger
Du malheureux éclat d'un amour passager;
Cette fierté qu'en nous soutient la modestie,
Dans mon cœur à ce point ne s'est pas démentie;
Plutôt que jusque-là j'abaisse mon orgueil,

Je verrais sans pâlir les fers et le cercueil.
Je m'en vais t'étonner; son superbe courage
A mes faibles appas présente un pur hommage;
Parmi tous ces objets à lui plaire empressés,
J'ai fixé ses regards à moi seule adressés;
Et l'hymen, confondant leurs intrigues fatales,
Me soumettra bientôt son cœur et mes rivales.

FATIME.

Vos appas, vos vertus sont dignes de ce prix;
Mon cœur en est flatté plus qu'il n'en est surpris.
Que vos félicités, s'il se peut, soient parfaites!
Je me vois avec joie au rang de vos sujettes.

ZAÏRE.

Sois toujours mon égale, et goûte mon bonheur;
Avec toi partagé, je sens mieux sa douceur.

FATIME.

Hélas! puisse le ciel souffrir cet hyménée!
Puisse cette grandeur qui vous est destinée,
Qu'on nomme si souvent du faux nom de bonheur,
Ne point laisser de trouble au fond de votre cœur!
N'est-il point en secret de frein qui vous retienne?
Ne vous souvient-il plus que vous fûtes chrétienne?

ZAÏRE.

Ah! que dis-tu? pourquoi rappeler mes ennuis?
Chère Fatime, hélas! sais-je ce que je suis?
Le ciel m'a-t-il jamais permis de me connaître?
Ne m'a-t-il pas caché le sang qui m'a fait naître?

FATIME.

Nérestan, qui naquit non loin de ce séjour,
Vous dit que d'un chrétien vous reçûtes le jour;
Que dis-je? cette croix qui sur vous fut trouvée,
Parure de l'enfance, avec soin conservée,

ACTE I, SCÈNE I.

Ce signe des chrétiens, que l'art dérobe aux yeux
Sous le brillant éclat d'un travail précieux,
Cette croix, dont cent fois mes soins vous ont parée,
Peut-être entre vos mains est-elle demeurée
Comme un gage secret de la fidélité
Que vous deviez au dieu que vous avez quitté.

ZAÏRE.

Je n'ai point d'autre preuve ; et mon cœur, qui s'ignore,
Peut-il admettre un dieu que mon amant abhorre ?
La coutume, la loi plia mes premiers ans
A la religion des heureux musulmans :
Je le vois trop ; les soins qu'on prend de notre enfance
Forment nos sentiments, nos mœurs, notre croyance.
J'eusse été près du Gange esclave des faux dieux,
Chrétienne dans Paris, musulmane en ces lieux.
L'instruction fait tout ; et la main de nos pères
Grave en nos faibles cœurs ces premiers caractères
Que l'exemple et le temps nous viennent retracer,
Et que peut-être en nous Dieu seul peut effacer.
Prisonnière en ces lieux, tu n'y fus renfermée
Que lorsque ta raison, par l'âge confirmée,
Pour éclairer ta foi te prêtait son flambeau :
Pour moi, des Sarrasins esclave en mon berceau,
La foi de nos chrétiens me fut trop tard connue.
Contre elle cependant, loin d'être prévenue,
Cette croix, je l'avoue, a souvent malgré moi
Saisi mon cœur surpris de respect et d'effroi ;
J'osais l'invoquer même avant qu'en ma pensée
D'Orosmane en secret l'image fût tracée.
J'honore, je chéris ces charitables lois
Dont ici Nérestan me parla tant de fois,
Ces lois qui, de la terre écartant les misères,

Des humains attendris font un peuple de frères ;
Obligés de s'aimer, sans doute ils sont heureux.

FATIME.

Pourquoi donc aujourd'hui vous déclarer contre eux ?
A la loi musulmane à jamais asservie,
Vous allez des chrétiens devenir l'ennemie ;
Vous allez épouser leur superbe vainqueur.

ZAÏRE.

Qui lui refuserait le présent de son cœur ?
De toute ma faiblesse il faut que je convienne ;
Peut-être sans l'amour j'aurais été chrétienne ;
Peut-être qu'à ta loi j'aurais sacrifié :
Mais Orosmane m'aime, et j'ai tout oublié ;
Je ne vois qu'Orosmane, et mon ame enivrée
Se remplit du bonheur de s'en voir adorée.
Mets-toi devant les yeux sa grâce, ses exploits ;
Songe à ce bras puissant, vainqueur de tant de rois
A cet aimable front que la gloire environne :
Je ne te parle point du sceptre qu'il me donne ;
Non, la reconnaissance est un faible retour,
Un tribut offensant, trop peu fait pour l'amour.
Mon cœur aime Orosmane, et non son diadème ;
Chère Fatime, en lui je n'aime que lui-même.
Peut-être j'en crois trop un penchant si flatteur ;
Mais si le ciel, sur lui déployant sa rigueur,
Aux fers que j'ai portés eût condamné sa vie,
Si le ciel sous mes lois eût rangé la Syrie,
Ou mon amour me trompe, ou Zaïre aujourd'hui
Pour l'élever à soi descendrait jusqu'à lui.

FATIME.

On marche vers ces lieux ; sans doute c'est lui-même.

ZAÏRE.

Mon cœur, qui le prévient, m'annonce ce que j'aime.
Depuis deux jours, Fatime, absent de ce palais,
Enfin son tendre amour le rend à mes souhaits.

SCÈNE II.

OROSMANE, ZAÏRE, FATIME.

OROSMANE.

VERTUEUSE Zaïre, avant que l'hyménée
Joigne à jamais nos cœurs et notre destinée,
J'ai cru, sur mes projets, sur vous, sur mon amour,
Devoir en musulman vous parler sans détour.
Les soudans qu'à genoux cet univers contemple,
Leurs usages, leurs droits, ne sont point mon exemple :
Je sais que notre loi, favorable aux plaisirs,
Ouvre un champ sans limite à nos vastes désirs ;
Que je puis, à mon gré prodiguant mes tendresses,
Recevoir à mes pieds l'encens de mes maîtresses,
Et tranquille au sérail, dictant mes volontés,
Gouverner mon pays du sein des voluptés.
Mais la mollesse est douce, et sa suite est cruelle ;
Je vois autour de moi cent rois vaincus par elle ;
Je vois de Mahomet ces lâches successeurs,
Ces califes tremblants dans leurs tristes grandeurs,
Couchés sur les débris de l'autel et du trône,
Sous un nom sans pouvoir languir dans Babylone,
Eux qui seraient encore, ainsi que leurs aïeux,
Maîtres du monde entier, s'ils l'avaient été d'eux.
Bouillon leur arracha Solyme et la Syrie ;
Mais bientôt, pour punir une secte ennemie,
Dieu suscita le bras du puissant Saladin :

Mon père, après sa mort, asservit le Jourdain;
Et moi, faible héritier de sa grandeur nouvelle,
Maître encore incertain d'un état qui chancelle,
Je vois ces fiers chrétiens, de rapine altérés,
Des bords de l'Occident vers nos bords attirés;
Et lorsque la trompette, et la voix de la guerre,
Du Nil au Pont-Euxin font retentir la terre,
Je n'irai point, en proie à de lâches amours,
Aux langueurs d'un sérail abandonner mes jours.
J'atteste ici la gloire, et Zaïre, et ma flamme,
De ne choisir que vous pour maîtresse et pour femme,
De vivre votre ami, votre amant, votre époux,
De partager mon cœur entre la guerre et vous.
Ne croyez pas non plus que mon honneur confie
La vertu d'une épouse à ces monstres d'Asie,
Du sérail des soudans gardes injurieux,
Et des plaisirs d'un maître esclaves odieux :
Je sais vous estimer autant que je vous aime,
Et sur votre vertu me fier à vous-même.
Après un tel aveu, vous connaissez mon cœur;
Vous sentez qu'en vous seule il a mis son bonheur;
Vous comprenez assez quelle amertume affreuse
Corromprait de mes jours la durée odieuse,
Si vous ne receviez les dons que je vous fais
Qu'avec ces sentiments que l'on doit aux bienfaits
Je vous aime, Zaïre, et j'attends de votre âme
Un amour qui réponde à ma brûlante flamme.
Je l'avouerai, mon cœur ne veut rien qu'ardemment;
Je me croirais haï, d'être aimé faiblement;
De tous mes sentiments tel est le caractère.
Je veux avec excès vous aimer et vous plaire.
Si d'un égal amour votre cœur est épris,

ACTE I, SCÈNE II.

Je viens vous épouser, mais c'est à ce seul prix ;
Et du nœud de l'hymen l'étreinte dangereuse
Me rend infortuné, s'il ne vous rend heureuse.

ZAIRE.

Vous, seigneur, malheureux ! Ah ! si votre grand cœur
A sur mes sentiments pu fonder son bonheur,
S'il dépend en effet de mes flammes secrètes,
Quel mortel fut jamais plus heureux que vous l'êtes !
Ces noms chers et sacrés, et d'amant, et d'époux,
Ces noms nous sont communs ; et j'ai par-dessus vous
Ce plaisir, si flatteur à ma tendresse extrême,
De tenir tout, seigneur, du bienfaiteur que j'aime ;
De voir que ses bontés font seules mes destins ;
D'être l'ouvrage heureux de ses augustes mains ;
De révérer, d'aimer un héros que j'admire.
Oui, si parmi les cœurs soumis à votre empire
Vos yeux ont discerné les hommages du mien,
Si votre auguste choix...

SCÈNE III.

OROSMANE, ZAIRE, FATIME, CORASMIN.

CORASMIN.

Cet esclave chrétien
Qui sur sa foi, seigneur, a passé dans la France,
Revient au moment même, et demande audience.

FATIME.

O ciel !

OROSMANE.

Il peut entrer. Pourquoi ne vient-il pas ?

CORASMIN.

Dans la première enceinte il arrête ses pas ;

Seigneur, je n'ai pas cru qu'aux regards de son maître
Dans ces augustes lieux un chrétien pût paraître.

OROSMANE.

Qu'il paraisse. En tous lieux, sans manquer de respect,
Chacun peut désormais jouir de mon aspect ;
Je vois avec mépris ces maximes terribles,
Qui font de tant de rois des tyrans invisibles.

SCÈNE IV.

OROSMANE, ZAIRE, FATIME, CORASMIN, NÉRESTAN.

NÉRESTAN.

Respectable ennemi qu'estiment les chrétiens,
Je reviens dégager mes sermens et les tiens :
J'ai satisfait à tout ; c'est à toi d'y souscrire :
Je te fais apporter la rançon de Zaïre,
Et celle de Fatime, et de dix chevaliers
Dans les murs de Solyme illustres prisonniers :
Leur liberté, par moi trop long-temps retardée,
Quand je reparaîtrais leur dut être accordée ;
Sultan, tiens ta parole ; ils ne sont plus à toi,
Et dès ce moment même ils sont libres par moi.
Mais, grâces à mes soins quand leur chaîne est brisée,
A t'en payer le prix ma fortune épuisée,
Je ne le cèle pas, m'ôte l'espoir heureux
De faire ici pour moi ce que je fais pour eux ;
Une pauvreté noble est tout ce qui me reste :
J'arrache des chrétiens à leur prison funeste ;
Je remplis mes sermens, mon honneur, mon devoir,
Il me suffit : je viens me mettre en ton pouvoir ;
Je me rends prisonnier, et demeure en otage.

OROSMANE.

Chrétien, je suis content de ton noble courage ;
Mais ton orgueil ici se serait-il flatté
D'effacer Orosmane en générosité ?
Reprends ta liberté, remporte tes richesses,
A l'or de ces rançons joins mes justes largesses :
Au lieu de dix chrétiens que je dus t'accorder,
Je t'en veux donner cent; tu les peux demander :
Qu'ils aillent sur tes pas apprendre à ta patrie
Qu'il est quelques vertus au fond de la Syrie ;
Qu'ils jugent en partant qui méritait le mieux
Des Français ou de moi l'empire de ces lieux.
Mais, parmi ces chrétiens que ma bonté délivre,
Lusignan ne fut point réservé pour te suivre ;
De ceux qu'on peut te rendre il est seul excepté ;
Son nom serait suspect à mon autorité ;
Il est du sang français qui régnait à Solyme ;
On sait son droit au trône, et ce droit est un crime :
Du destin qui fait tout tel est l'arrêt cruel :
Si j'eusse été vaincu, je serais criminel.
Lusignan dans les fers finira sa carrière,
Et jamais du soleil ne verra la lumière.
Je le plains, mais pardonne à la nécessité
Ce reste de vengeance et de sévérité.
Pour Zaïre, crois-moi, sans que ton cœur s'offense,
Elle n'est pas d'un prix qui soit en ta puissance ;
Tes chevaliers français et tous leurs souverains
S'uniraient vainement pour l'ôter de mes mains.
Tu peux partir.

NÉRESTAN.

Qu'entends-je ? Elle naquit chrétienne ;
J'ai pour la délivrer ta parole et la sienne ;

Et quant à Lusignan, ce vieillard malheureux,
Pourrait-il...?

OROSMANE.

Je t'ai dit, chrétien, que je le veux.
J'honore ta vertu; mais cette humeur altière,
Se faisant estimer, commence à me déplaire :
Sors, et que le soleil levé sur mes états
Demain près du Jourdain ne te retrouve pas.

(Nérestan sort.)

FATIME.

O Dieu, secourez-nous !

OROSMANE.

Et vous, allez, Zaïre,
Prenez dans le sérail un souverain empire;
Commandez en sultane; et je vais ordonner,
La pompe d'un hymen qui vous doit couronner.

SCÈNE V.

OROSMANE, CORASMIN.

OROSMANE.

Corasmin, que veut donc cet esclave infidèle ?
Il soupirait... ses yeux se sont tournés vers elle,
Les as-tu remarqués ?

CORASMIN.

Que dites-vous, seigneur?
De ce soupçon jaloux écoutez-vous l'erreur ?

OROSMANE.

Moi, jaloux ! qu'à ce point ma fierté s'avilisse !
Que j'éprouve l'horreur de ce honteux supplice !
Moi ! que je puisse aimer comme l'on sait haïr !
Quiconque est soupçonneux invite à le trahir.

ACTE I, SCÈNE V.

Je vois à l'amour seul ma maîtresse asservie ;
Cher Corasmin, je l'aime avec idolâtrie :
Mon amour est plus fort, plus grand que mes bienfaits.
Je ne suis point jaloux... si je l'étais jamais...
Si mon cœur... Ah ! chassons cette importune idée :
D'un plaisir pur et doux mon ame est possédée.
Va, fais tout préparer pour ces moments heureux
Qui vont joindre ma vie à l'objet de mes vœux.
Je vais donner une heure aux soins de mon empire,
Et le reste du jour sera tout à Zaïre.

FIN DU PREMIER ACTE.

ACTE SECOND.

SCÈNE I.

NÉRESTAN, CHATILLON.

CHATILLON.

O brave Nérestan, chevalier généreux,
Vous qui brisez les fers de tant de malheureux,
Vous, sauveur des chrétiens qu'un Dieu sauveur envoie,
Paraissez, montrez-vous, goûtez la douce joie
De voir nos compagnons, pleurant à vos genoux,
Baiser l'heureuse main qui nous délivre tous.
Aux portes du sérail en foule ils vous demandent;
Ne privez point leurs yeux du héros qu'ils attendent,
Et qu'unis à jamais sous notre bienfaiteur....

NÉRESTAN.

Illustre Chatillon, modérez cet honneur;
J'ai rempli d'un Français le devoir ordinaire,
J'ai fait ce qu'à ma place on vous aurait vu faire.

CHATILLON.

Sans doute, et tout chrétien, tout digne chevalier
Pour sa religion se doit sacrifier;
Et la félicité des cœurs tels que les nôtres
Consiste à tout quitter pour le bonheur des autres.
Heureux à qui le ciel a donné le pouvoir
De remplir comme vous un si noble devoir!
Pour nous, tristes jouets du sort qui nous opprime,
Nous, malheureux Français, esclaves dans Solyme,

Oubliés dans les fers, où, long-temps sans secours,
Le père d'Orosmane abandonna nos jours ;
Jamais nos yeux sans vous ne reverraient la France.

NÉRESTAN.

Dieu s'est servi de moi, seigneur ; sa providence
De ce jeune Orosmane a fléchi la rigueur.
Mais quel triste mélange altère ce bonheur !
Que de ce fier soudan la clémence odieuse
Répand sur ses bienfaits une amertume affreuse !
Dieu me voit et m'entend ; il sait si dans mon cœur
J'avais d'autres projets que ceux de sa grandeur.
Je faisais tout pour lui ; j'espérais de lui rendre
Une jeune beauté qu'à l'âge le plus tendre
Le cruel Noradin fit esclave avec moi,
Lorsque les ennemis de notre auguste foi,
Baignant de notre sang la Syrie enivrée,
Surprirent Lusignan vaincu dans Césarée.
Du sérail des sultans sauvé par des chrétiens,
Remis depuis trois ans dans mes premiers liens,
Renvoyé dans Paris sur ma seule parole,
Seigneur, je me flattais, espérance frivole !
De ramener Zaïre à cette heureuse cour
Où Louis des vertus a fixé le séjour :
Déja même la reine, à mon zèle propice,
Lui tendait de son trône une main protectrice.
Enfin, lorsqu'elle touche au moment souhaité
Qui la tirait du sein de la captivité,
On la retient.... Que dis-je ?.... Ah ! Zaïre elle-même
Oubliant les chrétiens pour ce soudan qui l'aime....
N'y pensons plus.... Seigneur, un refus plus cruel
Vient m'accabler encor d'un déplaisir mortel :
Des chrétiens malheureux l'espérance est trahie.

CHATILLON.

Je vous offre pour eux ma liberté, ma vie;
Disposez-en, seigneur, elle vous appartient.

NÉRESTAN.

Seigneur, ce Lusignan qu'à Solyme on retient,
Ce dernier d'une race en héros si féconde,
Ce guerrier dont la gloire avait rempli le monde,
Ce héros malheureux, de Bouillon descendu,
Aux soupirs des chrétiens ne sera point rendu.

CHATILLON.

Seigneur, s'il est ainsi, votre faveur est vaine :
Quel indigne soldat voudrait briser sa chaîne
Alors que dans les fers son chef est retenu?
Lusignan comme à moi ne vous est pas connu.
Seigneur, remerciez le ciel dont la clémence
A pour votre bonheur placé votre naissance
Long-temps après ces jours à jamais détestés,
Après ces jours de sang et de calamités
Où je vis sous le joug de nos barbares maîtres
Tomber ces murs sacrés conquis par nos ancêtres.
Ciel! si vous aviez vu ce temple abandonné,
Du Dieu que nous servons le tombeau profané,
Nos pères, nos enfants, nos filles et nos femmes
Au pied de nos autels expirant dans les flammes,
Et notre dernier roi, courbé du faix des ans,
Massacré sans pitié sur ses fils expirants!
Lusignan, le dernier de cette auguste race,
Dans ces moments affreux ranimant notre audace,
Au milieu des débris des temples renversés,
Des vainqueurs, des vaincus, et des morts entassés,
Terrible, et d'une main reprenant cette épée
Dans le sang infidèle à tout moment trempée,

Et de l'autre à nos yeux montrant avec fierté
De notre sainte foi le signe redouté;
Criant à haute voix : Français, soyez fidèles....
Sans doute, en ce moment, le couvrant de ses ailes,
La vertu du Très-Haut, qui nous sauve aujourd'hui,
Applanissait sa route et marchait devant lui;
Et des tristes chrétiens la foule délivrée
Vint porter avec nous ses pas dans Césarée.
Là, par nos chevaliers, d'une commune voix,
Lusignan fut choisi pour nous donner des lois.
O mon cher Nérestan, Dieu, qui nous humilie,
N'a pas voulu sans doute, en cette courte vie,
Nous accorder le prix qu'il doit à la vertu;
Vainement pour son nom nous avons combattu.
Ressouvenir affreux, dont l'horreur me dévore!
Jérusalem en cendre, hélas! fumait encore,
Lorsque dans notre asile attaqués et trahis,
Et livrés par un Grec à nos fiers ennemis,
La flamme dont brûla Sion désespérée
S'étendit en fureur aux murs de Césarée :
Ce fut là le dernier de trente ans de revers;
Là je vis Lusignan chargé d'indignes fers :
Insensible à sa chute, et grand dans ses misères,
Il n'était attendri que des maux de ses frères.
Seigneur, depuis ce temps, ce père des chrétiens,
Resserré loin de nous, blanchi dans ses liens,
Gémit dans un cachot, privé de la lumière,
Oublié de l'Asie et de l'Europe entière,
Tel est son sort affreux: qui pourrait aujourd'hui,
Quand il souffre pour nous, se voir heureux sans lui?

NÉRESTAN.

Ce bonheur, il est vrai, serait d'un cœur barbare.

Que je hais le destin qui de lui nous sépare !
Que vers lui vos discours m'ont sans peine entraîné !
Je connais ses malheurs, avec eux je suis né ;
Sans un trouble nouveau je n'ai pu les entendre ;
Votre prison, la sienne, et Césarée en cendre,
Sont les premiers objets, sont les premiers revers
Qui frappèrent mes yeux à peine encore ouverts.
Je sortais du berceau ; ces images sanglantes
Dans vos tristes récits me sont encor présentes.
Au milieu des chrétiens dans un temple immolés,
Quelques enfants, seigneur, avec moi rassemblés,
Arrachés par des mains de carnage fumantes
Aux bras ensanglantés de nos mères tremblantes,
Nous fûmes transportés dans ce palais des rois,
Dans ce même sérail, seigneur, où je vous vois.
Noradin m'éleva près de cette Zaïre,
Qui depuis...., pardonnez si mon cœur en soupire,
Qui depuis, égarée en ce funeste lieu,
Pour un maître barbare abandonna son Dieu.

CHATILLON.

Telle est des musulmans la funeste prudence ;
De leurs chrétiens captifs ils séduisent l'enfance :
Et je bénis le ciel, propice à nos desseins,
Qui dans vos premiers ans vous sauva de leurs mains.
Mais, seigneur, après tout, cette Zaïre même
Qui renonce aux chrétiens pour le soudan qui l'aime,
De son crédit au moins nous pourrait secourir :
Qu'importe de quel bras Dieu daigne se servir ?
M'en croirez-vous ? le juste, aussi-bien que le sage,
Du crime et du malheur sait tirer avantage.
Vous pourriez de Zaïre employer la faveur
A fléchir Orosmane, à toucher son grand cœur,

A nous rendre un héros que lui-même a dû plaindre,
Que sans doute il admire, et qui n'est plus à craindre.

NÉRESTAN.

Mais ce même héros, pour briser ses liens,
Voudra-t-il qu'on s'abaisse à ces honteux moyens?
Et quand il le voudrait, est-il en ma puissance
D'obtenir de Zaïre un moment d'audience?
Croyez-vous qu'Orosmane y daigne consentir?
Le sérail à ma voix pourra-t-il se rouvrir?
Quand je pourrais enfin paraître devant elle,
Que faut-il espérer d'une femme infidèle,
A qui mon seul aspect doit tenir lieu d'affront,
Et qui lira sa honte écrite sur mon front?
Seigneur, il est bien dur pour un cœur magnanime
D'attendre des secours de ceux qu'on mésestime;
Leurs refus sont affreux, leurs bienfaits font rougir.

CHATILLON.

Songez à Lusignan, songez à le servir.

NÉRESTAN.

Eh bien.... Mais quels chemins jusqu'à cette infidèle
Pourront... On vient à nous. Que vois-je? ô ciel! c'est elle.

SCÈNE II.

ZAIRE, CHATILLON, NÉRESTAN.

ZAÏRE, *à Nérestan.*

C'EST vous, digne Français, à qui je viens parler:
Le soudan le permet, cessez de vous troubler;
Et rassurant mon cœur, qui tremble à votre approche,
Chassez de vos regards la plainte et le reproche.
Seigneur, nous nous craignons, nous rougissons tous deux;
Je souhaite et je crains de rencontrer vos yeux.

L'un à l'autre attachés depuis notre naissance,
Une affreuse prison renferma notre enfance;
Le sort nous accabla du poids des mêmes fers,
Que la tendre amitié nous rendait plus légers.
Il me fallut depuis gémir de votre absence;
Le ciel porta vos pas aux rives de la France :
Prisonnier dans Solyme, enfin je vous revis;
Un entretien plus libre alors m'était permis;
Esclave dans la foule, où j'étais confondue,
Aux regards du soudan je vivais inconnue.
Vous daignâtes bientôt, soit grandeur, soit pitié,
Soit plutôt digne effet d'une pure amitié,
Revoyant des Français le glorieux empire,
Y chercher la rançon de la triste Zaïre :
Vous l'apportez; le ciel a trompé vos bienfaits;
Loin de vous, dans Solyme il m'arrête à jamais.
Mais quoi que ma fortune ait d'éclat et de charmes,
Je ne puis vous quitter sans répandre des larmes;
Toujours de vos bontés je vais m'entretenir,
Chérir de vos vertus le tendre souvenir,
Comme vous des humains soulager la misère,
Protéger les chrétiens, leur tenir lieu de mère :
Vous me les rendez chers, et ces infortunés...

NÉRESTAN.

Vous, les protéger! vous, qui les abandonnez!
Vous, qui des Lusignans foulant aux pieds la cendre....

ZAÏRE.

Je la viens honorer, seigneur; je viens vous rendre
Le dernier de ce sang, votre amour, votre espoir :
Oui, Lusignan est libre, et vous l'allez revoir.

CHATILLON.

O ciel! nous reverrions notre appui, notre père!

NÉRESTAN.
Les chrétiens vous devraient une tête si chère !
ZAÏRE.
J'avais sans espérance osé la demander :
Le généreux soudan veut bien nous l'accorder ;
On l'amène en ces lieux.
NÉRESTAN.
Que mon ame est émue !
ZAÏRE.
Mes larmes malgré moi me dérobent sa vue ;
Ainsi que ce vieillard j'ai langui dans les fers :
Qui ne sait compatir aux maux qu'on a soufferts !
NÉRESTAN.
Grand dieu ! que de vertu dans une ame infidèle !

SCÈNE III.

ZAIRE, LUSIGNAN, CHATILLON, NÉRESTAN,
PLUSIEURS ESCLAVES CHRÉTIENS.

LUSIGNAN.
Du séjour du trépas quelle voix me rappelle ?
Suis-je avec des chrétiens ?... Guidez mes pas tremblants.
Mes maux m'ont affaibli plus encor que mes ans.
(*en s'asseyant.*)
Suis-je libre en effet ?
ZAÏRE.
Oui, seigneur, oui, vous l'êtes.
CHATILLON.
Vous vivez, vous calmez nos douleurs inquiètes.
Tous nos tristes chrétiens....
LUSIGNAN.
O jour ! ô douce voix !

Chatillon, c'est donc vous? c'est vous que je revois!
Martyr, ainsi que moi, de la foi de nos pères,
Le dieu que nous servons finit-il nos misères?
En quels lieux sommes-nous? Aidez mes faibles yeux.

CHATILLON.

C'est ici le palais qu'ont bâti vos aïeux;
Du fils de Noradin c'est le séjour profane.

ZAÏRE.

Le maître de ces lieux, le puissant Orosmane,
Sait connaître, seigneur, et chérir la vertu.
Ce généreux Français, qui vous est inconnu,
   (en montrant Nérestan.)
Par la gloire amené des rives de la France,
Venait de dix chrétiens payer la délivrance :
Le soudan, comme lui, gouverné par l'honneur,
Croit, en vous délivrant, égaler son grand cœur.

LUSIGNAN.

Des chevaliers français tel est le caractère;
Leur noblesse en tout temps me fut utile et chère.
Trop digne chevalier, quoi! vous passez les mers,
Pour soulager nos maux et pour briser nos fers?
Ah! parlez, à qui dois-je un service si rare?

NÉRESTAN.

Mon nom est Nérestan; le sort, long-temps barbare,
Qui dans les fers ici me mit presque en naissant,
Me fit quitter bientôt l'empire du croissant :
A la cour de Louis, guidé par mon courage,
De la guerre sous lui j'ai fait l'apprentissage;
Ma fortune et mon rang sont un don de ce roi,
Si grand par sa valeur, et plus grand par sa foi.
Je le suivis, seigneur, au bord de la Charente,
Lorsque du fier Anglais la valeur menaçante,

Cédant à nos efforts trop long-temps captivés,
Satisfit en tombant aux lis qu'ils ont bravés.
Venez, prince, et montrez au plus grand des monarques,
De vos fers glorieux les vénérables marques :
Paris va révérer le martyr de la croix ;
Et la cour de Louis est l'asile des rois.

LUSIGNAN.

Hélas ! de cette cour j'ai vu jadis la gloire.
Quand Philippe à Bovine enchaînait la victoire,
Je combattais, seigneur, avec Montmorenci,
Melun, d'Estaing, de Nesle, et ce fameux Couci.
Mais à revoir Paris je ne dois plus prétendre :
Vous voyez qu'au tombeau je suis prêt à descendre ;
Je vais au roi des rois demander aujourd'hui
Le prix de tous les maux que j'ai soufferts pour lui.
Vous, généreux témoin de mon heure dernière,
Tandis qu'il en est temps, écoutez ma prière :
Nérestan, Chatillon, et vous.... de qui les pleurs
Dans ces moments si chers honorent mes malheurs,
Madame, ayez pitié du plus malheureux père
Qui jamais ait du ciel éprouvé la colère,
Qui répand devant vous des larmes que le temps
Ne peut encor tarir dans mes yeux expirants.
Une fille, trois fils, ma superbe espérance,
Me furent arrachés dès leur plus tendre enfance :
O mon cher Chatillon, tu dois t'en souvenir.

CHATILLON.

De vos malheurs encor vous me voyez frémir.

LUSIGNAN.

Prisonnier avec moi dans Césarée en flamme,
Tes yeux virent périr mes deux fils et ma femme.

CHATILLON.

Mon bras chargé de fers ne les put secourir.

LUSIGNAN.

Hélas ! et j'étais père, et je ne pus mourir !
Veillez du haut des cieux, chers enfants que j'implore,
Sur mes autres enfants, s'ils sont vivants encore.
Mon dernier fils, ma fille, aux chaînes réservés,
Par de barbares mains pour servir conservés,
Loin d'un père accablé furent portés ensemble
Dans ce même sérail où le ciel nous rassemble.

CHATILLON.

Il est vrai ; dans l'horreur de ce péril nouveau,
Je tenais votre fille à peine en son berceau ;
Ne pouvant la sauver, seigneur, j'allais moi-même
Répandre sur son front l'eau sainte du baptême ;
Lorsque les Sarrasins, de carnage fumants,
Revinrent l'arracher à mes bras tout sanglants.
Votre plus jeune fils, à qui les destinées
Avaient à peine encore accordé quatre années,
Trop capable déja de sentir son malheur,
Fut dans Jérusalem conduit avec sa sœur.

NÉRESTAN.

De quel ressouvenir mon ame est déchirée !
A cet âge fatal j'étais dans Césarée,
Et tout couvert de sang, et chargé de liens,
Je suivis en ces lieux la foule des chrétiens.

LUSIGNAN.

Vous... seigneur !... ce sérail éleva votre enfance ?...
(en les regardant.)
Hélas ! de mes enfants auriez-vous connaissance ?
Ils seraient de votre âge, et peut-être mes yeux....

Quel ornement, madame, étranger en ces lieux ?
Depuis quand l'avez-vous ?

ZAÏRE.

Depuis que je respire.
Seigneur... eh quoi ! d'où vient que votre ame soupire ?

LUSIGNAN.

Ah ! daignez confier à mes tremblantes mains...

ZAÏRE.

De quel trouble nouveau tous mes sens sont atteints !
Seigneur, que faites-vous ?

LUSIGNAN.

O ciel ! ô providence !
Mes yeux, ne trompez point ma timide espérance ;
Serait-il bien possible ? oui, c'est elle... je voi
Ce présent qu'une épouse avait reçu de moi,
Et qui de mes enfants ornait toujours la tête,
Lorsque de leur naissance on célébrait la fête :
Je revois.... je succombe à mon saisissement.

ZAÏRE.

Qu'entends-je ? et quel soupçon m'agite en ce moment ?
Ah, seigneur !

LUSIGNAN.

Dans l'espoir dont j'entrevois les charmes,
Ne m'abandonnez pas, Dieu qui voyez mes larmes !
Dieu mort sur cette croix, et qui revis pour nous,
Parle, achève, ô mon Dieu ! ce sont là de tes coups.
Quoi ! madame, en vos mains elle était demeurée ?
Quoi ! tous les deux captifs, et pris dans Césarée ?

ZAÏRE.

Oui, seigneur.

NÉRESTAN.

Se peut-il ?

LUSIGNAN.

Leur parole, leurs traits
De leur mère en effet sont les vivants portraits.
Oui, grand Dieu; tu le veux, tu permets que je voie!...
Dieu, ranime mes sens trop faibles pour ma joie!
Madame... Nérestan... Soutiens-moi, Chatillon...
Nérestan, si je dois vous nommer de ce nom,
Avez-vous dans le sein la cicatrice heureuse
Du fer dont à mes yeux une main furieuse...

NÉRESTAN.

Oui, seigneur, il est vrai.

LUSIGNAN.

Dieu juste! heureux moments!

NÉRESTAN, *se jetant à genoux.*

Ah, seigneur! ah, Zaïre!

LUSIGNAN.

Approchez, mes enfants.

NÉRESTAN.

Moi, votre fils!

ZAÏRE.

Seigneur!

LUSIGNAN.

Heureux jour qui m'éclaire!
Ma fille! mon cher fils! embrassez votre père.

CHATILLON.

Que d'un bonheur si grand mon cœur se sent toucher!

LUSIGNAN.

De vos bras, mes enfants, je ne puis m'arracher.
Je vous revois enfin, chère et triste famille,
Mon fils, digne héritier.... vous.... hélas! vous? ma fille!
Dissipez mes soupçons, ôtez-moi cette horreur,
Ce trouble qui m'accable au comble du bonheur.

ACTE II, SCÈNE III.

Toi qui seul as conduit sa fortune et la mienne,
Mon Dieu qui me la rends, me la rends-tu chrétienne?
Tu pleures, malheureuse, et tu baisses les yeux!
Tu te tais! je t'entends! ô crime! ô justes cieux!

ZAÏRE.

Je ne puis vous tromper, sous les lois d'Orosmane....
Punissez votre fille.... elle était musulmane.

LUSIGNAN.

Que la foudre en éclats ne tombe que sur moi!
Ah, mon fils! à ces mots j'eusse expiré sans toi.
Mon Dieu! j'ai combattu soixante ans pour ta gloire!
J'ai vu tomber ton temple et périr ta mémoire;
Dans un cachot affreux abandonné vingt ans,
Mes larmes t'imploraient pour mes tristes enfants;
Et lorsque ma famille est par toi réunie,
Quand je trouve une fille, elle est ton ennemie!
Je suis bien malheureux... c'est ton père, c'est moi,
C'est ta seule prison qui t'a ravi ta foi.
Ma fille, tendre objet de mes dernières peines,
Songe au moins, songe au sang qui coule dans tes veines;
C'est le sang de vingt rois, tous chrétiens comme moi;
C'est le sang des héros, défenseurs de ma loi;
C'est le sang des martyrs.... O fille encor trop chère!
Connais-tu ton destin? sais-tu quelle est ta mère?
Sais-tu bien qu'à l'instant que son flanc mit au jour
Ce triste et dernier fruit d'un malheureux amour,
Je la vis massacrer par la main forcenée,
Par la main des brigands à qui tu t'es donnée?
Tes frères, ces martyrs égorgés à mes yeux,
T'ouvrent leurs bras sanglants, tendus du haut des cieux:
Ton Dieu que tu trahis, ton Dieu que tu blasphèmes,
Pour toi, pour l'univers, est mort en ces lieux mêmes,

En ces lieux où mon bras le servit tant de fois,
En ces lieux où son sang te parle par ma voix.
Vois ces murs, vois ce temple envahi par tes maîtres;
Tout annonce le Dieu qu'ont vengé tes ancêtres :
Tourne les yeux, sa tombe est près de ce palais;
C'est ici la montagne où, lavant nos forfaits,
Il voulut expirer sous les coups de l'impie;
C'est là que de sa tombe il rappela sa vie;
Tu ne saurais marcher dans cet auguste lieu,
Tu n'y peux faire un pas sans y trouver ton Dieu;
Et tu n'y peux rester sans renier ton père,
Ton honneur qui te parle, et ton Dieu qui t'éclaire:
Je te vois dans mes bras et pleurer et frémir;
Sur ton front pâlissant Dieu met le repentir;
Je vois la vérité dans ton cœur descendue :
Je retrouve ma fille après l'avoir perdue;
Et je reprends ma gloire et ma félicité,
En dérobant mon sang à l'infidélité.

NÉRESTAN.

Je revois donc ma sœur!... Et son ame...

ZAÏRE.

Ah, mon père!
Cher auteur de mes jours, parlez, que dois-je faire?

LUSIGNAN.

M'ôter par un seul mot ma honte et mes ennuis,
Dire : Je suis chrétienne.

ZAÏRE.

Oui... seigneur... je le suis.

LUSIGNAN.

Dieu, reçois son aveu du sein de ton empire!

SCÈNE IV.

ZAIRE, LUSIGNAN, CHATILLON, NÉRESTAN, CORASMIN.

CORASMIN.

Madame, le soudan m'ordonne de vous dire
Qu'à l'instant de ces lieux il faut vous retirer,
Et de ces vils chrétiens surtout vous séparer.
Vous, Français, suivez-moi ; de vous je dois répondre.

CHATILLON.

Où sommes-nous, grand Dieu ! Quel coup vient nous confondre ?

LUSIGNAN.

Notre courage, amis, doit ici s'animer.

ZAÏRE.

Hélas, seigneur !

LUSIGNAN.

O vous que je n'ose nommer,
Jurez-moi de garder un secret si funeste.

ZAÏRE.

Je vous le jure.

LUSIGNAN.

Allez ; le ciel fera le reste.

FIN DU SECOND ACTE.

ACTE TROISIÈME.

SCÈNE I.

OROSMANE, CORASMIN.

OROSMANE.

Vous étiez, Corasmin, trompé par vos alarmes ;
Non, Louis contre moi ne tourne point ses armes ;
Les Français sont lassés de chercher désormais
Des climats que pour eux le destin n'a point faits ;
Ils n'abandonnent point leur fertile patrie
Pour languir aux déserts de l'aride Arabie,
Et venir arroser de leur sang odieux
Ces palmes, que pour nous Dieu fait croître en ces lieux.
Ils couvrent de vaisseaux la mer de la Syrie ;
Louis, des bords de Chypre, épouvante l'Asie :
Mais j'apprends que ce roi s'éloigne de nos ports ;
De la féconde Égypte il menace les bords :
J'en reçois à l'instant la première nouvelle ;
Contre les Mamelus son courage l'appelle :
Il cherche Mélédin, mon secret ennemi ;
Sur leurs divisions mon trône est affermi.
Je ne crains plus enfin l'Égypte ni la France ;
Nos communs ennemis cimentent ma puissance,
Et, prodigues d'un sang qu'ils devraient ménager,
Prennent en s'immolant le soin de me venger.
Relâche ces chrétiens, ami, je les délivre ;
Je veux plaire à leur maître, et leur permets de vivre ;

Je veux que sur la mer on les mène à leur roi,
Que Louis me connaisse, et respecte ma foi.
Mène-lui Lusignan; dis-lui que je lui donne
Celui que la naissance allie à sa couronne,
Celui que par deux fois mon père avait vaincu,
Et qu'il tint enchaîné tandis qu'il a vécu.

CORASMIN.

Son nom cher aux chrétiens...

OROSMANE.

          Son nom n'est point à craindre.

CORASMIN.

Mais, seigneur, si Louis...

OROSMANE.

          Il n'est plus temps de feindre;
Zaïre l'a voulu, c'est assez; et mon cœur,
En donnant Lusignan, le donne à mon vainqueur.
Louis est peu pour moi; je fais tout pour Zaïre:
Nul autre sur mon cœur n'aurait pris cet empire.
Je viens de l'affliger, c'est à moi d'adoucir
Le déplaisir mortel qu'elle a dû ressentir,
Quand, sur les faux avis des desseins de la France,
J'ai fait à ces chrétiens un peu de violence.
Que dis-je? ces moments perdus dans mon conseil,
Ont de ce grand hymen suspendu l'appareil:
D'une heure encore, ami, mon bonheur se diffère:
Mais j'emploierai du moins ce temps à lui complaire.
Zaïre ici demande un secret entretien
Avec ce Nérestan, ce généreux chrétien...

CORASMIN.

Et vous avez, seigneur, encor cette indulgence?

OROSMANE.

Ils ont été tous deux esclaves dans l'enfance,

Ils ont porté mes fers, ils ne se verront plus;
Zaïre enfin de moi n'aura point un refus.
Je ne m'en défends point, je foule aux pieds pour elle
Des rigueurs du sérail la contrainte cruelle;
J'ai méprisé ces lois dont l'âpre austérité
Fait d'une vertu triste une nécessité.
Je ne suis point formé du sang asiatique;
Né parmi les rochers, au sein de la Taurique,
Des Scythes mes aïeux je garde la fierté,
Leurs mœurs, leurs passions, leur générosité :
Je consens qu'en partant Nérestan la revoie :
Je veux que tous les cœurs soient heureux de ma joie.
Après ce peu d'instants volés à mon amour,
Tous ses moments, ami, sont à moi sans retour.
Va; ce chrétien attend, et tu peux l'introduire;
Presse son entretien; obéis à Zaïre.

SCÈNE II.

CORASMIN, NÉRESTAN.

CORASMIN.

En ces lieux un moment tu peux encor rester :
Zaïre à tes regards viendra se présenter.

SCÈNE III.

NÉRESTAN.

En quel état, ô ciel! en quels lieux je la laisse!
O ma religion! ô mon père! ô tendresse!
Mais je la vois.

SCÈNE IV.

ZAIRE, NÉRESTAN.

NÉRESTAN.

Ma sœur, je puis donc vous parler?
Ah! dans quel temps le ciel nous voulut rassembler!
Vous ne reverrez plus un trop malheureux père.

ZAÏRE.

Dieu! Lusignan?

NÉRESTAN.

Il touche à son heure dernière :
Sa joie, en nous voyant, par de trop grands efforts,
De ses sens affaiblis a rompu les ressorts ;
Et cette émotion, dont son ame est remplie,
A bientôt épuisé les sources de sa vie.
Mais, pour comble d'horreurs, à ces derniers moments,
Il doute de sa fille et de ses sentiments ;
Il meurt dans l'amertume, et son ame incertaine
Demande en soupirant si vous êtes chrétienne.

ZAÏRE.

Quoi! je suis votre sœur, et vous pouvez penser
Qu'à mon sang, à ma loi j'aille ici renoncer?

NÉRESTAN.

Ah, ma sœur! cette loi n'est pas la vôtre encore ;
Le jour qui vous éclaire est pour vous à l'aurore ;
Vous n'avez point reçu ce gage précieux
Qui nous lave du crime et nous ouvre les cieux :
Jurez par nos malheurs, et par votre famille,
Par ces martyrs sacrés de qui vous êtes fille,
Que vous voulez ici recevoir aujourd'hui
Le sceau du Dieu vivant qui nous attache à lui.

ZAIRE.
Oui, je jure en vos mains, par ce Dieu que j'adore,
Par sa loi que je cherche, et que mon cœur ignore,
De vivre désormais sous cette sainte loi....
Mais, mon cher frère.... hélas! que veut-elle de moi?
Que faut-il?

NÉRESTAN.
Détester l'empire de vos maîtres;
Servir, aimer ce Dieu qu'ont aimé nos ancêtres,
Qui, né près de ces murs, est mort ici pour nous,
Qui nous a rassemblés, qui m'a conduit vers vous.
Est-ce à moi d'en parler? moins instruit que fidèle,
Je ne suis qu'un soldat, et je n'ai que du zèle;
Un pontife sacré viendra jusqu'en ces lieux
Vous apporter la vie, et dessiller vos yeux.
Songez à vos serments; et que l'eau du baptême
Ne vous apporte point la mort et l'anathème.
Obtenez qu'avec lui je puisse revenir.
Mais à quel titre, ô ciel, faut-il donc l'obtenir?
A qui le demander dans ce sérail profane?....
Vous, le sang de vingt rois, esclave d'Orosmane!
Parente de Louis, fille de Lusignan!
Vous chrétienne, et ma sœur, esclave d'un soudan!
Vous m'entendez.... je n'ose en dire davantage.
Dieu! nous réserviez-vous à ce dernier outrage?

ZAIRE.
Ah, cruel! poursuivez; vous ne connaissez pas
Mon secret, mes tourments, mes vœux, mes attentats:
Mon frère, ayez pitié d'une sœur égarée,
Qui brûle, qui gémit, qui meurt désespérée.
Je suis chrétienne, hélas!.... j'attends avec ardeur
Cette eau sainte, cette eau qui peut guérir mon cœur.

ACTE III, SCÈNE IV.

Non, je ne serai point indigne de mon frère,
De mes aïeux, de moi, de mon malheureux père.
Mais parlez à Zaïre, et ne lui cachez rien,
Dites.... quelle est la loi de l'empire chrétien?...
Quel est le châtiment pour une infortunée,
Qui, loin de ses parents, aux fers abandonnée,
Trouvant chez un barbare un généreux appui,
Aurait touché son ame et s'unirait à lui?

NÉRESTAN.

O ciel! que dites-vous? ah! la mort la plus prompte
Devrait....

ZAÏRE.

C'en est assez, frappe, et préviens ta honte.

NÉRESTAN.

Qui? vous? ma sœur!

ZAÏRE.

C'est moi que je viens d'accuser.
Orosmane m'adore.... et j'allais l'épouser.

NÉRESTAN.

L'épouser! est-il vrai, ma sœur? est-ce vous-même?
Vous, la fille des rois?

ZAÏRE.

Frappe, dis-je; je l'aime.

NÉRESTAN.

Opprobre malheureux du sang dont vous sortez,
Vous demandez la mort, et vous la méritez :
Et si je n'écoutais que ta honte et ma gloire,
L'honneur de ma maison, mon père, sa mémoire;
Si la loi de ton Dieu, que tu ne connais pas,
Si ma religion ne retenait mon bras,
J'irais dans ce palais, j'irais au moment même,
Immoler de ce fer un barbare qui t'aime,

De son indigne flanc le plonger dans le tien,
Et ne l'en retirer que pour percer le mien.
Ciel! tandis que Louis, l'exemple de la terre,
Au Nil épouvanté ne va porter la guerre
Que pour venir bientôt, frappant des coups plus sûrs,
Délivrer ton Dieu même et lui rendre ces murs,
Zaïre cependant, ma sœur, son alliée,
Au tyran d'un sérail par l'hymen est liée?
Et je vais donc apprendre à Lusignan trahi
Qu'un Tartare est le Dieu que sa fille a choisi?
Dans ce moment affreux, hélas! ton père expire
En demandant à Dieu le salut de Zaïre.

ZAÏRE.

Arrête, mon cher frère.... arrête, connais-moi;
Peut-être que Zaïre est digne encor de toi.
Mon frère, épargne-moi cet horrible langage;
Ton courroux, ton reproche est un plus grand outrage,
Plus sensible pour moi, plus dur que ce trépas
Que je te demandais et que je n'obtiens pas.
L'état où tu me vois accable ton courage;
Tu souffres, je le vois; je souffre davantage:
Je voudrais que du ciel le barbare secours
De mon sang dans mon cœur eût arrêté le cours,
Le jour qu'empoisonné d'une flamme profane,
Ce pur sang des chrétiens brûla pour Orosmane,
Le jour que de ta sœur Orosmane charmé...
Pardonnez-moi, chrétiens; qui ne l'aurait aimé?
Il faisait tout pour moi; son cœur m'avait choisie;
Je voyais sa fierté pour moi seule adoucie :
C'est lui qui des chrétiens a ranimé l'espoir;
C'est à lui que je dois le bonheur de te voir :
Pardonne; ton courroux, mon père, ma tendresse,

Mes serments, mon devoir, mes remords, ma faiblesse,
Me servent de supplice, et ta sœur en ce jour
Meurt de son repentir plus que de son amour.

NÉRESTAN.

Je te blâme, et te plains ; crois-moi, la providence
Ne te laissera point périr sans innocence :
Je te pardonne, hélas ! ces combats odieux ;
Dieu ne t'a point prêté son bras victorieux :
Ce bras, qui rend la force aux plus faibles courages,
Soutiendra ce roseau plié par les orages ;
Il ne souffrira pas qu'à son culte engagé,
Entre un barbare et lui ton cœur soit partagé.
Le baptême éteindra ces feux dont il soupire,
Et tu vivras fidèle, ou périras martyre.
Achève donc ici ton serment commencé ;
Achève, et, dans l'horreur dont ton cœur est pressé,
Promets au roi Louis, à l'Europe, à ton père,
Au Dieu qui déja parle à ce cœur si sincère,
De ne point accomplir cet hymen odieux
Avant que le pontife ait éclairé tes yeux,
Avant qu'en ma présence il te fasse chrétienne,
Et que Dieu par ses mains t'adopte et te soutienne.
Le promets-tu, Zaire ?...

ZAÏRE.

Oui, je te le promets ;
Rends-moi chrétienne et libre, à tout je me soumets.
Va, d'un père expirant va fermer la paupière,
Va, je voudrais te suivre et mourir la première.

NÉRESTAN.

Je pars. Adieu, ma sœur, adieu : puisque mes vœux
Ne peuvent t'arracher à ce palais honteux,

Je reviendrai bientôt par un heureux baptême
T'arracher aux enfers, et te rendre à toi-même.

SCÈNE V.

ZAIRE.

ME voilà seule, ô Dieu! que vais-je devenir?
Dieu, commande à mon cœur de ne te point trahir!
Hélas! suis-je en effet Française, ou musulmane?
Fille de Lusignan, ou femme d'Orosmane?
Suis-je amante ou chrétienne? O serments que j'ai faits!
Mon père, mon pays, vous serez satisfaits!
Fatime ne vient point. Quoi, dans ce trouble extrême
L'univers m'abandonne! on me laisse à moi-même!
Mon cœur peut-il porter, seul et privé d'appui,
Le fardeau des devoirs qu'on m'impose aujourd'hui?
A ta loi, Dieu puissant! oui, mon ame est rendue;
Mais fais que mon amant s'éloigne de ma vue.
Cher amant! ce matin l'aurais-je pu prévoir
Que je dusse aujourd'hui redouter de te voir?
Moi, qui, de tant de feux justement possédée,
N'avais d'autre bonheur, d'autre soin, d'autre idée
Que de t'entretenir, d'écouter ton amour,
Te voir, te souhaiter, attendre ton retour!
Hélas! et je t'adore, et t'aimer est un crime!

SCÈNE VI.

ZAIRE, OROSMANE.

OROSMANE.

PARAISSEZ, tout est prêt, et l'ardeur qui m'anime
Ne souffre plus, madame, aucun retardement:

ACTE III, SCÈNE VI.

Les flambeaux de l'hymen brillent pour votre amant ;
Les parfums de l'encens remplissent la mosquée ;
Du dieu de Mahomet la puissance invoquée
Confirme mes serments, et préside à mes feux :
Mon peuple prosterné pour vous offre ses vœux ;
Tout tombe à vos genoux ; vos superbes rivales,
Qui disputaient mon cœur et marchaient vos égales,
Heureuses de vous suivre et de vous obéir,
Devant vos volontés vont apprendre à fléchir :
Le trône, les festins, et la cérémonie,
Tout est prêt ; commencez le bonheur de ma vie.

ZAÏRE.

Où suis-je ? malheureuse ! ô tendresse ! ô douleur !

OROSMANE.

Venez.

ZAÏRE.

Où me cacher ?

OROSMANE.

Que dites-vous ?

ZAÏRE.

Seigneur !

OROSMANE.

Donnez-moi votre main ; daignez, belle Zaïre....

ZAÏRE.

Dieu de mon père ! hélas ! que pourrai-je lui dire ?

OROSMANE.

Que j'aime à triompher de ce tendre embarras !
Qu'il redouble ma flamme et mon bonheur !...

ZAÏRE.

Hélas !

OROSMANE.

Ce trouble à mes désirs vous rend encor plus chère ;

D'une vertu modeste il est le caractère.
Digne et charmant objet de ma constante foi,
Venez, ne tardez plus.

ZAÏRE.

Fatime, soutiens-moi....
Seigneur !

OROSMANE.

O ciel ! eh quoi ?

ZAÏRE.

Seigneur, cet hyménée
Était un bien suprême à mon ame étonnée.
Je n'ai point recherché le trône et la grandeur :
Qu'un sentiment plus juste occupait tout mon cœur !
Hélas ! j'aurais voulu qu'à vos vertus unie,
Et méprisant pour vous les trônes de l'Asie,
Seule et dans un désert, auprès de mon époux,
J'eusse pu sous mes pieds les fouler avec vous.
Mais... seigneur... ces chrétiens...

OROSMANE.

Ces chrétiens... Quoi, madame !
Qu'auraient donc de commun cette secte et ma flamme ?

ZAÏRE.

Lusignan, ce vieillard accablé de douleurs,
Termine en ces momens sa vie et ses malheurs.

OROSMANE.

Eh bien ! quel intérêt si pressant et si tendre
A ce vieillard chrétien votre cœur peut-il prendre ?
Vous n'êtes point chrétienne ; élevée en ces lieux,
Vous suivez dès long-temps la foi de mes aïeux ;
Un vieillard qui succombe au poids de ses années
Peut-il troubler ici vos belles destinées ?
Cette aimable pitié qu'il s'attire de vous,

Doit se perdre avec moi dans des moments si doux.
####### ZAÏRE.
Seigneur, si vous m'aimez, si je vous étais chère....
####### OROSMANE.
Si vous l'êtes, ah dieu !
####### ZAÏRE.
Souffrez que l'on diffère....
Permettez que ces nœuds par vos mains assemblés....
####### OROSMANE.
Que dites-vous ? ô ciel ! est-ce vous qui parlez ?
Zaïre !
####### ZAÏRE.
Je ne puis soutenir sa colère.
####### OROSMANE.
Zaïre !
####### ZAÏRE.
Il m'est affreux, seigneur, de vous déplaire ;
Excusez ma douleur.... Non, j'oublie à la fois
Et tout ce que je suis et tout ce que je dois.
Je ne puis soutenir cet aspect qui me tue.
Je ne puis.... Ah ! souffrez que loin de votre vue,
Seigneur, j'aille cacher mes larmes, mes ennuis,
Mes vœux, mon désespoir, et l'horreur où je suis.
(elle sort.)

SCÈNE VII.

OROSMANE, CORASMIN.

####### OROSMANE.
Je demeure immobile, et ma langue glacée
Se refuse aux transports de mon ame offensée.
Est-ce à moi que l'on parle ? ai-je bien entendu ?

Est-ce moi qu'elle fuit? ô ciel! et qu'ai-je vu?
Corasmin, quel est donc ce changement extrême?
Je la laisse échapper! je m'ignore moi-même.

CORASMIN.

Vous seul causez son trouble, et vous vous en plaignez :
Vous accusez, seigneur, un cœur où vous régnez.

OROSMANE.

Mais pourquoi donc ces pleurs, ces regrets, cette fuite,
Cette douleur si sombre en ses regards écrite?
Si c'était ce Français...! quel soupçon! quelle horreur!
Quelle lumière affreuse a passé dans mon cœur!
Hélas! je repoussais ma juste défiance;
Un barbare, un esclave, aurait cette insolence!
Cher ami, je verrais un cœur comme le mien
Réduit à redouter un esclave chrétien?
Mais, parle; tu pouvais observer son visage,
Tu pouvais de ses yeux entendre le langage :
Ne me déguise rien : mes feux sont-ils trahis?
Apprends-moi mon malheur... tu trembles... tu frémis...
C'en est assez.

CORASMIN.

Je crains d'irriter vos alarmes.
Il est vrai que ses yeux ont versé quelques larmes;
Mais, seigneur, après tout, je n'ai rien observé
Qui doive....

OROSMANE.

A cet affront je serais réservé!
Non; si Zaïre, ami, m'avait fait cette offense,
Elle eût avec plus d'art trompé ma confiance;
Le déplaisir secret de son cœur agité,
Si ce cœur est perfide, aurait-il éclaté?
Écoute : garde-toi de soupçonner Zaïre.

ACTE III, SCÈNE VII.

Mais, dis-tu, ce Français gémit, pleure, soupire :
Que m'importe après tout le sujet de ses pleurs ?
Qui sait si l'amour même entre dans ses douleurs ?
Et qu'ai-je à redouter d'un esclave infidèle
Qui demain pour jamais se va séparer d'elle ?

CORASMIN.

N'avez-vous pas, seigneur, permis, malgré nos lois,
Qu'il jouît de sa vue une seconde fois ?
Qu'il revînt en ces lieux ?

OROSMANE.

Qu'il revînt ? lui ! ce traître !
Qu'aux yeux de ma maîtresse il osât reparaître ?
Oui, je le lui rendrais, mais mourant, mais puni,
Mais versant à ses yeux le sang qui m'a trahi,
Déchiré devant elle ; et ma main dégouttante
Confondrait dans son sang le sang de son amante....
Excuse les transports de ce cœur offensé ;
Il est né violent, il aime, il est blessé.
Je connais mes fureurs, et je crains ma faiblesse ;
A des troubles honteux je sens que je m'abaisse.
Non, c'est trop sur Zaïre arrêter un soupçon ;
Non, son cœur n'est point fait pour une trahison.
Mais ne crois pas non plus que le mien s'avilisse
A souffrir des rigueurs, à gémir d'un caprice,
A me plaindre, à reprendre, à redonner ma foi :
Les éclaircissements sont indignes de moi ;
Il vaut mieux sur mes sens reprendre un juste empire ;
Il vaut mieux oublier jusqu'au nom de Zaïre.
Allons, que le sérail soit fermé pour jamais ;
Que la terreur habite aux portes du palais ;
Que tout ressente ici le frein de l'esclavage.
Des rois de l'Orient suivons l'antique usage.

On peut, pour son esclave oubliant sa fierté,
Laisser tomber sur elle un regard de bonté;
Mais il est trop honteux de craindre une maîtresse;
Aux mœurs de l'Occident laissons cette bassesse.
Ce sexe dangereux, qui veut tout asservir,
S'il règne dans l'Europe, ici doit obéir.

FIN DU TROISIÈME ACTE.

ACTE QUATRIÈME.

SCÈNE I.

ZAIRE, FATIME.

FATIME.

Que je vous plains, madame, et que je vous admire !
C'est le Dieu des chrétiens, c'est Dieu qui vous inspire ;
Il donnera la force à vos bras languissants
De briser des liens si chers et si puissants.

ZAIRE.

Eh ! pourrai-je achever ce fatal sacrifice ?

FATIME.

Vous demandez sa grâce, il vous doit sa justice ;
De votre cœur docile il doit prendre le soin.

ZAIRE.

Jamais de son appui je n'eus tant de besoin.

FATIME.

Si vous ne voyez plus votre auguste famille,
Le Dieu que vous servez vous adopte pour fille ;
Vous êtes dans ses bras ; il parle à votre cœur :
Et quand ce saint pontife, organe du Seigneur,
Ne pourrait aborder dans ce palais profane....

ZAIRE.

Ah ! j'ai porté la mort dans le sein d'Orosmane !
J'ai pu désespérer le cœur de mon amant !
Quel outrage, Fatime, et quel affreux moment !
Mon Dieu, vous l'ordonnez !... j'eusse été trop heureuse !

FATIME.
Quoi! regretter encor cette chaîne honteuse!
Hasarder la victoire ayant tant combattu!
ZAÏRE.
Victoire infortunée! inhumaine vertu!
Non, tu ne connais pas ce que je sacrifie.
Cet amour si puissant, ce charme de ma vie,
Dont j'espérais, hélas! tant de félicité,
Dans toute son ardeur n'avait point éclaté.
Fatime, j'offre à Dieu mes blessures cruelles;
Je mouille devant lui de larmes criminelles
Ces lieux où tu m'as dit qu'il choisit son séjour;
Je lui crie en pleurant : Ote-moi mon amour,
Arrache-moi mes vœux, remplis-moi de toi même;
Mais, Fatime, à l'instant les traits de ce que j'aime,
Ces traits chers et charmants, que toujours je revoi,
Se montrent dans mon âme entre le ciel et moi.
Eh bien! race des rois, dont le ciel me fit naître,
Père, mère, chrétiens, vous mon Dieu, vous mon maître,
Vous qui de mon amant me privez aujourd'hui,
Terminez donc mes jours qui ne sont plus pour lui!
Que j'expire innocente, et qu'une main si chère
De ces yeux qu'il aimait ferme au moins la paupière!
Ah! que fait Orosmane? il ne s'informe pas
Si j'attends loin de lui la vie ou le trépas;
Il me fuit, il me laisse, et je n'y peux survivre.
FATIME.
Quoi! vous, fille des rois, que vous prétendez suivre,
Vous, dans les bras d'un Dieu, votre éternel appui....
ZAÏRE.
Eh! pourquoi mon amant n'est-il pas né pour lui?
Orosmane est-il fait pour être sa victime?

ACTE IV, SCÈNE I.

Dieu pourrait-il haïr un cœur si magnanime ?
Généreux, bienfaisant, juste, plein de vertus,
S'il était né chrétien, que serait-il de plus ?
Et plût à Dieu du moins que ce saint interprète,
Ce ministre sacré que mon ame souhaite,
Du trouble où tu me vois vînt bientôt me tirer !
Je ne sais ; mais enfin j'ose encore espérer
Que ce Dieu, dont cent fois on m'a peint la clémence,
Ne réprouverait point une telle alliance :
Peut-être, de Zaïre en secret adoré,
Il pardonne aux combats de ce cœur déchiré ;
Peut-être, en me laissant au trône de Syrie,
Il soutiendrait par moi les chrétiens de l'Asie.
Fatime, tu le sais, ce puissant Saladin
Qui ravit à mon sang l'empire du Jourdain,
Qui fit comme Orosmane admirer sa clémence,
Au sein d'une chrétienne il avait pris naissance.

FATIME.

Ah ! ne voyez-vous pas que pour vous consoler....

ZAÏRE.

Laisse-moi ; je vois tout, je meurs sans m'aveugler :
Je vois que mon pays, mon sang, tout me condamne ;
Que je suis Lusignan, que j'adore Orosmane ;
Que mes vœux, que mes jours à ses jours sont liés.
Je voudrais quelquefois me jeter à ses pieds,
De tout ce que je suis faire un aveu sincère.

FATIME.

Songez que cet aveu peut perdre votre frère,
Expose les chrétiens, qui n'ont que vous d'appui,
Et va trahir le Dieu qui vous rappelle à lui.

ZAÏRE.

Ah ! si tu connaissais le grand cœur d'Orosmane !

FATIME.

Il est le protecteur de la loi musulmane,
Et plus il vous adore, et moins il peut souffrir
Qu'on vous ose annoncer un Dieu qu'il doit haïr.
Le pontife à vos yeux en secret va se rendre,
Et vous avez promis....

ZAIRE.

Eh bien! il faut l'attendre.
J'ai promis, j'ai juré de garder ce secret.
Hélas! qu'à mon amant je le tais à regret!
Et, pour comble d'horreur, je ne suis plus aimée.

SCÈNE II.

OROSMANE, ZAIRE.

OROSMANE.

Madame, il fut un temps où mon ame charmée,
Écoutant sans rougir des sentiments trop chers,
Se fit une vertu de languir dans vos fers.
Je croyais être aimé, madame, et votre maître,
Soupirant à vos pieds, devait s'attendre à l'être.
Vous ne m'entendrez point, amant faible et jaloux,
En reproches honteux éclater contre vous.
Cruellement blessé, mais trop fier pour me plaindre,
Trop généreux, trop grand pour m'abaisser à feindre.
Je viens vous déclarer que le plus froid mépris
De vos caprices vains sera le digne prix.
Ne vous préparez point à tromper ma tendresse,
A chercher des raisons dont la flatteuse adresse,
A mes yeux éblouis colorant vos refus,
Vous ramène un amant qui ne vous connaît plus,
Et qui, craignant surtout qu'à rougir on l'expose,

D'un refus outrageant veut ignorer la cause.
Madame, c'en est fait, une autre va monter
Au rang que mon amour vous daignait présenter ;
Une autre aura des yeux, et va du moins connaître
De quel prix mon amour et ma main devaient être.
Il pourra m'en coûter ; mais mon cœur s'y résout.
Apprenez qu'Orosmane est capable de tout ;
Que j'aime mieux vous perdre, et loin de votre vue
Mourir désespéré de vous avoir perdue,
Que de vous posséder, s'il faut qu'à votre foi
Il en coûte un soupir qui ne soit pas pour moi.
Allez ! mes yeux jamais ne reverront vos charmes.

ZAÏRE.

Tu m'as donc tout ravi, Dieu, témoin de mes larmes ;
Tu veux commander seul à mes sens éperdus...
Eh bien ! puisqu'il est vrai que vous ne m'aimez plus,
Seigneur...

OROSMANE.

Il est trop vrai que l'honneur me l'ordonne,
Que je vous adorai, que je vous abandonne,
Que je renonce à vous, que vous le désirez,
Que sous une autre loi.... Zaïre, vous pleurez ?

ZAÏRE.

Ah ! seigneur ! ah ! du moins gardez de jamais croire
Que du rang d'un soudan je regrette la gloire ;
Je sais qu'il faut vous perdre, et mon sort l'a voulu :
Mais, seigneur, mais mon cœur ne vous est pas connu.
Me punisse à jamais ce ciel qui me condamne
Si je regrette rien que le cœur d'Orosmane !

OROSMANE.

Zaïre, vous m'aimez !

ZAÏRE.
Dieu! si je l'aime, hélas!
OROSMANE.
Quel caprice étonnant, que je ne conçois pas!
Vous m'aimez? Eh! pourquoi vous forcez-vous, cruelle,
A déchirer le cœur d'un amant si fidèle?
Je me connaissais mal; oui, dans mon désespoir,
J'avais cru sur moi-même avoir plus de pouvoir.
Va, mon cœur est bien loin d'un pouvoir si funeste:
Zaïre, que jamais la vengeance céleste
Ne donne à ton amant, enchaîné sous ta loi,
La force d'oublier l'amour qu'il a pour toi!
Qui, moi? que sur mon trône une autre fût placée!
Non, je n'en eus jamais la fatale pensée.
Pardonne à mon courroux, à mes sens interdits,
Ces dédains affectés, et si bien démentis;
C'est le seul déplaisir que jamais, dans ta vie,
Le ciel aura voulu que ta tendresse essuie.
Je t'aimerai toujours... Mais d'où vient que ton cœur
En partageant mes feux différait mon bonheur?
Parle, était-ce un caprice? est-ce crainte d'un maître,
D'un soudan, qui pour toi veut renoncer à l'être?
Serait-ce un artifice? épargne-toi ce soin;
L'art n'est pas fait pour toi, tu n'en as pas besoin;
Qu'il ne souille jamais le saint nœud qui nous lie!
L'art le plus innocent tient de la perfidie:
Je n'en connus jamais, et mes sens déchirés,
Pleins d'un amour si vrai...
ZAÏRE.
Vous me désespérez.
Vous m'êtes cher sans doute, et ma tendresse extrême
Est le comble des maux pour ce cœur qui vous aime.

OROSMANE.

O ciel! expliquez-vous. Quoi! toujours me troubler?
Se peut-il...?

ZAÏRE.

Dieu puissant, que ne puis-je parler!

OROSMANE.

Quel étrange secret me cachez-vous, Zaïre?
Est-il quelque chrétien qui contre moi conspire?
Me trahit-on? parlez.

ZAÏRE.

Eh! peut-on vous trahir?
Seigneur, entre eux et vous vous me verriez courir :
On ne vous trahit point, pour vous rien n'est à craindre:
Mon malheur est pour moi, je suis la seule à plaindre.

OROSMANE.

Vous, à plaindre! grand Dieu!

ZAÏRE.

Souffrez qu'à vos genoux
Je demande en tremblant une grâce de vous.

OROSMANE.

Une grâce! ordonnez et demandez ma vie.

ZAÏRE.

Plût au ciel qu'à vos jours la mienne fût unie!
Orosmane... seigneur... permettez qu'aujourd'hui,
Seule, loin de vous-même, et toute à mon ennui,
D'un œil plus recueilli contemplant ma fortune,
Je cache à votre oreille une plainte importune....
Demain tous mes secrets vous seront révélés.

OROSMANE.

De quelle inquiétude, ô ciel, vous m'accablez!
Pouvez-vous...?

ZAÏRE.

Si pour moi l'amour vous parle encore,
Ne me refusez pas la grâce que j'implore.

OROSMANE.

Eh bien ! il faut vouloir tout ce que vous voulez ;
J'y consens ; il en coûte à mes sens désolés.
Allez : souvenez-vous que je vous sacrifie
Les moments les plus beaux, les plus chers de ma vie.

ZAÏRE.

En me parlant ainsi, vous me percez le cœur.

OROSMANE.

Eh bien ! vous me quittez, Zaïre ?

ZAÏRE.

Hélas ! seigneur.

SCÈNE III.

OROSMANE, CORASMIN.

OROSMANE.

Ah ! c'est trop tôt chercher ce solitaire asile ;
C'est trop tôt abuser de ma bonté facile ;
Et plus j'y pense, ami, moins je puis concevoir
Le sujet si caché de tant de désespoir.
Quoi donc ! par ma tendresse élevée à l'empire,
Dans le sein du bonheur que son ame désire,
Près d'un amant qu'elle aime, et qui brûle à ses pieds,
Ses yeux, remplis d'amour, de larmes sont noyés !
Je suis bien indigné de voir tant de caprices :
Mais moi-même, après tout, eus-je moins d'injustices ?
Ai-je été moins coupable à ses yeux offensés ?
Est-ce à moi de me plaindre ? on m'aime, c'est assez :
Il me faut expier par un peu d'indulgence

De mes transports jaloux l'injurieuse offense.
Je me rends. Je le vois, son cœur est sans détours ;
La nature naïve anime ses discours :
Elle est dans l'âge heureux où règne l'innocence ;
A sa sincérité je dois ma confiance.
Elle m'aime, sans doute ; oui, j'ai lu devant toi,
Dans ses yeux attendris, l'amour qu'elle a pour moi ;
Et son ame, éprouvant cette ardeur qui me touche,
Vingt fois pour me le dire a volé sur sa bouche.
Qui peut avoir un cœur assez traître, assez bas,
Pour montrer tant d'amour et ne le sentir pas ?

SCÈNE IV.

OROSMANE, CORASMIN, MÉLÉDOR.

MÉLÉDOR.

CETTE lettre, seigneur, à Zaïre adressée,
Par vos gardes saisie, et dans mes mains laissée....

OROSMANE.

Donne.... qui la portait ?... Donne.

MÉLÉDOR.

                              Un de ces chrétiens
Dont vos bontés, seigneur, ont brisé les liens :
Au sérail en secret il allait s'introduire ;
On l'a mis dans les fers.

OROSMANE.

                     Hélas ! que vais-je lire ?
Laisse-nous.... je frémis.

SCÈNE V.

OROSMANE, CORASMIN.

CORASMIN.
Cette lettre, seigneur,
Pourra vous éclaircir, et calmer votre cœur.

OROSMANE.
Ah ! lisons : ma main tremble, et mon ame étonnée
Prévoit que ce billet contient ma destinée.
Lisons : « Chère Zaïre, il est temps de nous voir.
« Il est vers la mosquée une secrète issue
« Où vous pouvez sans bruit et sans être aperçue
« Tromper vos surveillants, et remplir notre espoir :
« Il faut tout hasarder ; vous connaissez mon zèle :
« Je vous attends ; je meurs si vous n'êtes fidèle. »
Eh bien ! cher Corasmin, que dis-tu ?

CORASMIN.
Moi, seigneur ?
Je suis épouvanté de ce comble d'horreur.

OROSMANE.
Tu vois comme on me traite.

CORASMIN.
O trahison horrible !
Seigneur, à cet affront vous êtes insensible ?
Vous dont le cœur tantôt, sur un simple soupçon,
D'une douleur si vive a reçu le poison ?
Ah ! sans doute, l'horreur d'une action si noire
Vous guérit d'un amour qui blessait votre gloire.

OROSMANE.
Cours chez elle à l'instant, va, vole, Corasmin :
Montre-lui cet écrit.... Qu'elle tremble.... et soudain

De cent coups de poignard que l'infidèle meure !
Mais avant de frapper.... Ah ! cher ami, demeure ;
Demeure, il n'est pas temps. Je veux que ce chrétien
Devant elle amené.... non.... je ne veux plus rien....
Je me meurs.... je succombe à l'excès de ma rage.

CORASMIN.

On ne reçut jamais un si sanglant outrage.

OROSMANE.

Le voilà donc connu ce secret plein d'horreur !
Ce secret qui pesait à son infâme cœur !
Sous le voile emprunté d'une crainte ingénue
Elle veut quelque temps se soustraire à ma vue ;
Je me fais cet effort, je la laisse sortir ;
Elle part en pleurant.... et c'est pour me trahir.
Quoi, Zaïre !

CORASMIN.

Tout sert à redoubler son crime.
Seigneur, n'en soyez pas l'innocente victime ;
Et de vos sentiments rappelant la grandeur...

OROSMANE.

C'est là ce Nérestan, ce héros plein d'honneur,
Ce chrétien si vanté, qui remplissait Solyme
De ce faste imposant de sa vertu sublime !
Je l'admirais moi-même, et mon cœur combattu
S'indignait qu'un chrétien m'égalât en vertu.
Ah ! qu'il va me payer sa fourbe abominable !
Mais Zaïre, Zaïre est cent fois plus coupable :
Une esclave chrétienne, et que j'ai pu laisser
Dans les plus vils emplois languir sans l'abaisser !
Une esclave ! elle sait ce que j'ai fait pour elle !
Ah, malheureux !

CORASMIN.

Seigneur, si vous souffrez mon zèle,
Si, parmi les horreurs qui doivent vous troubler,
Vous vouliez....

OROSMANE.

Oui, je veux la voir et lui parler.
Allez, volez, esclave, et m'amenez Zaïre.

CORASMIN.

Hélas! en cet état que pourrez-vous lui dire?

OROSMANE.

Je ne sais, cher ami, mais je prétends la voir.

CORASMIN.

Ah! seigneur, vous allez, dans votre désespoir,
Vous plaindre, menacer, faire couler ses larmes;
Vos bontés contre vous lui donneront des armes;
Et votre cœur séduit, malgré tous vos soupçons,
Pour la justifier cherchera des raisons.
M'en croirez-vous? cachez cette lettre à sa vue;
Prenez pour la lui rendre une main inconnue;
Par là, malgré la fraude et les déguisements,
Vos yeux démêleront ses secrets sentiments,
Et des plis de son cœur verront tout l'artifice.

OROSMANE.

Penses-tu qu'en effet Zaïre me trahisse?....
Allons, quoi qu'il en soit, je vais tenter mon sort,
Et pousser la vertu jusqu'au dernier effort.
Je veux voir à quel point une femme hardie
Saura de son côté pousser la perfidie.

CORASMIN.

Seigneur, je crains pour vous ce funeste entretien;
Un cœur tel que le vôtre....

ACTE IV, SCÈNE V.

OROSMANE.

Ah! n'en redoute rien;
A son exemple, hélas! ce cœur ne saurait feindre:
Mais j'ai la fermeté de savoir me contraindre:
Oui, puisqu'elle m'abaisse à connaître un rival...
Tiens, reçois ce billet à tous trois si fatal;
Va, choisis pour le rendre un esclave fidèle;
Mets en de sûres mains cette lettre cruelle;
Va, cours.... Je ferai plus, j'éviterai ses yeux;
Qu'elle n'approche pas.... C'est elle, justes cieux!

SCÈNE VI.

OROSMANE, ZAIRE.

ZAÏRE.

Seigneur, vous m'étonnez; quelle raison soudaine,
Quel trait si pressant près de vous me ramène?

OROSMANE.

Eh bien! madame, il faut que vous m'éclaircissiez;
Cet ordre est important plus que vous ne croyez.
Je me suis consulté...: Malheureux l'un par l'autre,
Il faut régler d'un mot et mon sort et le vôtre.
Peut-être qu'en effet ce que j'ai fait pour vous,
Mon orgueil oublié, mon sceptre à vos genoux,
Mes bienfaits, mon respect, mes soins, ma confiance,
Ont arraché de vous quelque reconnaissance.
Votre cœur, par un maître attaqué chaque jour,
Vaincu par mes bienfaits, crut l'être par l'amour.
Dans votre ame avec vous il est temps que je lise,
Il faut que ses replis s'ouvrent à ma franchise:
Jugez-vous; répondez avec la vérité
Que vous devez au moins à ma sincérité.

Si de quelque autre amour l'invincible puissance
L'emporte sur mes soins, ou même les balance,
Il faut me l'avouer, et dans ce même instant.
Ta grâce est dans mon cœur; prononce, elle t'attend.
Sacrifie à ma foi l'insolent qui t'adore :
Songe que je te vois, que je te parle encore,
Que ma foudre à ta voix pourra se détourner,
Que c'est le seul moment où je peux pardonner.

ZAÏRE.

Vous, seigneur! vous osez me tenir ce langage?
Vous, cruel! Apprenez que ce cœur qu'on outrage,
Et que par tant d'horreurs le ciel veut éprouver,
S'il ne vous aimait pas, est né pour vous braver.
Je ne crains rien ici que ma funeste flamme :
N'imputez qu'à ce feu qui brûle encor mon ame,
N'imputez qu'à l'amour, que je dois oublier,
La honte où je descends de me justifier.
J'ignore si le ciel, qui m'a toujours trahie,
A destiné pour vous ma malheureuse vie.
Quoi qu'il puisse arriver, je jure par l'honneur,
Qui, non moins que l'amour, est gravé dans mon cœur,
Je jure que Zaïre, à soi-même rendue,
Des rois les plus puissants détesterait la vue;
Que tout autre après vous me serait odieux.
Voulez-vous plus savoir, et me connaître mieux?
Voulez-vous que ce cœur, à l'amertume en proie,
Ce cœur désespéré devant vous se déploie?
Sachez donc qu'en secret il pensait malgré lui
Tout ce que devant vous il déclare aujourd'hui;
Qu'il soupirait pour vous avant que vos tendresses
Vinssent justifier mes naissantes faiblesses;
Qu'il prévint vos bienfaits, qu'il brûlait à vos pieds,

ACTE IV, SCÈNE VI.

Qu'il vous aimait enfin lorsque vous m'ignoriez;
Qu'il n'eut jamais que vous, n'aura que vous pour maître;
J'en atteste le ciel, que j'offense peut-être;
Et si j'ai mérité son éternel courroux,
Si mon cœur fut coupable, ingrat, c'était pour vous.

OROSMANE.

Quoi! des plus tendres feux sa bouche encor m'assure!
Quel excès de noirceur! Zaïre....! ah, la parjure!
Quand de sa trahison j'ai la preuve en ma main!

ZAÏRE.

Que dites-vous? Quel trouble agite votre sein?

OROSMANE.

Je ne suis point troublé. Vous m'aimez?

ZAÏRE.

Votre bouche
Peut-elle me parler avec ce ton farouche
D'un feu si tendrement déclaré chaque jour?
Vous me glacez de crainte en me parlant d'amour.

OROSMANE.

Vous m'aimez?

ZAÏRE.

Vous pouvez douter de ma tendresse!
Mais, encore une fois, quelle fureur vous presse?
Quels regards effrayants vous me lancez, hélas!
Vous doutez de mon cœur?

OROSMANE.

Non, je n'en doute pas.
Allez, rentrez, madame.

SCÈNE VII.

OROSMANE, CORASMIN.

OROSMANE.

Ami, sa perfidie
Au comble de l'horreur ne s'est pas démentie ;
Tranquille dans le crime, et fausse avec douceur,
Elle a jusques au bout soutenu sa noirceur.
As-tu trouvé l'esclave ? as-tu servi ma rage ?
Connaîtrai-je à la fois son crime et mon outrage ?

CORASMIN.

Oui, je viens d'obéir ; mais vous ne pouvez pas
Soupirer désormais pour ses traîtres appas ;
Vous la verrez sans doute avec indifférence,
Sans que le repentir succède à la vengeance,
Sans que l'amour sur vous en repousse les traits.

OROSMANE.

Corasmin, je l'adore encor plus que jamais.

CORASMIN.

Vous ? ô ciel ! vous ?

OROSMANE.

Je vois un rayon d'espérance.
Cet odieux chrétien, l'élève de la France,
Est jeune, impatient, léger, présomptueux ;
Il peut croire aisément ses téméraires vœux ;
Son amour indiscret, et plein de confiance,
Aura de ses soupirs hasardé l'insolence :
Un regard de Zaïre aura pu l'aveugler ;
Sans doute il est aisé de s'en laisser troubler.
Il croit qu'il est aimé, c'est lui seul qui m'offense ;
Peut-être ils ne sont point tous deux d'intelligence.

ACTE IV, SCÈNE VII.

Zaïre n'a point vu ce billet criminel,
Et j'en croyais trop tôt mon déplaisir mortel.
Corasmin, écoutez.... dès que la nuit plus sombre
Aux crimes des mortels viendra prêter son ombre,
Sitôt que ce chrétien chargé de mes bienfaits,
Nérestan, paraîtra sous les murs du palais,
Ayez soin qu'à l'instant la garde le saisisse ;
Qu'on prépare pour lui le plus honteux supplice :
Et que chargé de fers il me soit présenté.
Laissez, surtout, laissez Zaïre en liberté.
Tu vois mon cœur, tu vois à quel excès je l'aime !
Ma fureur est plus grande, et j'en tremble moi-même.
J'ai honte des douleurs où je me suis plongé :
Mais malheur aux ingrats qui m'auront outragé !

FIN DU QUATRIÈME ACTE.

ACTE CINQUIÈME.

SCÈNE I.

OROSMANE, CORASMIN, UN ESCLAVE.

OROSMANE.

On l'a fait avertir, l'ingrate va paraître;
Songe que dans tes mains est le sort de ton maître :
Donne-lui le billet de ce traître chrétien;
Rends-moi compte de tout, examine-la bien :
Porte-moi sa réponse. On approche.... c'est elle.
   (à Corasmin.)
Viens, d'un malheureux prince ami tendre et fidèle,
Viens m'aider à cacher ma rage et mes ennuis.

SCÈNE II.

ZAIRE, FATIME, L'ESCLAVE.

ZAÏRE.

Eh! qui peut me parler dans l'état où je suis?
A tant d'horreurs, hélas! qui pourra me soustraire?
Le sérail est fermé! Dieu! si c'était mon frère!
Si la main de ce Dieu, pour soutenir ma foi,
Par des chemins cachés le conduisait vers moi!
Quel esclave inconnu se présente à ma vue?

L'ESCLAVE.

Cette lettre en secret dans mes mains parvenue,
Pourra vous assurer de ma fidélité.

ACTE V, SCÈNE II.

ZAÏRE.

Donné. *(elle lit.)*

FATIME, *à part pendant que Zaïre lit.*

Dieu tout-puissant! éclate en ta bonté;
Fais descendre ta grâce en ce séjour profane;
Arrache ma princesse au barbare Orosmane!

ZAÏRE, *à Fatime.*

Je voudrais te parler.

FATIME, *à l'esclave.*

Allez, retirez-vous;
On vous rappellera, soyez prêt; laissez-nous.

SCÈNE III.

ZAIRE, FATIME.

ZAÏRE.

Lis ce billet: hélas! dis-moi ce qu'il faut faire;
Je voudrais obéir aux ordres de mon frère.

FATIME.

Dites plutôt, madame, aux ordres éternels
D'un Dieu qui vous demande au pied de ses autels.
Ce n'est point Nérestan, c'est Dieu qui vous appelle.

ZAÏRE.

Je le sais, à sa voix je ne suis point rebelle,
J'en ai fait le serment; mais puis-je m'engager,
Moi, les chrétiens, mon frère, en un si grand danger?

FATIME.

Ce n'est point leur danger dont vous êtes troublée:
Votre amour parle seul à votre ame ébranlée.
Je connais votre cœur: il penserait comme eux,
Il hasarderait tout, s'il n'était amoureux.
Ah! connaissez du moins l'erreur qui vous engage.

Vous tremblez d'offenser l'amant qui vous outrage.
Quoi! ne voyez-vous pas toutes ses cruautés,
Et l'ame d'un Tartare à travers ses bontés?
Ce tigre, encor farouche au sein de sa tendresse,
Même en vous adorant menaçait sa maîtresse....
Et votre cœur encor ne s'en peut détacher!
Vous soupirez pour lui!

ZAÏRE.
Qu'ai-je à lui reprocher?
C'est moi qui l'offensais, moi qu'en cette journée
Il a vu souhaiter ce fatal hyménée :
Le trône était tout prêt, le temple était paré,
Mon amant m'adorait; et j'ai tout différé.
Moi, qui devais ici trembler sous sa puissance,
J'ai de ses sentiments bravé la violence;
J'ai soumis son amour, il fait ce que je veux,
Il m'a sacrifié ses transports amoureux.

FATIME.
Ce malheureux amour, dont votre ame est blessée,
Peut-il en ce moment remplir votre pensée?

ZAÏRE.
Ah! Fatime, tout sert à me désespérer.
Je sais que du sérail rien ne peut me tirer :
Je voudrais des chrétiens voir l'heureuse contrée,
Quitter ce lieu funeste à mon ame égarée;
Et je sens qu'à l'instant, prompte à me démentir,
Je fais des vœux secrets pour n'en jamais sortir.
Quel état! quel tourment! non, mon ame inquiète
Ne sait ce qu'elle doit, ni ce qu'elle souhaite;
Une terreur affreuse est tout ce que je sens.
Dieu! détourne de moi ces noirs pressentiments;
Prends soin de nos chrétiens, et veille sur mon frère!

ACTE V, SCÈNE III.

Prends soin, du haut des cieux, d'une tête si chère!
Oui, je le vais trouver, je lui vais obéir :
Mais dès que de Solyme il aura pu partir,
Par son absence alors à parler enhardie,
J'apprends à mon amant le secret de ma vie :
Je lui dirai le culte où mon cœur est lié ;
Il lira dans ce cœur, il en aura pitié :
Mais, dussé-je au supplice être ici condamnée,
Je ne trahirai point le sang dont je suis née.
Va, tu peux amener mon frère dans ces lieux.
Rappelle cet esclave.

SCÈNE IV.

ZAIRE.

O Dieu de mes aïeux!
Dieu de tous mes parents, de mon malheureux père,
Que ta main me conduise, et que ton œil m'éclaire!

SCÈNE V.

ZAIRE, L'ESCLAVE.

ZAÎRE.

ALLEZ dire au chrétien qui marche sur vos pas
Que mon cœur aujourd'hui ne le trahira pas,
Que Fatime en ces lieux va bientôt l'introduire.
   (à part.)
Allons, rassure-toi, malheureuse Zaïre!

SCÈNE VI.

OROSMANE, CORASMIN, L'ESCLAVE.

OROSMANE.

Que ces moments, grand Dieu, sont lents pour ma fureur!
(à l'esclave.)
Eh bien! que t'a-t-on dit? réponds, parle.

L'ESCLAVE.

Seigneur,
On n'a jamais senti de si vives alarmes;
Elle a pâli, tremblé; ses yeux versaient des larmes;
Elle m'a fait sortir, elle m'a rappelé,
Et d'une voix tremblante et d'un cœur tout troublé,
Près de ces lieux, seigneur, elle a promis d'attendre
Celui qui cette nuit à ses yeux doit se rendre.

OROSMANE.
(à l'esclave.) *(à Corasmin.)*
Allez, il me suffit.... Ote-toi de mes yeux,
Laisse-moi; tout mortel me devient odieux.
Laisse-moi seul, te dis-je, à ma fureur extrême:
Je hais le monde entier, je m'abhorre moi-même.

SCÈNE VII.

OROSMANE.

Où suis-je? ô ciel! où suis-je? où porté-je mes vœux?
Zaïre, Nérestan.... couple ingrat, couple affreux!
Traîtres, arrachez-moi ce jour que je respire,
Ce jour souillé par vous!.... misérable Zaïre,
Tu ne jouiras pas.... Corasmin, revenez.

SCÈNE VIII.

OROSMANE, CORASMIN.

OROSMANE.

Ah ! trop cruel ami, quoi, vous m'abandonnez !
Venez : a-t-il paru, ce rival, ce coupable ?

CORASMIN.

Rien ne paraît encore.

OROSMANE.

O nuit ! nuit effroyable !
Peux-tu prêter ton voile à de pareils forfaits ?
Zaïre !.... l'infidèle !.... après tant de bienfaits !
J'aurais d'un œil serein, d'un front inaltérable,
Contemplé de mon rang la chute épouvantable ;
J'aurais su, dans l'horreur de la captivité,
Conserver mon courage et ma tranquillité ;
Mais me voir à ce point trompé par ce que j'aime !

CORASMIN.

Eh ! que prétendez-vous dans cette horreur extrême ?
Quel est votre dessein ?

OROSMANE.

N'entends-tu pas des cris ?

CORASMIN.

Seigneur....

OROSMANE.

Un bruit affreux a frappé mes esprits.
On vient.

CORASMIN.

Non, jusqu'ici nul mortel ne s'avance ;
Le sérail est plongé dans un profond silence ;
Tout dort, tout est tranquille ; et l'ombre de la nuit....

OROSMANE.

Hélas! le crime veille et son horreur me suit.
A ce coupable excès porter la hardiesse!
Tu ne connaissais pas mon cœur et ma tendresse!
Combien je t'adorais! quels feux! Ah, Corasmin!
Un seul de ses regards aurait fait mon destin;
Je ne puis être heureux ni souffrir que par elle.
Prends pitié de ma rage. Oui, cours.... Ah, la cruelle!

CORASMIN.

Est-ce vous qui pleurez? vous, Orosmane? ô cieux!

OROSMANE.

Voilà les premiers pleurs qui coulent de mes yeux.
Tu vois mon sort, tu vois la honte où je me livre;
Mais ces pleurs sont cruels, et la mort va les suivre :
Plains Zaïre, plains-moi; l'heure approche, ces pleurs
Du sang qui va couler sont les avant-coureurs.

CORASMIN.

Ah, je tremble pour vous!

OROSMANE.

                     Frémis de mes souffrances,
Frémis de mon amour, frémis de mes vengeances.
Approche, viens; j'entends.... je ne me trompe pas.

CORASMIN.

Sous les murs du palais quelqu'un porte ses pas.

OROSMANE.

Va saisir Nérestan, va, dis-je, qu'on l'enchaîne;
Que tout chargé de fers à mes yeux on l'entraîne.

SCÈNE IX.

OROSMANE, ZAIRE et FATIME, *marchant pendant la nuit dans l'enfoncement du théâtre.*

ZAIRE.

Viens, Fatime.

OROSMANE.

Qu'entends-je! est-ce là cette voix
Dont les sons enchanteurs m'ont séduit tant de fois?
Cette voix qui trahit un feu si légitime?
Cette voix infidèle, et l'organe du crime?
Perfide!... vengeons-nous.... Quoi! c'est elle? ô destin!
           (*il tire son poignard.*)
Zaïre! ah dieu!... ce fer échappe de ma main.

ZAIRE, *à Fatime.*

C'est ici le chemin; viens, soutiens mon courage.

FATIME.

Il va venir.

OROSMANE.

Ce mot me rend toute ma rage.

ZAIRE.

Je marche en frissonnant; mon cœur est éperdu....
Est-ce vous, Nérestan, que j'ai tant attendu?

OROSMANE, *courant à Zaïre.*

C'est moi que tu trahis; tombe à mes pieds, parjure!

ZAIRE, *tombant dans la coulisse.*

Je me meurs, ô mon Dieu!

OROSMANE.

           J'ai vengé mon injure.
Otons-nous de ces lieux... Je ne puis... Qu'ai-je fait?...
Rien que de juste.... allons, j'ai puni son forfait.

Ah ! voici son amant que mon destin m'envoie
Pour remplir ma vengeance et ma cruelle joie.

SCÈNE X.

OROSMANE, ZAIRE, NÉRESTAN, CORASMIN,
FATIME, ESCLAVES.

OROSMANE.

Approche, malheureux, qui viens de m'arracher,
De m'ôter pour jamais ce qui me fut si cher ;
Méprisable ennemi, qui fais encor paraître
L'audace d'un héros avec l'ame d'un traître :
Tu m'imposais ici pour me déshonorer ;
Va, le prix en est prêt, tu peux t'y préparer.
Tes maux vont égaler les maux où tu m'exposes,
Et ton ingratitude, et l'horreur que tu causes.
Avez-vous ordonné son supplice ?

CORASMIN.

Oui, seigneur.

OROSMANE.

Il commence déja dans le fond de ton cœur ;
Tes yeux cherchent partout, et demandent encore
La perfide qui t'aime, et qui me déshonore.
Regarde, elle est ici.

NÉRESTAN.

Que dis-tu ? Quelle erreur !...

OROSMANE.

Regarde-la, te dis-je.

NÉRESTAN.

Ah ! que vois-je ! Ah, ma sœur !
Zaïre !... elle n'est plus ! Ah, monstre ! Ah, jour horrible !

ACTE V, SCÈNE X.

OROSMANE.
Sa sœur! Qu'ai-je entendu? Dieu, serait-il possible?
NÉRESTAN.
Barbare, il est trop vrai : viens épuiser mon flanc
Du reste infortuné de cet auguste sang.
Lusignan, ce vieillard, fut son malheureux père;
Il venait dans mes bras d'achever sa misère,
Et d'un père expiré j'apportais en ces lieux
La volonté dernière et les derniers adieux;
Je venais dans un cœur trop faible et trop sensible
Rappeler des chrétiens le culte incorruptible.
Hélas! elle offensait notre Dieu, notre loi,
Et ce Dieu la punit d'avoir brûlé pour toi.
OROSMANE.
Zaïre!... Elle m'aimait? est-il bien vrai, Fatime?
Sa sœur?... J'étais aimé?
FATIME.
Cruel! voilà son crime.
Tigre altéré de sang, tu viens de massacrer
Celle qui, malgré soi constante à t'adorer,
Se flattait, espérait que le Dieu de ses pères
Recevrait le tribut de ses larmes sincères,
Qu'il verrait en pitié cet amour malheureux,
Que peut-être il voudrait vous réunir tous deux.
Hélas! à cet excès son cœur l'avait trompée;
De cet espoir trop tendre elle était occupée;
Tu balançais son Dieu dans son cœur alarmé.
OROSMANE.
Tu m'en as dit assez. O ciel! j'étais aimé!
Va, je n'ai pas besoin d'en savoir davantage....
NÉRESTAN.
Cruel! qu'attends-tu donc pour assouvir ta rage?

Il ne resté que moi de ce sang glorieux
Dont ton père et ton bras ont inondé ces lieux ;
Rejoins un malheureux à sa triste famille,
Au héros dont tu viens d'assassiner la fille.
Tes tourments sont-ils prêts ? je puis braver tes coups ;
Tu m'as fait éprouver le plus cruel de tous.
Mais la soif de mon sang, qui toujours te dévore,
Permet-elle à l'honneur de te parler encore ?
En m'arrachant le jour, souviens-toi des chrétiens.
Dont tu m'avais juré de briser les liens ;
Dans sa férocité ton cœur impitoyable
De ce trait généreux serait-il bien capable ?
Parle ; à ce prix encor je bénis mon trépas.

OROSMANE, *allant vers le corps de Zaïre.*

Zaïre !

CORASMIN.

Hélas ! seigneur, où portez-vous vos pas ?
Rentrez, trop de douleur de votre ame s'empare ;
Souffrez que Nérestan....

NÉRESTAN.

Qu'ordonnes-tu, barbare ?

OROSMANE, *après une longue pose.*

Qu'on détache ses fers. Écoutez, Corasmin,
Que tous ses compagnons soient délivrés soudain.
Aux malheureux chrétiens prodiguez mes largesses ;
Comblés de mes bienfaits, chargés de mes richesses,
Jusqu'au port de Joppé vous conduirez leurs pas.

CORASMIN.

Mais, seigneur...

OROSMANE.

Obéis, et ne réplique pas :
Vole, et ne trahis point la volonté suprême

ACTE V, SCENE X.

D'un soudan qui commande, et d'un ami qui t'aime :
Va, ne perds point de temps, sors, obéis....
  (à Nérestan.)
          Et toi,
Guerrier infortuné, mais moins encor que moi,
Quitte ces lieux sanglants, remporte en ta patrie
Cet objet que ma rage a privé de la vie.
Ton roi, tous tes chrétiens, apprenant mes malheurs,
N'en parleront jamais sans répandre des pleurs :
Mais, si la vérité par toi se fait connaître,
En détestant mon crime on me plaindra peut-être.
Porte aux tiens ce poignard, que mon bras égaré
A plongé dans un sein qui dut m'être sacré ;
Dis-leur que j'ai donné la mort la plus affreuse
A la plus digne femme, à la plus vertueuse
Dont le ciel ait formé les innocents appas ;
Dis-leur qu'à ses genoux j'avais mis mes états ;
Dis-leur que dans son sang cette main s'est plongée ;
Dis que je l'adorais, et que je l'ai vengée. *(Il se tue.)*
  (aux siens.)
Respectez ce héros, et conduisez ses pas.
     NÉRESTAN.
Guide-moi, Dieu puissant ! je ne me connais pas.
Faut-il qu'à t'admirer ta fureur me contraigne,
Et que, dans mon malheur, ce soit moi qui te plaigne ?

     FIN DE ZAÏRE.

TABLE

DES PIÈCES CONTENUES DANS CE VOLUME.

OEDIPE, TRAGÉDIE.
PRÉFACE de l'édition de 1729............ Pag. 3
ÉPÎTRE dédicatoire à Madame, femme du Régent. 24
Texte d'OEDIPE............................. 27
LETTRES à M. de Genonville, contenant la critique de l'OEdipe de Sophocle, de celui de Corneille, et de celui de l'auteur............. 90
LETTRE au P. Porée, jésuite.............. 146
BRUTUS, TRAGÉDIE.
DISCOURS sur la tragédie, à Mylord Bolingbroke. 153
Texte de BRUTUS........................... 174
ZAIRE, TRAGÉDIE.
LETTRE à M. de la Roque, sur cette tragédie.... 243
ÉPÎTRE dédicatoire à M. Falkener............ 255
Seconde LETTRE à M. Falkener............... 267
ÉPÎTRE à mademoiselle Gaussin.............. 281
Texte de ZAIRE............................. 283

FIN DE LA TABLE DU PREMIER VOLUME.

www.ingramcontent.com/pod-product-compliance
Lightning Source LLC
Chambersburg PA
CBHW070854170426
43202CB00012B/2073